普通高等教育“十二五”规划教材
普通高等学校土木工程专业精编系列规划教材

建设工程项目管理

（第 2 版）

主　编　杨兴荣　姚传勤
副主编　陈　燕　王　超　顾广娟
主　审　宣以琼

WUHAN UNIVERSITY PRESS
武汉大学出版社

图书在版编目(CIP)数据

建设工程项目管理/杨兴荣,姚传勤主编．—2 版.—武汉:武汉大学出版社,2017.7(2018.6 重印)

普通高等学校土木工程专业精编系列规划教材

ISBN 978-7-307-19482-3

Ⅰ.建…　Ⅱ.①杨…　②姚…　Ⅲ.基本建设项目—项目管理—高等学校—教材　Ⅳ.F284

中国版本图书馆 CIP 数据核字(2017)第 172137 号

责任编辑:郭　芳　　责任校对:路亚妮　　装帧设计:吴　极

出版发行:**武汉大学出版社**　(430072　武昌　珞珈山)

(电子邮件:whu_publish@163.com　网址:www.stmpress.cn)

印刷:湖北睿智印务有限公司

开本:850×1168　1/16　印张:15.25　字数:418 千字

版次:2013 年 11 月第 1 版　　2017 年 7 月第 2 版

2018 年 6 月第 2 版第 3 次印刷

ISBN 978-7-307-19482-3　　定价:39.00 元

普通高等教育“十二五”规划教材

普通高等学校土木工程专业精编系列规划教材

编审委员会

特别提示

教学实践表明，有效地利用数字化教学资源，对于学生学习能力以及问题意识的培养乃至怀疑精神的塑造具有重要意义。

通过对数字化教学资源的选取与利用，学生的学习从以教师主讲的单向指导模式转变为建设性、发现性的学习，从被动学习转变为主动学习，由教师传播知识到学生自己重新创造知识。这无疑是锻炼和提高学生的信息素养的大好机会，也是检验其学习能力、学习收获的最佳方式和途径之一。

本系列教材在相关编写人员的配合下，逐步配备基本数字教学资源，主要内容包括：

文本：课程重难点、思考题与习题参考答案、知识拓展等。

图片：课程教学外观图、原理图、设计图等。

视频：课程讲述对象展示视频、模拟动画，课程实验视频，工程实例视频等。

音频：课程讲述对象解说音频、录音材料等。

数字资源获取方法：

① 打开微信，点击“扫一扫”。

② 将扫描框对准书中所附的二维码。

③ 扫描完毕，即可查看文件。

更多数字教学资源共享、图书购买及读者互动敬请关注“开动土木传媒”微信公众号！

第2版前言

本书自2013年第1版出版以来，得到相关各方的关注、支持和帮助，编者在此深表感谢！第2版在以下方面作出调整：第一，考虑到第1版第2章建设工程项目投资控制的内容与教材“建设工程经济”的部分内容存在重复现象，故将第1版第2章整体移除，使得本书从原来的8章缩短为7章；第二，考虑到第1版篇幅过大，新版图书将原版教材中纯理论性描述部分、操作性不强的部分以及过于复杂的计算部分适当删减（如第1版第4章中单代号搭接网络时间参数计算和资源优化等）；第三，考虑到一些新的规范、标准的出台，第1版中的局部内容需要相应调整，如第1版第7章中的部分内容随着《建设工程施工合同（示范文本）》（GF—2013—0201）的颁发作出相应修改。

本书在充分借鉴国内外项目管理理论研究成果的基础上，力求做到管理理论与工程实践相结合，以及管理方法的实用性和可操作性。在项目管理内容的深度和广度上，本教材力求适应于目前盛行的各类注册资格考试的要求（如注册建造师、注册监理工程师、注册造价师等），尽量在内容的选择、章节的安排、知识点细节的描述上，满足考试大纲的要求。

本书共7章，第1章系统介绍了工程项目管理的基础理论和相关概念；第2、3、4章分别阐述了工程项目的成本控制、进度控制和质量控制；第5章探讨的是工程项目的安全与环境管理；第6、7章分别为合同管理和信息管理。本书可作为土木工程、工程管理、道路与桥梁专业的教材或参考书，也可供各相关专业的工程技术人员参考使用。

本书由杨兴荣、姚传勤担任主编，陈燕、王超、顾广娟担任副主编，赵雯、赵艳静、沈鑫担任参编。全书由杨兴荣负责修订、统稿。书稿由宣以琼教授主审并提出宝贵意见。

本书在编写和出版过程中得到武汉大学出版社的大力支持和帮助，在此表示感谢。由于时间仓促，水平有限，书中不足之处在所难免，恳请各位同仁和读者批评指正。

编　者

2017年6月

第1版前言

本书为住房和城乡建设部高等学校土木工程学科专业指导委员会“2013年度高等教育教学改革项目土木工程专业卓越计划专项”立项课题成果之一，同时被评为2013年度省级规划教材。

建设工程项目管理是一门研究工程项目管理理论和管理方法的应用学科，工程项目管理的研究范围主要是在项目的实施阶段，包括设计阶段、施工阶段、动用前的准备阶段和保修期。其研究思路是通过计划、组织、指挥、协调和控制的理论、方法及手段，以工程项目为对象，在费用、工期和质量三方面均取得最佳效果，从而达到建设工程建设和使用增值的目的。

本书在充分借鉴国内外项目管理理论研究成果的基础上，力求做到管理理论与工程实践相结合，以实现管理方法的实用性和可操作性。与工程项目管理同类教材相比，本书的特色主要体现在以下三个方面：第一，在项目管理内容的深度和广度上，力求适应目前盛行的各类注册资格考试（如注册建造师、注册监理工程师、注册造价师等）的要求，在内容的选择、章节的安排、知识点细节的描述上，尽量满足考试大纲的要求；第二，突出工程项目管理中的三大控制内容，即工程质量控制、成本控制和进度控制；第三，除了从施工方项目管理的角度安排了工程成本控制内容外，还在第2章介绍了建设方的项目投资管理，强调了建设方项目管理的主导地位。

本书共8章，第1章系统地介绍了工程项目管理的基础理论和相关概念；第2章为建设工程项目投资控制；第3、4、5章分别阐述了建设工程项目的成本控制、进度控制和质量控制；第6章探讨的是建设工程项目的安全与环境管理；第7、8章分别为建设工程项目合同管理和信息管理。本书可作为土木工程、工程管理、道路与桥梁专业的教材或参考书，也可供各相关专业的工程技术人员参考使用。

本书由安徽建筑大学杨兴荣、安徽理工大学姚传勤担任主编；安徽建筑大学陈燕、安徽理工大学王超、安徽新华学院顾广娟担任副主编；安徽新华学院赵雯、赵艳静，安徽农业大学沈鑫担任参编。

具体分工如下：

安徽建筑大学，杨兴荣（前言、第8章）；

安徽理工大学，姚传勤（第2章）；

安徽建筑大学，陈燕（第5章）；

安徽理工大学，王超（第3章）；

安徽新华学院，顾广娟（第6章）；

安徽新华学院，赵雯（第 1 章）；

安徽新华学院，赵艳静（第 4 章）；

安徽农业大学，沈鑫（第 7 章）。

本书由安徽建筑大学杨兴荣负责统稿、定稿，安徽建筑大学宣以琼主审，并对本书的编写提出了许多宝贵的建议。

本书的编写和出版工作得到了武汉大学出版社的大力支持和帮助，在此表示感谢。

由于时间仓促，水平有限，书中不妥之处在所难免，恳请各位同仁和读者批评指正。

编　者

2013 年 8 月

目录

1　建设工程项目的组织与管理 …………………………………………………… (1)
1.1　建设工程项目管理的目标和任务 ………………………………………… (2)
1.2　建设工程项目的组织与策划 ……………………………………………… (7)
1.3　建设工程项目的承发包模式 ……………………………………………… (13)
1.4　建设工程项目管理规划 …………………………………………………… (18)
1.5　项目经理的职责和权限 …………………………………………………… (23)
1.6　建设工程项目风险管理 …………………………………………………… (28)
知识归纳 ……………………………………………………………………… (34)
独立思考 ……………………………………………………………………… (35)
参考文献 ……………………………………………………………………… (35)
2　建设工程施工成本控制 ……………………………………………………… (36)
2.1　施工成本控制的任务及措施 ……………………………………………… (37)
2.2　施工成本计划 ……………………………………………………………… (40)
2.3　施工成本控制 ……………………………………………………………… (45)
2.4　施工成本分析 ……………………………………………………………… (57)
知识归纳 ……………………………………………………………………… (63)
独立思考 ……………………………………………………………………… (63)
参考文献 ……………………………………………………………………… (64)
3　建设工程项目进度控制 ……………………………………………………… (65)
3.1　工程项目进度管理系统 …………………………………………………… (66)
3.2　工程项目进度计划的编制 ………………………………………………… (68)
3.3　工程项目进度计划的调整与优化 ………………………………………… (86)
3.4　工程项目进度计划的控制 ………………………………………………… (95)
知识归纳 ……………………………………………………………………… (103)
独立思考 ……………………………………………………………………… (103)
参考文献 ……………………………………………………………………… (103)

4　建设工程项目质量控制 …… (104)
4.1　工程项目质量控制概述 …… (105)
4.2　工程项目质量控制的基本原理 …… (108)
4.3　企业质量管理体系标准 …… (111)
4.4　工程项目质量控制系统 …… (115)
4.5　工程项目施工质量控制 …… (118)
4.6　建设工程竣工验收 …… (123)
4.7　工程质量问题和质量事故的处理 …… (130)
4.8　统计分析方法在工程质量控制中的应用 …… (133)
4.9　工程项目质量的政府监督 …… (139)
知识归纳 …… (140)
独立思考 …… (141)
参考文献 …… (141)
5　建设工程安全与环境管理 …… (142)
5.1　建设工程安全控制 …… (143)
5.2　工程安全事故与事故处理 …… (145)
5.3　文明施工和环境管理 …… (151)
5.4　职业健康安全管理体系与环境管理体系 …… (156)
知识归纳 …… (165)
独立思考 …… (165)
参考文献 …… (165)
6　建设工程合同管理 …… (167)
6.1　建设工程招标与投标 …… (168)
6.2　建设工程合同管理 …… (177)
6.3　建设工程合同计价方式 …… (190)
6.4　建设工程合同实施管理 …… (195)
6.5　建设工程担保 …… (201)
6.6　建设工程索赔 …… (205)
知识归纳 …… (216)
独立思考 …… (216)
参考文献 …… (217)

7　建设工程项目信息管理 ……………………………………………………………… (218)

7.1　建设工程项目信息 ……………………………………………………………… (219)

7.2　建设工程项目管理信息化 ……………………………………………………… (223)

7.3　工程项目管理信息系统 ………………………………………………………… (229)

知识归纳…………………………………………………………………………………… (232)

独立思考…………………………………………………………………………………… (232)

参考文献…………………………………………………………………………………… (232)

数字资源目录

一级建造师
《建设工程项目管理》
模考题一、二

1

建设工程项目的组织与管理

课前导读

◸ 内容提要

本章主要内容包括建设工程项目管理的目标和任务、建设工程项目管理组织的类型、工程项目管理策划、建设工程项目的承发包模式、项目经理的职责和权限、项目经理部的构成及建设工程项目的风险管理等。本章教学重难点为建设工程项目管理的类型、工程项目的承发包模式及工程项目风险的应对措施等。

◸ 能力要求

通过本章的学习，学生应了解建设工程管理各方的目标和任务，掌握工程项目管理组织的几种类型及每种类型的优点、缺点，掌握工程项目的承发包模式及结构图，熟悉项目经理的责、权、利及项目经理部的构成，熟悉工程项目风险管理的流程及风险应对措施。

◸ 数字资源

5分钟看完本章

1.1 建设工程项目管理的目标和任务

1.1.1 项目、工程项目、建设工程项目管理

1.1.1.1 项目

国际标准化组织(International Organization for Standardization,ISO)定义项目具有独特的过程,有开始和结束日期,并由一系列相互协调和受控的活动组成。这一过程的实施是为了达到规定的目标,包括满足时间、费用和资源等约束条件。

项目的种类很多,比较常见的有:各种建设工程项目,如各类厂房及工业设施,各类民用建筑,各种路桥、隧道工程;各种开发项目,如新产品、新技术、新工艺的研究开发;各种科研项目,如科技攻关项目、基础科学研究项目、人文科学研究项目等。

1.1.1.2 工程项目

工程项目属于最典型的项目类型,主要是由以建筑物为代表的房屋建筑工程和以公路、铁路、桥梁等为代表的道路桥梁工程共同构成,所以也称为建设工程项目。

(1) 工程项目的特性

① 具有明确的建设目标。工程项目的建设目标既有宏观目标,又有微观目标,政府主要审核建设项目的宏观经济效益和社会效益,企业多重视建设项目的盈利能力等微观财务目标。

② 在众多约束条件下实现项目的建设目标。工程项目主要的约束条件有:时间约束,即一项工程要有合理的建设工期时限;资源约束,即一项工程要在一定的投资额度、物力、人力条件下来完成建设任务;质量约束,即一项工程要有预期的生产能力、技术水平、产品质量和工程使用效益的要求。

③ 具有一次性和不可逆性。工程项目的一次性和不可逆性表现为投资建设地点一次性固定、建成后不可移动,设计的单一性,施工的单件性。工程项目与商品生产不同,它不是批量生产。工程项目建设一旦完成,要想改变非常困难。

④ 投资巨大。工程项目的建设周期长、投资回收期长、工程寿命期长、质量优劣影响面大、作用时间长。工程项目的规模大小不一,小到一栋普通的住宅楼,大到一座工厂、一条高速公路,也有如三峡工程这样的巨型项目。工程项目的耗资从几十万到几十亿不等,甚至达上千亿之多。因此,就要求有高水平的管理工作,否则项目一旦失败,造成的损失也将是巨大的。

⑤ 风险大。由于工程项目建设是一次性的,建设过程中各种不确定性因素很多,因此投资风险很大。

⑥ 管理的复杂性。项目的内部结构存在许多结合部,是项目管理的薄弱环节,给参加建设的各单位之间的沟通、协调造成许多困难,也是工程实施中易出现事故和质量问题的地方。另外,由于工程项目必须是在其使用地点建设,因而受到了诸如气候条件、水文地质、地形地貌等环境因素的制约,不可控因素多且复杂,这也为工程项目的管理带来了很大的困难。

(2) 工程项目的建设程序

《中华人民共和国建筑法》规定,工程项目要符合建设程序。工程项目建设一般可分为项目决策、项目设计、建设准备、施工和动用前准备及竣工验收五个阶段,如图 1-1 所示。

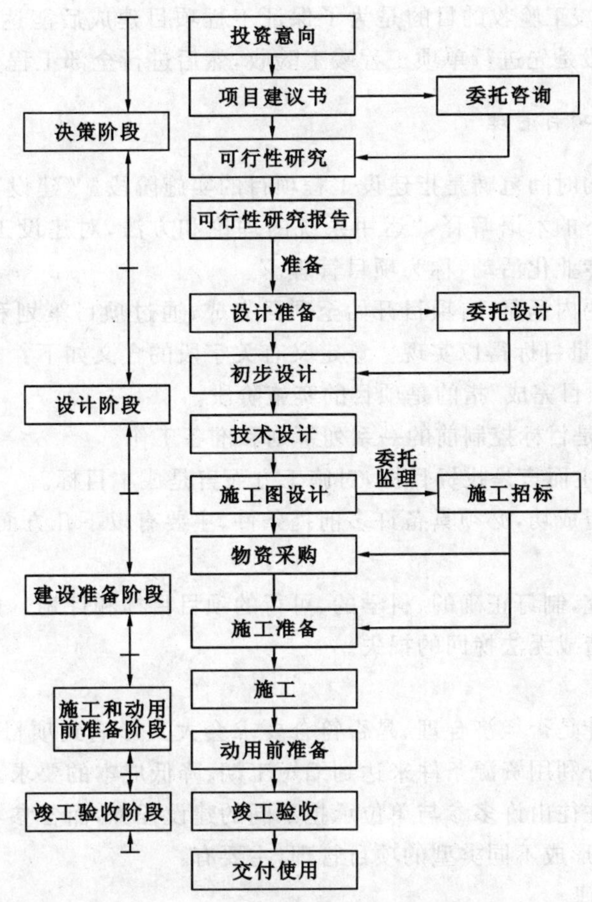

图 1-1 工程项目建设程序图

一般认为,工程项目的生命周期可分为项目决策阶段、项目设计阶段、建设准备阶段、施工和动用前准备阶段、竣工验收阶段等五个阶段。每阶段的具体工作如下。

① 决策阶段。项目决策阶段是指从项目构思到批准立项为止,主要工作为:工程项目构思的产生和选择;确定工程项目建设要达到的预期总体目标;项目的定义和总体方案策划;提出项目建议书;项目的可行性研究;项目的评价和决策等。在我国,可行性研究报告经批准后,项目即立项,经批准的可行性研究报告就作为工程项目的任务书,为项目初步设计提供依据。

② 设计阶段。项目设计阶段是指从项目立项到现场开工为止,主要工作包括初步设计和施工图设计。有特殊要求的项目可在两阶段之间增加技术设计阶段。

③ 建设准备阶段。建设准备阶段是指从设计阶段之后,为项目全面施工做准备工作的过程。主要工作为:设备和建筑材料的订货与采购;根据施工图纸、施工组织设计和施工图预算组织建筑工程的招标,以及征地拆迁等。施工是把项目设计图纸变为实物的关键环节,为保证施工的顺利进行和施工质量,在正式开工之前要认真审查施工的各项准备工作和施工条件,然后提出开工报告,经主管部门批准后,才能动工兴建。

④ 施工和动用前准备阶段。施工和动用前准备阶段是指项目进入全面施工过程,并为后期投入使用做准备。施工方按设计进行施工安装,建成工程实体。同时,业主要在监理单位协助下做好项目建成动用的系列准备工作。例如,人员培训、组织准备、技术准备和物资准备等。

⑤ 竣工验收阶段。竣工验收的目的是为了保证工程项目建成后能达到设计要求的各项技术经济指标。竣工验收一般是先进行单项工程竣工验收，然后进行全部工程整体验收。

1.1.1.3 建设工程项目管理

建设工程项目管理的时间范畴是指建设工程项目的实施阶段。《建设工程项目管理规范》对建设工程项目管理作了如下的术语解释："运用系统的理论和方法，对建设工程项目进行的计划、组织、指挥、协调和控制等专业化活动，称为项目管理。"

建设工程项目管理的内涵是：自项目开始至项目完成，通过项目策划和项目控制，以使项目的费用目标、进度目标和质量目标得以实现。该定义有关字段的含义如下：

① "自项目开始至项目完成"指的是项目的实施阶段。

② "项目策划"指的是目标控制前的一系列筹划和准备工作。

③ "费用目标"对业主而言是投资目标，对施工方而言是成本目标。

一个工程项目要取得成功，必须具备许多前提条件，主要有以下几方面：

(1) 科学的决策

通过充分的战略研究，制订正确的、科学的、可行的项目目标和计划。如果项目决策失误，就会犯方向性、原则性错误，造成无法挽回的损失。

(2) 经济合理的设计

工程项目的技术设计是否经济合理、是否符合要求会大大影响到项目目标的实现与控制。一个好的技术方案可以充分利用资源条件来达到缩短工期、降低成本的要求。

一个建设工程项目往往由许多参与单位承担不同的建设任务，而各参与单位的工作性质、工作任务和利益不同，因此就形成不同类型的项目管理，主要有：

① 业主方的项目管理。

② 设计方的项目管理。

③ 施工方的项目管理。

④ 建设物资供货方的项目管理。

⑤ 建设项目总承包的项目管理。

1.1.2 业主方项目管理的目标和任务

业主方项目管理服务于业主的利益，其项目管理的目标包括项目的投资目标、进度目标和质量目标。其中投资目标指的是项目的总投资目标。进度目标指的是项目动用的时间目标，即项目交付使用的时间目标，如工厂建成可以投入生产、道路建成可以通车、办公楼可以启用、旅馆可以开业的时间目标等。项目的质量目标不仅涉及施工的质量，还包括设计质量、材料质量、设备质量和影响项目运行或运营的环境质量等。质量目标包括满足相应的技术规范和技术标准的规定，以及满足业主方相应的质量要求。

项目的投资目标、进度目标和质量目标之间既有矛盾的一面，也有统一的一面，它们之间是对立统一的关系。要加快进度往往需要增加投资，要提高质量往往也需要增加投资，过度地缩短工期会影响质量目标的实现，这都表现了目标之间矛盾的一面；但通过有效的管理，在不增加投资的前提下，也可缩短工期和提高工程质量，这反映了目标之间关系统一的一面。

业主方的项目管理工作涉及项目实施阶段的全过程，如表 1-1 所示。

表 1-1 业主方项目管理的任务

任务 \ 阶段	设计前的准备阶段	设计阶段	施工阶段	动用前准备阶段	保修期
安全管理					
投资控制					
进度控制					
质量控制					
合同管理					
信息管理					
组织协调					

表 1-1 表明业主方的项目管理任务贯穿于工程项目的 5 个阶段 7 大项任务，共计 35 个分块的项目管理任务，其中安全管理是项目管理中的最重要任务，因为安全管理关系到人身健康与安全，而投资控制、进度控制、质量控制和合同管理则主要涉及物质利益。

1.1.3 设计方项目管理的目标和任务

设计方作为项目建设的一个参与方，其项目管理主要服务于项目的整体利益和设计方本身的利益。由于项目的投资目标能否实现与设计工作密切相关，因此，设计方项目管理的目标包括设计的成本目标、进度目标、质量目标以及投资目标。

设计方的项目管理工作主要在设计阶段进行，但也涉及设计前的准备阶段、施工阶段、动用前准备阶段和保修期。设计方项目管理的任务包括：

① 与设计工作有关的安全管理。

② 设计成本控制和与设计工作有关的工程造价控制。

③ 设计进度控制。

④ 设计质量控制。

⑤ 设计合同管理。

⑥ 设计信息管理。

⑦ 与设计工作有关的组织与协调。

1.1.4 工程项目总承包方项目管理的目标和任务

《建设项目工程总承包管理规范》中指出，“工程总承包企业受业主委托，按照合同对工程建设项目的设计、采购、施工、试运行等实行全过程或若干阶段的承包。”

工程项目总承包方作为项目建设的一个参与方，其工程项目管理主要服务于项目的整体利益和工程项目总承包方本身的利益。工程项目总承包方项目管理的目标包括项目的进度目标、质量目标、成本目标和总投资目标以及总承包方的成本目标。工程项目总承包方项目管理工作涉及项目实施阶段的全过程，工作任务包括：

① 安全管理。

② 投资控制和总承包方的成本控制。

③ 进度控制。

④ 质量控制。

⑤ 合同管理。

⑥ 信息管理。

⑦ 与建设项目总承包方有关的组织与协调。

工程总承包管理应包括项目部的项目管理活动和工程总承包企业职能部门参与的项目管理活动,其主要内容包括:

① 任命项目经理,组建项目部,进行项目策划并编制项目计划。

② 实施设计管理、采购管理、施工管理、试运行管理。

③ 进度管理,费用管理,设备材料管理,资金管理,质量管理,安全、职业健康和环境管理,人力资源管理,风险管理,沟通与信息管理,合同管理,现场管理,项目收尾等。

1.1.5 施工方项目管理的目标和任务

1.1.5.1 施工方项目管理的目标

由于施工方是受业主的委托承担工程建设任务,施工方必须树立服务观念,为项目和业主提供建设服务;另外,合同也规定了施工方的任务和义务,因此施工方作为项目建设的一个重要参与方,其项目管理不仅应服务于施工方本身的利益,也必须服务于项目的整体利益。项目的整体利益和施工方本身的利益是对立统一的关系,两者有其统一的一面,也有其矛盾的一面。

施工方项目管理的目标应符合合同的要求,它包括:

① 施工的安全管理目标。

② 施工的成本目标。

③ 施工的进度目标。

④ 施工的质量目标。

1.1.5.2 施工方项目管理的任务

施工方作为工程项目建设的一个参与方,其项目管理主要服务于项目的整体利益和施工方本身的利益。施工方工程项目管理的目标包括施工的成本目标、进度目标和质量目标。

施工方的项目管理工作主要在施工阶段进行,但也涉及准备阶段、设计阶段、动用前准备阶段和保修期。施工方项目管理的任务包括:

① 施工安全管理。

② 施工成本控制。

③ 施工进度控制。

④ 施工质量控制。

⑤ 施工合同管理。

⑥ 施工信息管理。

⑦ 与施工有关的组织与协调。

1.1.6 供货方项目管理的目标和任务

供货方作为项目建设的一个参与方,其项目管理主要服务于项目的整体利益和供货方本身的利益,其项目管理的目标包括供货方的成本目标、供货的进度和质量目标。

供货方的项目管理工作主要在施工阶段进行，但也涉及设计准备阶段、设计阶段、动用前准备阶段和保修期。供货方的项目管理任务包括：

① 供货安全管理。

② 供货方成本控制。

③ 供货进度控制。

④ 供货质量控制。

⑤ 供货合同管理。

⑥ 供货信息管理。

⑦ 与供货有关的组织与协调。

1.2　建设工程项目的组织与策划

1.2.1　工程项目组织结构

组织结构模式可用组织结构图来描述，组织结构图是组织论中的一个重要的组织工具，它反映一个组织系统中各组成部门(组成元素)之间的组织关系(指令关系)。在组织结构图中，矩形框表示工作部门，上级工作部门对其直接下属工作部门的指令关系用单向箭线表示。本节主要介绍业主的工程项目管理的组织结构形式。

常用的组织结构模式包括直线式组织结构模式、职能式组织结构模式、项目式组织结构模式和矩阵式组织结构模式等。

1.2.1.1　直线式组织结构

直线式组织结构是早期采用的一种项目管理形式，来自军事组织系统。这种组织结构形式与项目的机构分解图有较好的对应性。直线式项目管理班子的组织结构可以按项目构成建立或按项目实施阶段建立。图 1-2 和图 1-3 分别为按项目构成和按实施阶段设立的直线式项目管理班子的组织机构。

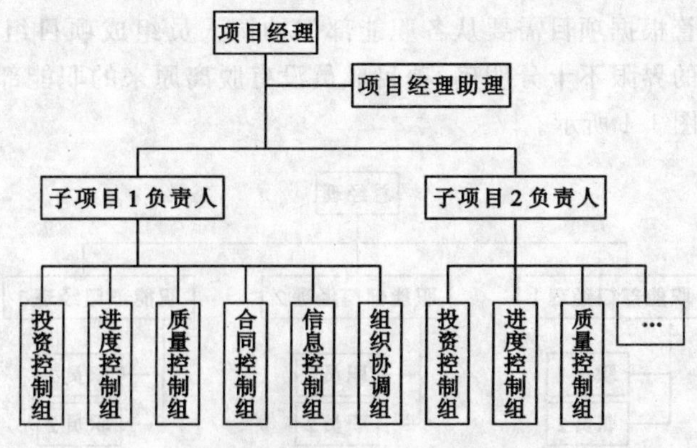

图 1-2　按项目构建的直线式项目管理班子组织结构

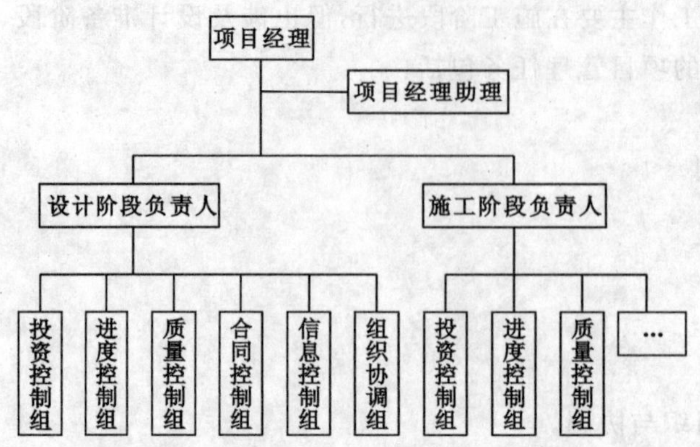

图 1-3 按实施阶段构建的直线式项目管理班子组织结构

（1）优点

① 保证单头领导，这样可以减少组织单元的纠纷，方便协调。

② 信息流通快，决策迅速，项目容易控制。

③ 项目任务分配明确，责、权、利关系清楚。

（2）缺点

① 组织结构缺乏弹性，同一层次之间缺乏必要的联系，主管人员独揽大权，任务繁重，一旦决策失误，就会造成较大损失。

② 当项目较多、较大时，每个项目对应一个组织，使企业资源不能达到合理使用。

③ 不能保证企业部门之间信息流通速度和质量，由于权力争执会使企业各部门间合作困难。

④ 企业各项目之间缺乏信息交流，项目之间的协调、企业的计划和控制比较困难。

⑤ 项目经理责任较大，一切决策信息都集中于项目经理，这就要求项目经理能力强、知识全面、经验丰富，否则决策较难、较慢，容易出错。

⑥ 在直线式组织中，如果专业化分工太细，会造成多级分包，进而造成组织层次的增加。

1.2.1.2 职能式组织结构

职能式组织结构是指按职能划分部门组成的管理组织，采用职能式组织结构的企业在进行项目工作时，各职能部门根据项目的需要承担本职能范围内的工作，项目的全部工作作为各职能部门的一部分工作。企业主管根据项目需要从各职能部门抽调人员组成项目组织，项目组织没有明确的项目经理。项目组织的界限不十分明确，项目成员没有脱离原来的职能部门，他们的工作属于兼职。职能式组织结构如图 1-4 所示。

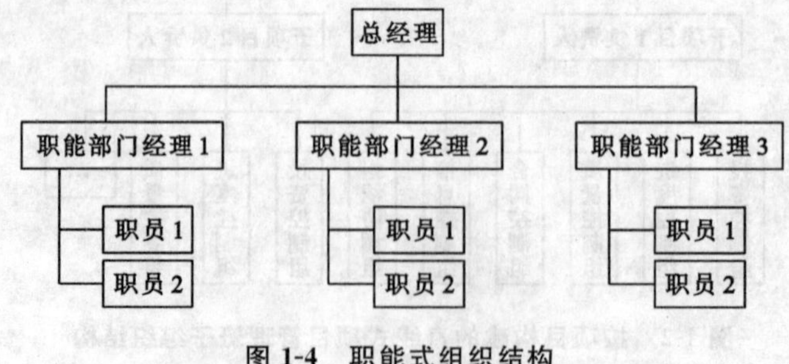

图 1-4 职能式组织结构

(1) 优点

① 各职能部门经理可以根据项目需要灵活调配人力，待所分配的工作完成后，可做其他日常工作，降低了资源闲置成本。技术专家在部门内可同时为几个项目服务，提高资源利用率。

② 同一部门人员可交流经验，共同研究，提高业务水平，还可以保证项目不因人员更换而中断，保证项目技术的连续性。

③ 职能部门经理只向总经理负责，总经理可以从全局出发协调各部门的工作。

(2) 缺点

① 各职能部门只负责项目的一部分，没有一个人承担全部责任，责任不明，各部门常常只考虑局部利益，部门之间协调困难。

② 职能部门的工作常常面向本部门，不以项目为关注焦点，项目和客户的利益不能优先考虑。

③ 对于技术复杂的项目，跨部门之间的沟通困难。

1.2.1.3 矩阵式组织结构

当进行一个特大型工程的建设，而这个工程可分为许多自成体系、能独立实施的子项(标段)时，可以将各子项看作独立的项目，这相当于进行多项目的实施。矩阵式组织结构如图 1-5 所示。矩阵式组织结构一般由两类部门组成。

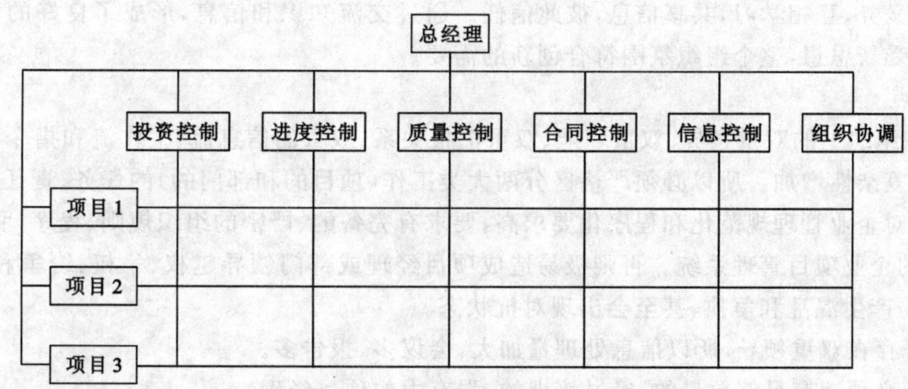

图 1-5 矩阵式组织结构

① 按专业任务分类的部门，主要负责专业工作、职能管理或资源的分配和利用，主要解决“怎么干”和“谁干”的问题，具有与专业任务相关的决策权和指令权。

② 按子项目分类的组织，主要围绕项目对象，对它的目标负责，负责计划和控制工作，协调项目各工作环节及项目过程中各部门间的关系，具有与项目相关的指令权。

(1) 优点

① 能够集中企业的全部资源(特别是技术力量)在各项目上，形成以项目任务为中心的管理，对环境变化迅速作出反应，及时满足顾客的要求，确保项目全过程和各项目之间管理的连续性和稳定性，保证项目目标的实现。

② 企业对项目经理只是部分授权，项目经理没有项目的全部经营管理权，常常依赖于部门经理的支持，向部门经理委托任务。企业对资源实行统一管理，能够形成全企业统一指挥，协调管理，使资源能够最有效地、均衡地、灵活地得到使用，特别是能充分发挥企业稀缺人才的作用，进而保证项目和部门工作的稳定性和高效率。一家公司项目增多，虽然增加了企业部门计划和平衡的难度，但上述效果却更加显著。

③ 在矩阵式组织中，项目组成员仍归属于一个职能部门，这不仅保证企业组织和项目工作的稳定性，而且使得人们有机会在职能部门中通过参与各种项目，积累丰富的经验和阅历，获得专业上更大的发展。

④ 矩阵式组织结构富有弹性，具有自我调节的功能，能更好地体现动态管理和优化组合，适用于时间和费用压力大的多项目和大型项目的管理。例如，增加一个项目，对于职能部门仅增加了一项专业任务，只影响计划和资源分配，项目结束时，也不影响整个组织机构。

⑤ 矩阵式组织的结构、权力与责任关系趋向灵活，能在保证项目经理对项目最有力控制的前提下，充分发挥各职能部门的作用，缩短信息和指令的传递路径，减少组织层次。决策层、职能部门、实施层之间的距离小，沟通速度快。

⑥ 组织上打破了传统的以权力为中心的管理模式，树立了以任务为中心的理念。这种组织的领导不是集权的，而是分权的、民主的、合作的，所以管理者的领导风格必须随之变化。

⑦ 项目和部门相对独立于它的上级领导，有较大的决策空间，工作有挑战性，所以通常人们的工作热情和效率较高，项目效益高。同时，矩阵式组织能兼顾产品（或项目）和专业职能活动，职能部门和项目组共同承担项目任务，共同工作，各参加者独立地追求不同部门和不同项目利益的平衡，能够发挥双方的积极性，因此它综合了项目组织和职能组织的优点。

⑧ 矩阵式组织的运作是灵活的、公开的，其运行过程也是管理人员的培训过程。在组织中，人们积极承担义务，互相学习，共享信息，彼此信任。通过交流知识和信息，形成了良好的沟通，组织成员容易接受新思想，整个组织氛围符合创新的需要。

（2）缺点

① 存在组织上的双重领导、双重职能、双重汇报关系，双重的信息流、工作流和指令界面，使管理的难度和复杂性增加。所以必须严格区分两大类工作（项目的和部门的）的任务、责任和权力，划定界限。这对企业管理规范化和程序化要求高，要求有完备的、严密的组织规则、程序，明确的职权划分，有效的企业项目管理系统。否则极易造成项目经理或部门领导越权、争权、纷争和推卸责任的现象，容易产生混乱和争执，甚至会出现对抗状态。

② 由于存在双重领导，所以信息处理量加大，会议多、报告多。

③ 企业必须拥有足够数量的、经过培训的、强有力的项目经理。

④ 由于许多项目同时进行，导致项目之间竞争专业部门的资源。而一个职能部门同时管理许多项目的相关工作，其资源分配是关键。由于企业内各项目间的优先次序不易确定，所以带来协调上的困难，为获取有限资源，职能经理与项目经理之间容易发生矛盾。项目经理要花许多精力与时间周旋于各专业部门之间，以求处理好人事关系。

⑤ 将对已建立的企业组织规则产生冲击。例如，职权和责任模式、生产过程的调整、后勤系统、资源的分配模式、管理工作程序、人员的评价和激励体系等。更进一步，会对企业的管理习惯、组织文化产生冲击。

⑥ 需要很强的计划与控制系统，由于项目上对资源数量和质量的需要高度频繁地变化，难以准确估计，容易造成混乱、低效率，使项目的目标受到损害。

1.2.2 工程项目组织沟通与协调

项目在运行过程中会涉及多方面的关系，为了处理好这些关系，保证实现项目的目标，就需要协调。所谓协调，就是以一定的组织形式、手段和方法，对项目中产生的不畅通关系进行疏通，对产生的干扰和障碍予以排除的活动。协调的目的是力求得到各方面协助，促使各方协同一致，齐心协力,以实现自己的预定目标。项目的协调其实就是一种沟通,即提供一个重要的人与人之间思想和信息的联络方式。项目沟通管理确保通过正式的结构和步骤,及时和适当地对项目信息进行收集、分发、储存和处理,并对非正式的沟通网络进行必要的控制,以利于项目目标的实现。

1.2.2.1 沟通与协调的工作内容

(1) 人际关系沟通

人际关系沟通包括工程项目组织内(如外部人际关系的协调)及人与人之间在管理工作中的联系和矛盾。

(2) 组织机构沟通

组织机构沟通包括协调项目经理部与企业管理层及劳务作业层之间的关系,以实现合理分工、有效协作。

(3) 供求关系沟通

供求关系沟通包括协调项目经理部与后勤保障部门、业主、工程承包商及供应商之间的关系,以保证人力、材料、机械设备、技术、资金等各项生产要素供应的优质、优价、适时、适量。

(4) 协作配合关系沟通

协作配合关系沟通包括近外层关系的配合,以及内部各部门、上下级、管理层与劳务作业层之间关系的协调。

(5) 约束关系沟通

约束关系沟通包括法律法规约束关系、合同约束关系,主要通过提示、教育、监督、检查等手段减少矛盾,并及时、有效地解决矛盾。

1.2.2.2 工程项目经理部内部关系的沟通

工程项目协调的范围和层次可分为项目经理部内部和外部的协调。外部的协调又可分为近外层协调和远外层协调。项目经理部与近外层关系单位一般有合同关系,而与远外层关联单位一般没有合同关系。工程项目协调的范围和层次如图 1-6 所示。

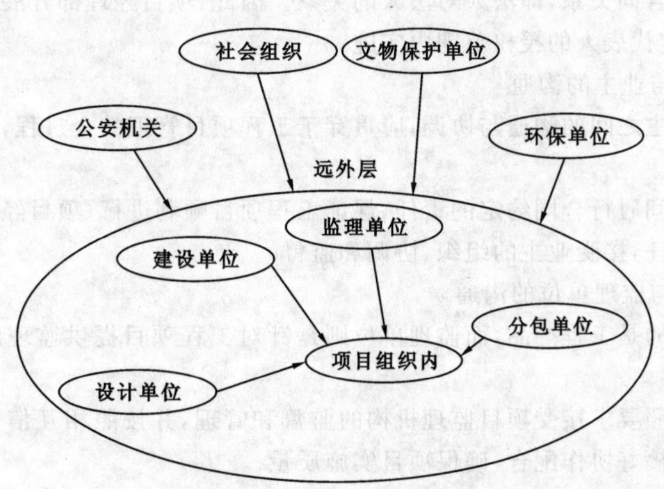

图 1-6 工程项目协调的范围和层次

(1) 项目经理部内部人际关系的协调

组织作为人事项目组织中最积极的要素，要提高效率，取决于人际关系的协调程度。因此，项目经理部应重视以下工作。

① 人力资源开发。在项目管理中以人为本、以能力为本，有效地利用人力资源，营造一个能发挥创造能力的环境，充分调动人的智慧，为实现项目目标服务。

② 加强协调与沟通。协调与沟通使项目各参与者构成一个具有凝聚力的整体。各项目参与者交流意见，统一思想认识，自觉地协调各个体的工作，保证项目目标的完成。

③ 及时处理矛盾。矛盾是由某种差异引起的抵触、争执或争斗的对立状态。由于利益、观点、掌握的信息以及对事件的理解都可能存在差异，这就有可能引起矛盾。项目管理者要及时处理好各种矛盾，以减少由于矛盾所造成的损失。

(2) 项目经理部内部组织关系的协调

项目经理部与本企业管理层关系的协调，主要依靠严格执行"项目管理目标责任书"、公司的规章制度等方法实现。项目经理部与劳务作业层关系协调，主要依靠履行劳务合同以及执行"施工项目管理实施规划"等方法实现。

工程项目是由若干个参与者共同参与完成任务，每个参与者都有自己的目标和任务，并按规定的或自定的方式运行。项目内部组织关系的协调，就是使各参与者都能从项目组织整体目标出发，理解和履行自己的职责，相互协作和支持，使工程项目处于协调、有序的高效运行状态。

(3) 项目经理部内部供求关系的协调

在工程项目实施中，项目经理部内部的各个部门为了完成任务，在不同的阶段需要各种不同的资源，如对人员的需求、材料的需求、设备的需求、能源动力的需求、配合力量的需求等。工程项目始终是在有限资源的约束条件下实施，因此，理顺项目经理部内部需求关系，既可以合理地利用各种资源，保证工程项目建设的需要，又可以充分地提高项目经理部内部各部门的积极性，保证组织的运行效率。

1.2.2.3 工程项目经理部的外层关系的沟通

近外层关系属于合同关系，即法人对法人的关系。因此，项目经理部开展近外层关系的组织协调时，必须在企业法定代表人的授权范围内实施。

(1) 项目经理部与业主的沟通

项目经理部与业主之间的沟通与协调，应贯穿于工程项目管理的全过程，且协调的最有效方法是严格执行合同。

业主按规定的时间履行合同约定的责任，保证工程项目顺利进行；项目经理部也应在规定时间内承担合同约定的责任，接受业主的组织、协调和监督。

(2) 项目经理部与监理单位的沟通

项目经理部提供的是工程产品，而监理单位则是针对工程项目提供监理服务，两者地位平等，只是分工不同而已。

项目经理部应按照要求接受项目监理机构的监督和管理，并按照相互信任、相互支持、相互尊重、共同负责的原则，搞好协作配合，确保项目实施质量。

(3) 项目经理部与设计单位的沟通

项目经理部与设计单位的工作联系原则上应通过建设单位进行，并需按图施工。项目经理部要领会设计文件的意图，取得设计单位的理解和支持；设计单位要对设计文件进行技术交底。

项目经理部应在设计交底、图纸会审、设计洽谈变更、地基处理、隐藏工程验收和交工验收等环节中与设计单位密切配合，同时接受业主和项目监理对于双方进行的协调。

(4) 项目经理部与供应商的沟通

项目经理部与供应商应依据供应合同，充分运用市场的价格机制、竞争机制和供求机制做好协作配合。

(5) 项目经理部与公用部门的沟通

公用部门是指与项目施工有直接关系的社会公用性单位，如供水、供电、供气等单位。项目经理部与公用部门有关单位的关系，应通过加强计划性以及通过业主或项目监理机构进行协调。

(6) 项目经理部与分包单位的沟通

项目经理部与分包单位关系的协调应严格执行分包合同，正确处理技术关系、经济关系，以及项目进度控制、质量控制、成本控制、安全控制、生产要素管理和现场管理中的协作关系。同时，项目经理部还应对分包单位的工作进行监督和支持。

(7) 项目经理部与政府有关部门的沟通

项目经理部与政府之间属于远外层关系，项目经理部接受政府有关部门的监督管理，在工作中必须严格遵守法律和公共道德，并充分利用中介组织和社会管理机构的力量。

1.3　建设工程项目的承发包模式

工程项目主要涉及三大主体，即以业主方为主体的发包体系，以涉及、施工、供货方为主体的承建体系，以及以工程咨询、评估、项目管理、监理等为主体的咨询体系。

工程项目承发包管理案例

工程发包与承包是指发包方通过合同委托承包方为其完成某一工程的全部或其中一部分工作的交易行为。工程发包方一般指建设单位或工程总承包单位，工程承包方一般包括工程勘察设计单位、施工单位、工程设备供应或制造单位等。

工程项目承发包模式一般有平行承发包模式、施工总承包模式、施工总承包管理模式、项目总承包模式等。此外，还有一些新型承发包模式，如Partnering模式、CM模式、BOT模式等。

1.3.1　平行承发包模式

这种组织方式是指业主根据实际情况将工程项目分解后由业主分别委托几家承包单位来进行建造的方式。对业主而言，采用平行承发包模式，将直接面对多个施工单位、多个材料设备供应单位和多个设计单位，而这些单位之间的关系是平行的，各自对业主负责。

1.3.1.1 合同结构

业主将工程分解后分别进行发包，分别与各承建单位签订工程合同。其合同结构如图1-7所示。

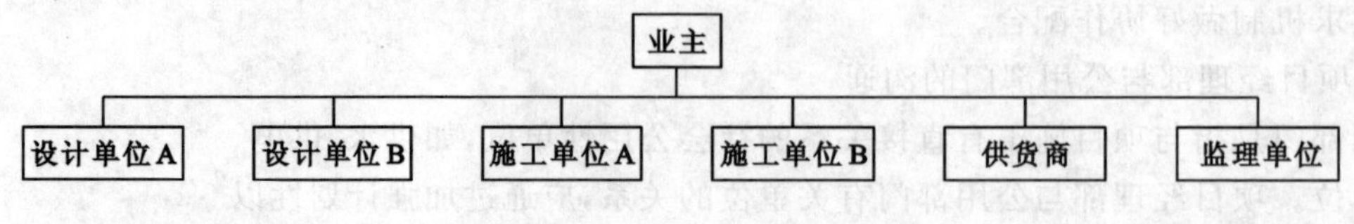

图1-7 平行承发包模式的合同结构

1.3.1.2 特点

① 有利于缩短工期。设计阶段与施工阶段有可能形成搭接关系，从而缩短整个建设工程工期。

② 有利于质量控制。整个工程经过分解分别发包给各承建单位，合同约束与相互制约使每一部分能够较好地实现质量要求。

③ 有利于业主选择承建单位。大多数国家的建筑市场中，专业性强、规模小的承建单位一般占较大的比例。这种模式的合同内容比较单一、合同价值小、风险小，使它们有可能参与竞争。因此，无论大型承建单位还是中小型承建单位都有机会竞争。业主可在更大范围内选择承建单位，为提高择优性创造了条件。

④ 合同数量多，会造成合同管理困难。合同关系复杂，使建设工程系统内结合部位数量增加，组织协调工作量大。故应加强合同管理的力度，加强各承建单位之间的横向协调工作。

⑤ 投资控制难度大。主要表现在：一是总合同价不易确定，影响投资控制实施；二是工程招标任务量大，需控制多项合同价格，增加了投资控制难度；三是在施工过程中设计变更和修改较多，导致投资增加。

1.3.2 施工总承包模式

施工总承包模式是业主将工程的设计任务委托给一家设计单位，再委托一个施工单位或由多个施工单位组成的施工联合体或施工合作体作为施工总包单位，经业主同意，施工总承包单位可以根据需要将施工任务的一部分分包给其他符合资质的分包人。

采用施工总承包模式，业主将直接面对两个承建单位，即一个设计总承包单位和一个施工总承包单位。这两个单位之间的关系是平行的，它们各自对业主负责。

1.3.2.1 合同结构

施工总承包模式，业主仅与设计总承包单位签订设计总承包合同，与施工总承包单位签订施工总承包合同。总承包单位与业主签订总承包合同后，可以将其总承包任务的一部分再分给其他承包单位，形成工程总承包与分包的关系。总承包单位与分包单位分别签订工程分包合同，分包单位对总承包单位负责，业主与分包单位没有直接承发包关系。其合同结构如图1-8所示。

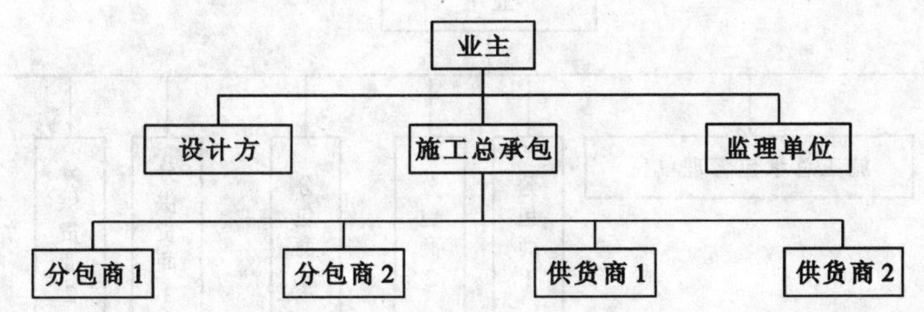

图 1-8　施工总承包模式的合同结构

1.3.2.2　特点

(1)投资控制方面

① 一般以施工图设计为投标报价的基础,投标人的投标报价较有依据;

② 在开工前就有较明确的合同价,有利于业主控制总投资;

③ 若在施工过程中发生设计变更,可能会引发索赔。

(2)进度控制方面

由于一般要等施工图设计全部结束后,业主才进行施工总承包的招标。因此,开工日期不可能太早,建设周期会较长。这是施工总承包模式的最大缺点,限制了其在建设周期紧迫的建设工程项目上的应用。

(3)质量控制方面

建设工程项目质量的好坏在很大程度上取决于施工总承包单位的管理水平和技术水平。

(4)合同管理方面

① 业主只需要进行一次招标,与施工总承包商签约,因此招标及合同管理工作量将会减小。

② 在很多工程实践中,采用的并不是真正意义上的施工总承包,而采用所谓的"费率招标"。"费率招标"实质上是开口合同,对业主方的合同管理和投资控制十分不利。

(5)组织与协调方面

由于业主只负责对施工总承包单位的管理及组织协调,其组织与协调的工作量比平行发包会大大减少,这对业主有利。

1.3.3　施工总承包管理模式

施工总承包管理模式(Managing Contractor)是指业主方委托一个施工单位或由多个施工单位组成的施工联合体或施工合作体作为施工总包管理单位,业主方另委托其他施工单位作为分包单位进行施工。一般情况下,施工总承包管理单位不参与具体工程的施工,但如施工总承包管理单位也想承担部分工程的施工,它也可以参加该部分工程的投标,通过竞争取得施工任务。

1.3.3.1　合同结构

施工总承包管理模式的合同关系有两种可能,即业主与分包单位直接签订合同(合同结构如图 1-9 所示)或者由施工总承包管理单位与分包单位签订合同。而当采用施工总承包模式时,由施工总承包单位与分包单位直接签订合同。

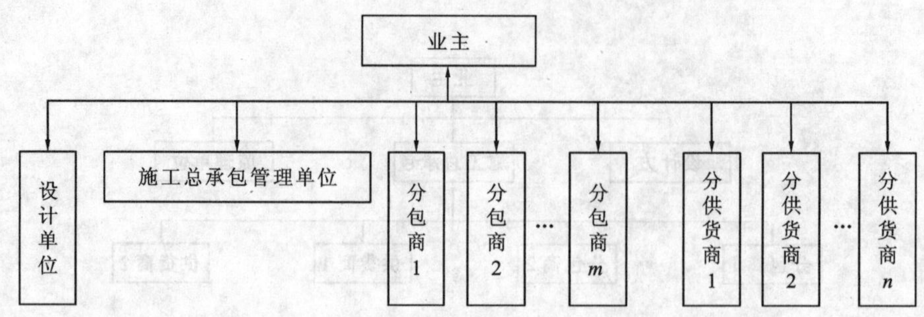

图 1-9 施工总承包管理模式合同结构

1.3.3.2 特点

(1)投资控制方面

一部分施工图完成后,业主就可以单独或与施工总承包管理单位共同进行该部分工程的招标,分包合同的投标报价和合同价以施工图为依据。在对施工总承包管理单位进行招标时,只确定施工总承包管理费,而不确定工程造价,可能成为业主控制总投资的风险。多数情况下,由业主方与分包人直接签约,这样有可能增加业主方的风险。

(2)进度控制方面

不需要等待施工图设计完成后再进行施工总承包管理的招标,分包合同的招标也可以提前,这样就有利于提前开工,有利于缩短建设周期。

(3)质量控制方面

对分包人的质量控制由施工总承包管理单位进行,分包工程任务符合质量控制的"他人控制"原则,对质量控制有利。另外,各分包之间的关系可由施工总承包管理单位负责,这样就可以减轻业主方管理的工作量。

(4)合同管理方面

一般情况下,所有分包合同的招投标、合同谈判以及签约工作均由业主方负责,业主方的招标及合同管理工作量较大。对于分包人的工程款支付可由施工总包管理单位支付或由业主直接支付,前者有利于施工总承包管理单位对分包人的管理。

(5)组织与协调方面

由施工总承包管理单位负责对所有分包人的管理及组织协调,这样就大大减轻业主方的工作。这是采用施工总承包管理模式的基本出发点。

1.3.3.3 施工总承包管理模式与施工总承包模式的对比

(1)工程开展程序

施工总承包模式的工作程序是:先进行建设项目的设计,待施工图设计结束后再进行施工总承包投标,然后再进行施工。而如果采用施工总承包管理模式,施工总承包管理单位的招标可以不依赖完整的施工图,当完成一部分施工图就可以对其进行招标,施工总承包管理模式可以在很大程度上缩短建设周期。

(2)合同关系

施工总承包管理模式的合同关系有两种可能,即业主与分包单位直接签订合同或者由施工总承包管理单位与分包单位签订合同。而采用施工总承包模式时,由施工总承包单位与分包单位直接签订合同。

(3)分包单位的选择和认可

一般情况下，当采用施工总承包管理模式时，分包合同由业主与分包单位直接签订，但每一个分包人的选择和每一个分包合同的签订都要经过施工总承包管理单位总的认可，因为施工总承包管理单位要承担施工总体管理和目标控制的任务和责任。而当采用施工总承包模式时，分包单位由施工总承包单位选择，由业主认可。

(4)对分包单位的付款

对各个分包单位的工程款项可以通过施工总承包管理单位支付，也可以由业主直接支付。如果由业主直接支付，需要经过施工总承包管理单位的认可。而当采用施工总承包模式时，对各个分包单位的工程款项，一般由施工总承包单位负责支付。

(5)对分包单位的管理和服务

施工总承包管理单位和施工总承包单位一样，既要负责对现场施工的总体管理和协调，也要负责向分包人提供相应的配合施工服务。对于施工总承包管理单位或施工总承包单位提供的某些设施和条件，如搭设脚手架、临时用房等，如果分包人需要使用，则应由双方协商所支付的费用。

(6)施工总承包管理的合同价格

施工总承包管理合同中一般只确定施工总承包管理费用(通常是按工程建设安装工程造价的一定百分比计取)，而不需要确定建筑安装工程造价，这也是施工总承包管理模式的招标可以不依赖于施工图纸出齐的原因之一。分包合同一般采用单价合同或总价合同。

1.3.4 项目总承包模式

项目总承包模式是指项目总承包企业受业主委托，按照合同约定对工程建设项目的勘察、设计、采购、施工、试运行等实行全过程或若干阶段的承包。

《中华人民共和国建筑法》第 24 条规定："建筑工程的发包单位可以将建筑工程的勘察、设计、施工、设备采购一并发包给一个工程总承包单位，也可以将建筑工程勘察、设计、施工、设备采购的一项或者多项发包给一个工程总承包单位；但是，不得将应当由一个承包单位完成的建筑工程肢解成若干部分发包给几个承包单位。"

建设项目总承包主要有以下两种方式。

① 设计-施工总承包(Design-Build)，是指工程总承包企业按照合同约定，承担工程项目设计和施工，并对承包工程的质量、安全、工期、造价全面负责。

② 设计采购施工总承包(Engineering Procurement Construction)，是指项目总承包企业按照合同约定，承担工程项目的设计、采购、施工、试运行服务等工作，并对承包工程的质量、安全、工期、造价全面负责。

建设项目工程总承包的基本出发点是借鉴工业生产组织的经验，实现建设生产过程的组织集成化，以克服由于设计与施工的分离致使投资增加，以及克服由于设计和施工的不协调而影响建设进度等弊病。

建设项目工程总承包的主要意义并不在于总价包干和"交钥匙"，其核心是通过设计与施工过程的组织集成，促进设计与施工的紧密结合，以达到为项目建设增值的目的。但即使采用总价包干的方式，稍大一些的项目也难以用固定总价包干，而多数采用变动总价合同。

1.4 建设工程项目管理规划

工程项目管理
规划案例

建设工程项目管理规划涉及项目整个实施阶段，它属于业主的项目管理范畴。建设工程项目管理规划是指导项目管理工作的纲领性文件，对项目管理的目标、依据、内容、组织、资源、方法、程序和控制措施进行了确定，它从总体上和宏观上对如下几个方面进行了分析和描述：

① 为什么要进行项目管理。
② 项目管理需要做什么工作。
③ 怎样进行项目管理。
④ 谁做项目管理的哪些方面的工作。
⑤ 什么时候做哪些项目管理工作。
⑥ 项目的总投资。
⑦ 项目的总进度。

1.4.1 建设工程项目管理规划的内容

建设工程项目管理规划一般包括如下内容：

① 项目概述。
② 项目的目标分析和论证。
③ 项目管理的组织。
④ 项目采购和合同结构分析。
⑤ 投资控制的方法和手段。
⑥ 进度控制的方法和手段。
⑦ 质量控制的方法和手段。
⑧ 安全、健康与环境管理的策略。
⑨ 信息管理的方法和手段。
⑩ 技术路线和关键技术的分析。
⑪ 设计过程的管理。
⑫ 施工过程的管理。
⑬ 价值工程的应用。
⑭ 风险管理的策略。

建设工程项目管理规划内容涉及的范围和深度，在理论上和工程实践中并没有统一的规定，应视项目的特点而定。由于项目实施过程中主、客观条件的变化是绝对的，不变则是相对的；在项目进展过程中平衡是暂时的，不平衡则是永恒的，因此，建设工程项目管理规划必须随着情况的变化而进行动态调整。

例如，举行迎接香港回归庆典的香港会展中心在建设开始时，建设单位于 1994 年编制了建设项目管理规划，其主要内容如下：

① 项目建设的任务。
② 委托的咨询(顾问)公司。

③ 项目管理班子的组织。
④ 合同的策略。
⑤ 设计管理。
⑥ 投资管理。
⑦ 进度管理。
⑧ 招标和发包的工作程序。
⑨ 有关的政府部门。
⑩ 工程报告系统。
⑪ 质量保证系统和质量控制。
⑫ 竣工验收事务。
⑬ 项目进展工作程序。
⑭ 风险管理。
⑮ 信息管理。
⑯ 价值工程。
⑰ 安全。
⑱ 环境管理。
⑲ 不可预见事件管理。

1.4.2 项目管理规划大纲和项目管理实施规划的内容

项目管理规划作为指导项目管理的纲领性文件,包括项目管理规划大纲和项目管理实施规划两类文件。

1.4.2.1 项目管理规划大纲的内容

项目管理规划大纲包括以下内容,组织可根据需要选定:

(1) 项目概况

项目概况包括项目范围描述、项目实施条件分析和项目管理基本要求等。

(2) 项目范围管理规划

对项目的过程范围和最终可交付工程的范围进行描述,要通过工作分解结构图实现,并对分解的各单元进行编码及编码说明。

(3) 项目管理目标规划

项目管理目标规划通常包括两个部分:

① 合同要求的目标(必须实现)。

② 企业对项目的要求(应明确质量、成本、进度和职业健康安全的总目标,并进行可能的目标分解)。

(4) 项目管理组织规划

项目管理组织规划应包括组织结构形式、组织构架图、项目经理、职能部门、主要成员人选及拟建立的规章制度等。

(5) 项目成本管理规划

① 组织应提出编制成本计划的总体原则。成本目标规划应包括项目的总成本目标,按照主要成本项目进行成本分解的子目标以及保证成本目标实现的技术组织措施。

② 成本目标规划应留有一定的余地，并有一定的浮动区间。

③ 成本目标的确定应反映如下因素：工程的范围、特点、性质；招标文件规定的承包人责任；工程的现场条件；对施工工程的实施方案。

④ 确定成本目标时不应考虑承包人的经营战略。

(6) 项目进度管理规划

① 应包括进度的管理体系、管理依据、管理程序、管理计划、管理实施和控制、管理协调等内容。

② 应说明招标文件（或招标人要求）的总工期目标，总工期目标的分解，主要的里程碑事件及主要工程活动的进度计划安排，施工进度计划表，保证进度目标实现的组织、经济、技术、合同措施。

③ 规划大纲中的工期目标与总进度计划不仅应符合招标人在招标文件中提出的总工期要求，而且应考虑到环境（特别是气候）条件的制约、工程的规模和复杂程度、承包人可能拥有的资源投入力度，要有可行性。在制订总进度计划时应参考已完成的当地同类工程的实际进度状况。

④ 进度计划应采用横道图的形式，并注明主要的里程碑事件。

(7) 项目质量管理规划

项目质量管理规划的内容应包括管理依据、程序、计划、实施、控制和协调等方面。

(8) 项目职业健康安全与环境管理规划

① 要对职业健康和安全管理体系的建立和运行进行规划，也要对环境管理体系的建立和运行进行规划。

② 要对危险源进行预测，对其控制方法进行粗略规划。

③ 要编制有战略性的、针对性的安全技术措施计划和环境保护措施计划。

④ 要特别重视项目产品的职业健康安全性和环境保护性。

(9) 项目采购与资源管理规划

项目采购规划要识别与采购有关的资源和过程，包括采购的对象、采购时间、询价、评价并确定参加投标的分包人，估算、分配相关资源，安排资源使用进度，进行资源控制的策划等。

(10) 项目信息管理规划

(11) 项目沟通管理规划

(12) 项目风险管理规划

(13) 项目收尾管理规划

项目收尾管理规划包括工程收尾、管理收尾、行政收尾等方面的规划。

1.4.2.2 项目管理实施规划的内容

(1) 项目概况

(2) 总体工作计划

(3) 组织方案

组织方案包括下列内容：

① 项目管理组织应编制出项目的项目结构图、组织结构图、合同结构图、编码结构图、重点工作流程图、任务分工表、职能分工表，并进行必要的说明，处理好相互之间的关系。

② 合同所规定的项目范围与项目管理责任。

③ 项目经理部的人员安排（主要由项目的规模和管理任务决定）。

④ 项目管理总体工作流程。

⑤ 项目经理部各部门的责任矩阵。

⑥ 工程分包策略和分包方案、材料供应方案、设备供应方案。

⑦ 新设置制度一览表，引用组织已有制度一览表。

(4) 技术方案

技术方案包括项目构造与结构、工艺方法、工艺流程、工艺顺序、技术处理、设备选用、能源消耗、技术经济指标等。

(5) 进度计划

进度计划包括进度图、进度表、进度说明与进度计划相应的人力计划、材料计划、机械设备计划、大型机具计划及相应的说明。

(6) 质量计划

质量计划包括质量目标和要求，质量管理组织和职责所需的过程、文件和资源产品(或过程)所要求的评审、验证、确认、监视、检验和试验活动，接收准则记录的要求，所采取的措施。

(7) 职业健康安全与环境管理计划

① 项目的职业健康安全管理点。

② 识别危险源，并判别其风险等级。风险等级分为可忽略风险、可容许风险、中度风险、重大风险和不容许风险。对不同等级的风险采取不同的对策。

③ 制订安全技术措施计划。

④ 制订安全检查计划。

⑤ 根据污染情况制订防止污染、保护环境计划。

(8) 成本计划

(9) 资源需求计划

① 资源需求计划的编制首先要用预算的方法得到资源需要量，列出资源计划矩阵，然后结合进度计划进行编制，列出资源数据表，画出资源横道图、资源负荷图和资源累积曲线图。

② 资源供应计划。资源供应计划是进度计划的支持性计划，满足资源需求。项目管理实施规划应分类编制资源供应计划，包括劳动力、材料设备采购、储存计划，大型工具、器具供应计划等。

(10) 风险管理计划

① 列出项目进行过程中可能出现的风险因素清单，包括由于环境变化导致的风险，由项目工作结构分解获得的工程活动风险，由施工项目的参加者各方产生的风险等。

② 对风险出现的可能性(概率)以及如果出现将会造成的损失作出估计。

③ 对各种风险作出确认，根据风险量列出风险管理的重点或按照风险对目标的影响程度确定风险管理的重点。

④ 对主要风险提出防范措施。

⑤ 落实风险管理责任人。风险责任人通常与风险的防范措施相联系。

(11) 信息管理计划

(12) 项目沟通管理计划

(13) 项目收尾管理计划

① 项目收尾计划。

② 项目结算计划。

③ 文件归档计划。

④ 项目创新总结计划。

(14) 项目现场平面布置图

(15) 项目目标控制措施

项目目标控制措施具体包括技术措施、经济措施、组织措施及合同措施。

(16) 技术经济指标

① 进度方面的指标，即总工期。

② 质量方面的指标，如工程整体质量标准、分部分项工程的质量标准。

③ 成本方面的指标，包括工程总造价或总成本、单位工程成本、成本降低率。

1.4.3 项目管理规划的编制方法

项目管理规划中，项目管理规划大纲应由组织的管理层或组织委托的项目管理单位编制，而项目管理实施规划应由项目经理组织编制。

1.4.3.1 项目管理规划大纲的编制

(1) 项目管理规划大纲的编制依据

项目管理规划大纲可依据下列资料编制：

① 可行性研究报告与相关批文。

② 标准、规范与规定性文件。

③ 招标文件及发包人对招标文件的解释。

④ 发包人与项目管理公司、总承包人签订的合同。

⑤ 市场信息。

此外，在编制项目管理规划大纲时还应该充分考虑工程现场环境情况的调查结果、企业投标策略、企业法定代表人的投标决策意见、发包人提供的有关本工程的其他工程信息及资料等。

(2) 项目管理实施规划的编制工作程序

① 明确项目目标。

② 分析项目环境和条件。

③ 收集与项目有关的资料和信息。

④ 确定项目管理组织模式、结构和职责。

⑤ 明确项目管理内容。

⑥ 编制项目目标计划和资源计划(关键程序)。

⑦ 汇总整理，报送审批。

(3) 项目管理规划大纲的编制要求

① 由相关单位组成工作小组进行编制，吸收拟委派的项目经理及技术负责人参加。

② 项目管理规划大纲中规划的各种目标都应该满足合同目标的要求。

③ 技术组织措施的规划应立足于本单位的经营管理水平和实际能力，做到可靠、可行、有效。

④ 由于开工前还要编制施工项目管理实施规划，故项目管理规划大纲应较好地把握详略程度，实施性的内容宜粗不宜细，应能对施工项目管理实施规划起指导纲领的作用，待编制施工项目管理实施规划时再细化。

1.4.3.2　项目管理实施规划的编制

(1) 项目管理实施规划的编制依据

项目管理实施规划可依据下列资料进行编制：

① 项目管理实施规划大纲。

② 项目条件和环境分析资料。

③ 工程合同及相关文件。

④ 同类项目的相关资料。

除此之外，还包括项目管理目标责任书、组织的项目管理体系、工作职责的划分等。

(2) 项目管理实施规划的编制程序

项目管理实施规划的编制程序共包括5个环节、7个步骤。

5个环节：

① 了解项目相关各方的要求。

② 分析项目条件和环境。

③ 熟悉相关的法规和文件。

④ 组织编制。

⑤ 履行报批手续。

7个步骤：

① 工程施工合同和施工条件分析。

② 确定项目管理实施规划的目录及框架。

③ 分工编写。项目管理实施规划必须按照专业和管理职能分别由项目管理部的各部门(或各职能人员)编写，有时需要企业管理层的一些职能部门参与。

④ 汇总协调。由项目经理协调上述各部门(人员)的编写工作，给他们以指导，最后由项目经理指定人员汇总编写内容，形成初稿。

⑤ 统一审查。组织管理层对初稿进行审查，并在执行过程中进行监督和跟踪。

⑥ 修改定稿。由原编写人修改，由汇总人定稿。

⑦ 报批。由项目经理部报给组织的领导批准施工项目管理实施规划。

(3) 项目管理实施规划的编制要求

① 在组织管理层的领导下由项目经理组织编写。

② 项目管理实施规划应反映从获得招标文件到签订合同、项目实施启动过程中经营战略、策略等的变化。对项目管理规划大纲有重大的或原则性的修改，应报请企业批准。

③ 为了满足项目实施的需求，应尽量细化，尽可能利用图表表示。

1.5　项目经理的职责和权限

1.5.1　项目经理与项目经理责任制

项目经理(Project Manager)即项目的负责人，指工程承包在总包合同专用条款和本合同专用条款中指定的负责施工管理、履行总包合同及本合同的代表，一般由取得国家注册的建造师担任。我国的施工企业在进行施工项目管理时，实行项目经理责任制度。项目经理必须在取得建筑工程施工项目经理资格证书之后才能上岗。

项目经理责任制是指以项目经理为责任主体的施工项目管理目标责任制度。项目经理责任制的制度构成包括:项目经理部在企业中的管理定位,项目经理应具备的条件,项目经理部的管理运作机制,项目经理的责任、权限和利益定位,项目管理目标责任书的内容构成等。施工企业应在其各项项目管理制度中对以上各项给予规定。

1.5.2 项目经理的地位和作用

项目经理对相应的项目管理全面负责,是工程项目的管理中心,在整个项目活动中占有举足轻重的地位,具体表现在:

① 项目经理是企业法人代表在项目上的全权委托代理人。从企业内部看,项目经理是项目活动全过程所有工作的总负责人,是项目生产要素投入和优化组合的组织者;从对外方面看,项目经理作为法人代表的全权委托代理人,是履行合同义务、执行合同条款、承担合同责任、处理合同变更、行使合同权力的最高合法当事人。

② 项目经理是协调各方面关系,使之相互紧密协作、配合的桥梁和纽带。工程项目管理是一个动态管理的过程,在实施中,众多的综合的、复杂的人际关系必然产生各种矛盾、冲突和纠纷,而负责沟通、协商、解决这些矛盾的关键人物就是项目经理。

③ 项目经理对项目实施进行控制,是各种信息的集散中心。自下、自外而来的信息,通过各种渠道汇集到项目经理手中;项目经理又通过指令、计划和文件等形式,对下、对外发布信息,通过信息的散发达到控制的目的,使项目取得成功。

④ 项目经理是工程项目责、权、利的主体。项目经理是项目责任的主体,是实现项目目标的最高责任者。项目经理又必须是权力的主体,权力是确保项目经理能够承担起责任的条件和手段,权力的大小,则需视项目经理责任的要求而定。若没有必要的权力,项目经理就无法对工作负责。项目经理还必须是项目利益的主体。利益是项目经理工作的动力,是由于项目经理负有相应的责任而应得到的报酬,利益的多少视项目经理的责任而定。若没有一定的利益,项目经理就不愿负有相应的责任,也不会认真行使相应的权力。

1.5.3 项目经理的责、权、利

1.5.3.1 项目经理的主要职责

项目经理应履行下列职责:

① 项目管理目标责任书规定的职责。

② 主持编制项目管理实施规划,并对项目目标进行系统管理。

③ 对资源进行动态管理。

④ 建立各种专业管理体系并组织实施。

⑤ 进行授权范围内的利益分配。

⑥ 整理归纳工程资料,准备结算资料,参与工程竣工验收。

⑦ 接受审计,处理项目经理部解体的善后工作。

⑧ 协助组织进行项目的检查、鉴定和评奖申报工作。

1.5.3.2 项目经理应具有的权力

项目经理担负着保证项目成功完成的重大责任,为确保项目经理顺利完成任务,就必须赋予他

一定的权力，使他在一定范围内行使这种权力，保证项目得以顺利实施。项目经理具有的权力包括以下几个方面。

① 参与项目招标、投标和合同签订。

② 参与组建项目经理部。

③ 主持项目经理部工作。

④ 决定授权范围内的项目资金的投入和使用权。

⑤ 制订内部计酬办法。

⑥ 参与选择并使用具有相应资质的分包人。

⑦ 参与选择物资供应单位。

⑧ 在授权范围内协调与项目有关的内、外部关系。

⑨ 法定代表人授予的其他权力。

1.5.3.3 项目经理的利益

① 为了确保项目实施的可持续性和项目经理责任、权力和利益的连贯性及可追溯性，在项目运作正常的情况下，应尽量保持项目经理工作的稳定性，组织不得随意撤换项目经理。有特殊原因必须撤换项目经理时，如项目发生重大安全、质量事故或项目经理违法、违纪等，必须进行审计。

② 按照组织规定获得基本工资、岗位工资和项目分阶段奖励。

③ 项目完成后，按照项目管理目标责任书中确定的效益分配条款经审计后给予受益或经济处罚。

④ 如果项目的各项指标和整个项目都达到既定的要求，应该在项目终审盈余时按利润比例提成予以奖励。

⑤ 在获得物质奖励之外，可获得评优表彰、记功、优秀项目经理荣誉称号等精神奖励。

⑥ 项目经理所负责项目未按合同要求完成，可根据项目具体的情况，扣发全部项目奖金。如属个人责任，致使项目工期拖延、成本亏损或造成重大事故的，除扣发全部项目奖金外，可处以一次性罚款并下浮工资，性质严重者要按有关规定追究责任。

1.5.4 项目经理的素质及能力要求

由于工程项目具有一次性、复杂性及风险性，项目在实施过程中始终面临各种各样的冲突及问题，这就给项目经理带来了巨大的挑战。一个称职的项目经理应该具备多方面的素质及能力。

1.5.4.1 项目经理应具备的知识结构

(1) 专业知识

项目经理应接受过大学以上良好的专业教育，必须具有专业技术知识，且受过项目管理的专门培训或再教育，掌握项目管理的知识，同时具有综合性的、广阔的知识面，能抓住问题的关键，并迅速提出解决问题的办法，能把握技术和实施过程逻辑上的联系，具有系统的工程知识。

(2) 实践经验

项目管理过程中存在大量的不确定性因素以及可能遇到的各种实际、复杂问题，要求项目经理必须具有丰富的实践阅历和解决实际问题的技能，既是管理专家，又是专业技术上的内行。

1.5.4.2 项目经理应具备的能力

(1) 创新能力

项目经理的创新能力包括嗅觉敏锐、想象力丰富、思路开阔、设想多样、提法新颖等方面。项目经理必须具备创新能力,这是由项目活动的竞争性所决定的。

(2) 决策应变能力

工程项目实施过程中情况多变,将会遇到各种不确定性问题,特别是在投标报价、合同谈判、纠纷处理、方案选择及突发事件等重大问题的处理上,项目经理首先应善于分析和评价这些不确定性问题,随后将其中的风险性事件化解或转移。由于工程项目有其一定的寿命周期,通常只持续一段时间,此时,项目经理的决策应变水平就显得格外重要。因此,项目经理必须高瞻远瞩,善于随机应变,正确作出决策。

(3) 组织能力

组织能力是指项目经理为了实现项目目标,运用组织理论指导项目建设活动,有效地、合理地组织各个要素的能力。组织能力主要包括:组织分析能力、组织设计能力和组织变革能力。

(4) 领导能力

项目经理下达命令的单一性和指导的多样性的统一,是项目经理指挥能力的基本内容。

(5) 控制能力

自我控制能力是指项目经理通过检查自己的工作,进行自我调整的能力。

(6) 协调能力

协调能力是指项目经理解决各方面的矛盾,使各个部门以及全体职工,为实现项目目标密切配合、统一行动的能力。协调能力具体表现在:解决矛盾的能力、沟通的能力、鼓动和说服的能力。

1.5.5 项目经理部

项目经理部是以项目经理为核心,按项目管理职能设置职位(部门),按照项目管理规程工作,是项目管理的工作班子。工程项目能否顺利实施,能否取得预期的效果,实现目标,直接依赖项目经理部,特别是项目经理的管理水平、工作效率、能力和责任心。

1.5.5.1 项目经理部的结构

项目经理部的组成或人员设置与所承担的项目管理任务相关。对中小型的工程项目,通常设项目管理小组,有项目经理、专业工程师(土建、安装、工艺等专业)、合同管理人员、成本管理人员、信息管理人员、秘书等,有时还有负责采购、库存管理、安全管理和计划等方面的人员。对大型工程项目,常常必须设置一个管理集团(如项目经理部或项目公司),项目经理部下设各个部门,如计划工程部、合同预算管理部、供应部、办公室等。例如,某大型工程项目经理部的结构如图 1-10 所示。工程总承包项目部可以设立项目经理、设计(或技术)经理、采购经理、施工经理、试运行经理、财务经理、进度计划工程师、质量工程师、合同管理工程师、估算师、费用控制工程师、材料控制工程师、安全工程师、信息管理员和项目秘书等岗位。

(1) 计划工程部

计划工程部负责工程的计划管理、技术管理、现场管理工作。其主要任务包括:编制施工组织设计和实施性进度计划;材料、机具、工具、劳力需要量计划;工程统计、工程计量的编制上报;图纸会审；技术交底；质量管理；控制桩校核；水准点布置；高程测量检测；施工测量放线；材料、成品、半成品试验；土工试验；各种混合材料的配合比设计以及工程的各种检验试验工作；工程资料的请领、登记、发放、整理、归档及竣工资料的收集编制上报归档等。测量队、试验室隶属于计划工程部。

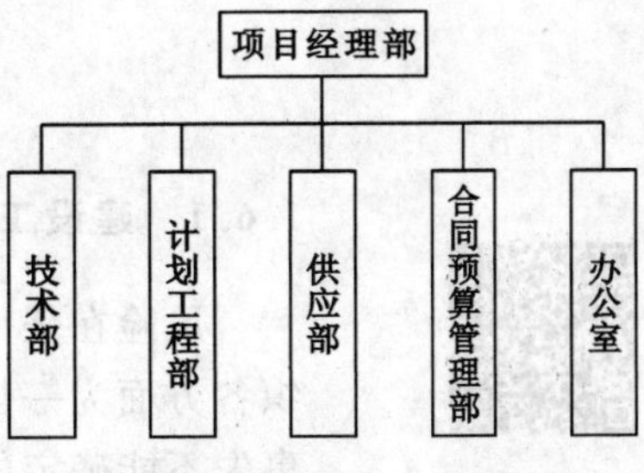

图 1-10　某大型工程项目经理部的结构示意图

(2) 合同预算管理部

合同预算管理部负责合同管理、工程结算、财务管理、成本核算、资金的请领和拨付，以及相关文件资料的管理。

(3) 供应部

供应部负责材料的采购、请领、保管、供应、发放，机械租赁、使用，施工机具的采购管理，操作手、驾驶员培训，操作人员资质申请，各种凭证的管理，机械车辆各种油料的请领、购买、存放等事宜。当项目部设立加工车间承担钢筋加工，模板及小型工具制作时，加工车间由材料机械部负责。施工用水、电管线的架设、拌和站的日常管理也由材料机械部负责。

(4) 办公室

办公室负责项目部的生活保障，宣传保卫，医疗卫生，办公用品的采购、配发、管理，项目部文体活动的组织安排，来往人员的接待工作，临时聘用人员的管理，施工队的行政管理，以及项目部指挥车辆的派遣、调用，司机的管理，工地的安全、环保、文明施工的组织管理工作等。

1.5.5.2　项目管理团队建设

由于项目管理组织的特殊性，团队精神对项目经理部的运作有特殊的作用，它是项目组织文化的具体体现。要取得工程项目的成功，必须最有效地使用项目经理部成员，化解矛盾，激发和调动项目经理部成员的积极性，使项目经理部高效率运作。一个成功的项目管理团队往往具有如下特征：

① 有明确的共同目标，所有成员对目标应有共识。大家都知道项目的重要性，每个成员都追求项目的成功，项目初期就要激发项目经理部成员的工作使命感。

② 有合理的分工和合作。项目经理部成员有不同的角色分配，对完成任务应有明确的承诺，同时大家又不拘泥于分工，在工作中互相协助，形成合力。

③ 项目经理应创建一种工作氛围，鼓励每个人积极参与，努力工作，全身心地投入到项目管理的工作中，与项目经理部内部和项目所涉及的所有部门建立良好的工作关系，相互信任，互相尊重。

④ 在项目经理部中公平、公正地处理事务。如果工作过程中出现明显不公平的情况，或有些成员感到不公平，就会产生消极情绪。

⑤ 有效的沟通。培养成员的团队意识，团队中有民主气氛，使沟通交流经常化。项目经理日常应注意关心成员，这常常比有目的地激励成员更有效。

⑥ 注重组织每个成员的发展。充分发挥项目组织成员的积极性，倡导创新精神，鼓励他们自我管理，努力改进项目管理工作，使学习和创新成为项目经理部经常性的活动。

1.6 建设工程项目风险管理

工程项目风险
管理案例

1.6.1 建设工程项目风险管理概述

风险在任何工程项目中都存在。工程项目作为集技术、经济、管理、组织各方面为一体的综合性社会活动，它在各个方面都存在着不确定性，这些事先不能确定的内部和外部的干扰因素，人们将其称之为风险。由于现代工程管理风险大，风险管理是项目管理的一个热点，越来越引起人们的重视。

1.6.1.1 风险与风险管理

(1) 风险

风险无处不在，风险无时不有。风险会带来灾难，但风险与利润并存。风险不可怕，可怕的是对风险一无所知或拒不承认。

关于风险的概念，至今尚无统一的定义，较为普遍的有以下两种：

① 风险是损失发生的不确定性。

② 风险是损失发生在一定条件下、一定期限内，某一事件其预期效果与实际效果之间的变动程度。变动程度越大，风险越大；反之，则越小。

(2) 风险管理

风险管理是指通过采用科学的方法对存在的风险进行识别、估计、评价、应对和监控，选择最佳的风险管理措施对风险予以处理，以保证以较低的成本投入，最大限度地减少风险损失，获得较高安全保障的过程。

① 风险管理是一种系统的过程，风险管理者通过对风险的识别、估计、评价、应对和监控，来实现对风险的管理。

② 风险管理的目标是通过减少风险损失，获得较高的安全保障，而不是为了获得巨额的额外收入。

1.6.1.2 建设工程项目风险

(1) 建设工程项目风险的含义

建设工程项目风险是指在建设工程项目的各个阶段发生伤害或损失的可能性。在工程项目建设的各个阶段，风险因素(如缺陷设计、施工方案不合理、工艺设计落后、工艺流程不合理、安全措施不当、法规变化、市场动荡、通货膨胀、合同纠纷、人员素质不高、材料问题、组织问题、设备故障、资金短缺、自然不可抗力因素等)是客观的、普遍存在的，这些风险因素可能导致建设工程项目实施失控、项目最终成果偏离既定目标、工程的经济效益降低甚至项目失败等现象。而项目的一次性，更使其不确定性远远大于其他一些社会经济活动，可以说任何建设工程项目都存在着不确定性(风险)。因此，应该在项目实施的各个阶段认真识别潜在的风险可能给项目带来损失或伤害的种种情况，并及时采取防范措施或加以控制。

(2) 建设工程项目风险的分类

按风险的来源,可将建设工程项目风险划分为政治风险、经济风险、法律风险、自然与环境风险和社会风险。

① 政治风险。政治风险是政治因素的不确定事件及其可能造成的损失。政治风险通常表现为政局的不稳定性,战争、动乱、政变的可能性;国家的对外关系;国内的民族矛盾、保护主义倾向等。

② 经济风险。经济风险是指承包市场所处的经济形势和项目发包商的经济实力及解决经济问题的能力等方面潜在的不确定因素及其可能造成的损失。例如,国家经济政策的变化、项目产品的市场变化、原材料价格的变化、外汇汇率的变化等。

③ 法律风险。法律风险是指法律不健全,有法不依、执法不严,相关法律内容的频繁变化;对相关法律未能全面、正确地理解,工程中出现触犯法律的行为及其可能造成的损失。

④ 自然与环境风险。自然与环境风险是指雨雪、冰冻等恶劣天气或地震、泥石流等罕见的地质灾害等因素可能造成的损失。

⑤ 社会风险。社会风险是指宗教信仰的影响和冲击、社会治安的稳定性、社会的禁忌、劳动者的文化素质等因素及其可能造成的损失。

按风险的直接行为主体,可将建设工程项目风险划分为业主和投资者风险、承包商风险、项目管理者风险和其他主体风险。

① 业主和投资者风险。业主和投资者风险包括:业主和投资者支付能力差,随意改变项目目标,非程序地干预工程等。

② 承包商(包括分包商、供应商)风险。承包商风险包括:由于技术能力和管理能力不足而难以达到进度、安全和质量要求;财务状况恶化,无力采购和支付工资;错误理解业主意图和招标文件等。

③ 项目管理者(包括监理工程师)风险。项目管理者风险包括:由于项目管理者的管理能力和专业知识不足而下达错误的指令;缺乏应有的职业道德而使项目遭受损失等。

④ 其他主体风险。其他主体风险包括:政府部门的不当干预;项目周边居民或单位的不合理要求等。

按风险对目标的影响,可将建设工程项目风险划分为工期风险、费用风险、质量风险、生产能力风险、市场风险、信誉风险、法律责任风险。

① 工期风险。工期风险即局部的或整个工程的工期延长,不能及时投入使用的风险。

② 费用风险。费用风险包括成本超支、投资追加、收入减少、回报率降低等风险。

③ 质量风险。质量风险包括材料、工艺、工程不能通过验收,工程试生产不合格等风险。

④ 生产能力风险。生产能力风险指由于设计、原材料、能源供应等原因,使得项目建成后达不到设计生产能力的风险。

⑤ 市场风险。市场风险指工程建成后产品未达到预期的市场份额、没有销路、没有竞争力等风险。

⑥ 信誉风险。信誉风险即项目结果对企业形象、职业责任、企业信誉造成损害等风险。

⑦ 法律责任风险。法律责任风险即可能被起诉或承担相应法律责任或合同处罚等风险。

1.6.1.3 建设工程项目风险管理

建设工程项目风险管理指工程从可行性研究到实施阶段,工程建设的参与各方都进行的风险管理，并遵从科学的手段和管理的程序，对可能存在的各项风险进行有效管理，使工程的预定目标得以实现。

在工程项目中大多数风险是不可能由项目管理者消灭或排除的，而只能是准备地、理性地进行项目实施，以减少风险的损失。工程项目风险管理是一个系统的、完整的过程，包括风险识别、风险衡量、风险评估、制订风险应对决策四个过程，如图 1-11 所示。

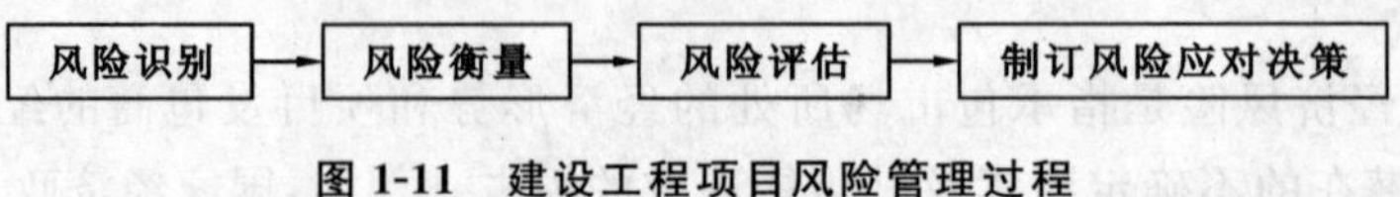

图 1-11 建设工程项目风险管理过程

1.6.2 风险识别

风险识别(Risk Identification)是工程项目风险管理的第一步，也是工程项目风险管理的基础；它是项目管理者识别风险来源、确定风险发生条件、描述风险特征并评价风险影响的过程。

建设工程项目风险的识别是一项复杂的工作，需要做大量细致的研究，因而必须通过科学系统的方法来完成。在工程项目风险管理实践中，可以根据项目自身的特点，采用以下方法来发现并具体描述各项风险。

(1) 专家调查法

通过向有关专家、当事人提出一系列有关项目建设和管理的问题，以了解相关风险因素，并获得各种信息。这种方法又有两种方式：一种是召集有关专家开会，让专家各抒己见，充分发表意见，起到集思广益的作用；另一种是采用问卷调查，各专家在不知道其他专家意见的情况下独立评价。

(2) 流程图法

将一个工程项目的建设活动按步骤或阶段顺序，以若干个模块形式组成一个流程图系列，在每个模块中都标出各种潜在的风险因素或风险事件，从而给决策者一个清晰的总体印象。

流程图类型很多，在风险识别时，可根据需要建立流程图，找出各步骤或各阶段不同风险因素或风险事件，以达到识别风险的目的。但流程图无法显示发生风险的损失值和损失发生的频率。项目管理风险因素分解如图 1-12 所示。

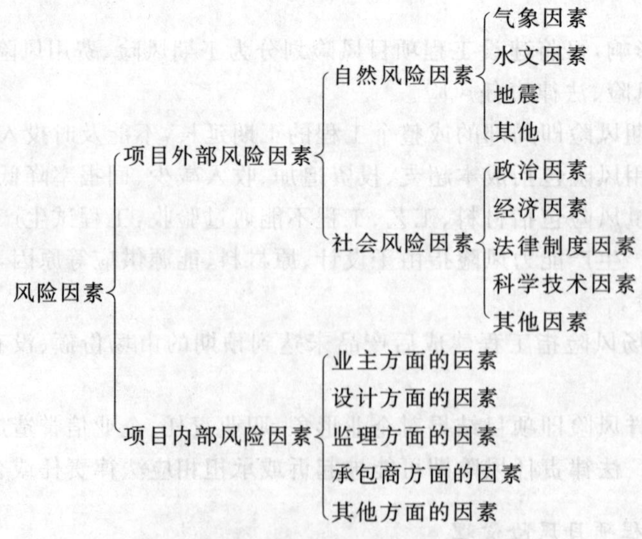

图 1-12 项目管理风险因素分解示意图

(3) 初始清单法

初始风险清单是为了便于人们较全面地认识风险的存在，而不至于遗漏重要的工程风险，但列出的清单并不是风险识别的最终结论。在初始风险清单建立后，还需要结合特定工程项目的具体情况进一步识别风险，从而对初始风险清单作一些必要的补充和修正。表 1-2 为工程项目初始风险清单示例。

表 1-2 **工程项目初始风险清单**

技术风险	设计	设计内容不全，设计缺陷、错误和遗漏，应用规范不恰当，未考虑地质条件，未考虑施工可能性等
	施工	施工工艺落后，施工技术和方案不合理，施工安全措施不当，应用新技术、新方案失败，未考虑场地情况等
	其他	工艺设计未达到先进性指标，工艺流程不合理，未考虑操作安全性等
非技术风险	自然与环境	洪水、地震、火灾、台风、雷电等不可抗力，不明的水文气象条件，复杂的工程地质条件，恶劣的气候，施工对环境的影响等
	政治法律	法律及规章的变化，战争和骚乱、罢工、经济制裁或禁运等
	经济	通货膨胀或紧缩，汇率变动，市场动荡，社会各种摊派和征费的变化，资金不到位，资金短缺等
	组织协调	业主和上级主管部门的协调不当，业主和设计方、施工方以及监理方的协调不当，业主内部的组织协调不当等
	合同	合同条款遗漏，表达有误，合同类型选择不当，承发包模式选择不当，索赔管理不力，合同纠纷等
	人员	业主人员、设计人员、一般工人、技术员、管理人员的素质(能力、效率、责任心、品德)不高
	材料设备	原材料、半成品、成品或设备供货不足或拖延，数量差错或质量规格问题，特殊材料和新材料的使用问题，过度损耗和浪费，施工设备供应不足，类型不配套，故障、安装失误，选型不当等

1.6.3 风险评估

1.6.3.1 风险评估的概念

风险评估(Risk Assessment)是指在风险识别的基础上，对风险发生的概率和损失程度，结合其他因素进行全面考虑，评估发生风险的可能性及危害程度，并与公认的安全指标相比较，以衡量风险的程度，并决定是否需要采取相应的措施的过程。

1.6.3.2 风险评估的内容

① 利用已有数据资料(主要是类似项目有关风险的历史资料)和相关专业方法分析各种风险因素发生的概率。

② 分析各种风险的损失量，包括可能发生的工期损失、费用损失以及对工程的质量、功能和使用效果等方面的影响。

③ 根据各种风险发生的概率和损失量，确定各种风险的风险量和风险等级。

【知识拓展】

(1) 风险量

风险量反映不确定的损失程度和损失发生的概率。若某个可能发生的事件其可能的损失程度和发生的概率都很大，则其风险量就很大，如图 1-13 所示的风险区 A。

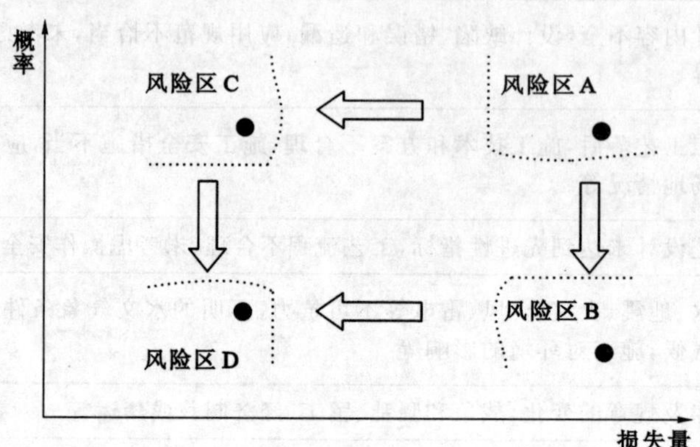

图 1-13　事件风险量的区域

若某事件经过风险评估，它处于风险区 A，则应采取措施，降低其概率，即将它移位至风险区 B；采取措施降低其损失量，即将它移位至风险区 C。风险区 B 和风险区 C 的事件则应采取措施，使其移位至风险区 D。

(2) 风险等级

不同的事件发生的可能性不同，带来的损失程度也是不同的。一般来说，可将风险分为五个等级。每个等级对应的发生可能性及损失程度如表 1-3 所示。

表 1-3　风险等级评估表

可能性 \ 风险等级 \ 后果	轻度损失	中等损失	重大损失
很大	3	4	5
中等	2	3	4
极小	1	3	3

按表 1-3 的风险等级划分，图 1-13 中的各风险等级如下：

① 风险区 A——5 等风险。

② 风险区 B——3 等风险。

③ 风险区 C——3 等风险。

④ 风险区 D——1 等风险。

1.6.4　风险应对决策

风险应对决策，即在建设工程项目风险识别的基础上，依据风险评价的结果，为提高实现工程项目目标的几率，降低风险的负面影响，而采取的风险应对策略和措施。

1.6.4.1 风险回避

风险回避就是以一定的方式中断风险源，使其不发生或不再发展，从而避免可能产生的潜在损失，即考虑到风险事件的存在和发生的可能性，主动放弃或拒绝实施导致风险的方案。如中止合同就是一种风险回避策略。

风险回避是一种简单易行的风险防范措施，是处理风险最强有力的手段，有效采取风险回避手段可以完全解除某种风险。从战略上讲，风险回避是下策，但从经营战术上讲，又很有用，特别是当某种特定风险发生的损失频率和损失程度相当高时，或使用其他风险管理技术手段处理风险所需成本太高，得不偿失时，采用风险回避是恰当的。所以，在选择这种措施时要十分谨慎。最适合采取风险回避措施的情况有以下两种：一是某特定风险因素导致的风险损失频率和幅度相当高；二是采取其他风险管理措施的成本超过其生产效益。在以上两种情况下，采取风险回避措施可以避免由该风险因素导致的风险损失，或使风险损失大大降低。

1.6.4.2 风险控制

风险控制是一种主动的、积极的风险对策，即在损失发生前消除损失可能发生的根源，并降低损失发生的概率，以及在风险发生后减少损失的程度。

风险控制贯穿于项目生命周期的全过程，体现在项目的进度控制、成本控制、质量控制和合同控制等过程中。风险控制的内容如下：

(1) 对已经识别的风险进行监控和预警

这是风险控制的主要内容之一。在工程中不断地收集和分析各种信息，捕捉风险前奏的信号，判断项目的预定条件是否仍然成立，了解项目的原有状态是否已经改变，并进行趋势分析。同时，在工程实施过程中定期召开风险分析会议，及时了解并处理工程风险。

(2) 执行风险应对计划

风险一经发现就应积极地采取措施，及时控制风险的影响，降低损失，防止风险的蔓延，保证建设工程项目的顺利实施。主要工作内容有：

① 确保工程正常施工，保证完成预定目标，防止工程中断和成本超支。

② 迅速恢复生产，按既定的计划认真执行。

③ 尽可能修改计划、修改设计，按照工程中出现的新的状态进行调整。

1.6.4.3 风险转移

风险转移是指为避免承担风险损失而将风险转移给其他经济单位的风险应对措施。风险转移的目的不是消除风险或降低风险水平，而是通过合同形式等合法途径将风险转移给第三方，使第三方对风险负责。当然，风险转移并非无条件的转移，而是必须让风险承担者得到相应的回报。

转移风险有多种途径，常见的有合同、工程保险、工程担保等，其中保险和担保属于财务型的处理方式，通过合同转移属于非财务型的处理方式。

(1) 合同

通过合同转移风险的具体方式有出售、发包、分包等途径。出售即通过买卖契约将风险转移给其他经济单位。发包是通过合同形式获得货物、工程与服务的方式，通过发包将风险转移给承包商。分包往往是指承包商将自身并不擅长的部分工程进一步分包给分包商的做法，通过分包承包商将部分项目风险也转移给了分包商。

(2) 工程保险与工程担保

工程保险与工程担保是最为常见的应对风险的方式。工程保险是指风险承担者通过向保险公司缴纳一定数额的保险费用，一旦发生自然灾害或意外事故，便可从保险公司取得对损失的补偿的风险应对方式。工程保险为风险承担者提供了这样的保障：一旦风险发生并造成损失，参加保险者便可凭借已缴纳的保险费从保险公司取得对损失的一定量的补偿。工程保险的险种有建筑工程一切险、安装工程一切险等。

工程担保是一种为保证工程项目顺利进行、促使项目各方专心建设、诚信守约的约束机制。工程担保的当事人一般有三方：委托人、权利人和担保人（或保证人）。担保人应委托人的要求向权利人作出某些保证，若委托人未能完成或履行保证而使权利人遭受损失，则权利人有权从担保人处获得一定补偿，当然这笔费用最终是由委托人来承担的。较常见的工程担保有投标保证担保、履约保证担保、预付款保证担保、支付保证担保、维修保证担保、完工担保等。

1.6.4.4 风险自留

风险自留就是将风险留给自己承担，是从企业内部财务的角度应对风险。风险自留与其他风险对策的根本区别在于，它既不改变工程项目风险的客观性质和发生概率，也不改变工程风险潜在损失的严重性。如投标人的投标行为即属于此类。

1.6.4.5 风险利用

按可否被利用，风险可分为纯粹风险和投机风险。纯粹风险一般是指只能造成损失而不能带来获利机会的风险；投机风险是指既可能造成损失又可能带来获利机会的风险。因此，风险利用一般是指对投机风险的利用。风险之所以可被利用，是因为有时风险本身就是机会，在很多情况下，风险利用是一种心态或态度。管理人员必须具备利用风险的意识，利用内、外部环境中有利条件的意识，才能在风险管理中化险为夷，变风险为机遇。

【知识归纳】

(1) 建设工程项目管理包括业主方的项目管理、设计方的项目管理、施工方的项目管理、建设物资供货方的项目管理、建设项目总承包的项目管理等，不同的管理方有不同的目标和任务。

(2) 常用的组织结构模式包括直线式组织结构模式、职能式组织结构模式、项目式组织结构模式和矩阵式组织结构模式等，每种组织结构模式都有不同的优、缺点。

(3) 工程项目的复杂性决定了市场主体三方不同的组织系统，形成了不同的项目组织管理模式，主要有平行承发包、设计-施工总承包、项目总承包、承包联营模式、CM 承包模式、Partnering 模式等。

(4) 项目管理规划作为指导项目管理的纲领性文件，包括项目管理规划大纲和项目管理实施规划两类文件。

(5) 项目经理是项目责任的主体，是实现项目目标的最高责任者。项目经理在项目管理过程中需要履行一定的职责、拥有一定的权利并获得一定的利益。

(6) 工程项目风险管理是一个系统的、完整的过程，包括风险识别、风险衡量、风险评估、制订风险应对决策四个过程。面对风险，有几种应对风险的方法，包括风险回避、风险控制、风险转移、风险自留、风险利用等。

【独立思考】

1-1　组织的构成要素有哪些？

1-2　常见的组织结构形式有哪些？

1-3　职能式组织结构的优、缺点有哪些？

1-4　建设工程项目的承发包模式有哪些？

1-5　建设工程项目管理规划一般包括哪些内容？

1-6　项目经理的职责包括哪些？

1-7　工程项目风险管理的过程是什么？

【参考文献】

[1]　陈旭，闫文周．工程项目管理．北京：化学工业出版社，2011．

[2]　杨兴荣．工程项目管理．合肥：合肥工业大学出版社，2007．

[3]　杨晓庄．工程项目管理．武汉：华中科技大学出版社，2007．

[4]　成虎，陈群．工程项目管理．北京：中国建筑工业出版社，2009．

[5]　孙海玲．工程项目管理．北京：中国电力出版社，2008．

[6]　仲景冰，王红兵．工程项目管理．北京：北京大学出版社，2006．

2

建设工程施工成本控制

课前导读

内容提要

本章主要内容包括施工成本控制的任务和措施、施工成本计划、施工成本控制及施工成本分析四个部分。本章教学重点为施工成本管理的六个环节、四个措施；施工成本计划的类型、编制依据、编制方法；施工成本控制的编制依据、对象、方法；施工成本分析的依据和方法。本章教学难点为施工成本管理四个措施的具体情形；施工成本计划的编制方法；施工成本控制的方法；施工成本分析的方法。

能力要求

通过本章的学习，学生应掌握施工进度的类型、编制依据和步骤，能按施工项目组成、施工成本组成、施工进度三种方法分别编制施工计划，能应用价值工程方法评价成本目标；能熟练应用赢得值法分析偏差，并将偏差表现为表格、横道图或曲线图；能熟练应用比较法、因素分析法、差额计算法、比率法进行施工成本的分析。

数字资源

5分钟看完本章

2.1 施工成本控制的任务及措施

2.1.1 成本及成本控制概述

(1) 成本

成本一般是指为进行某项生产经营活动(如材料采购、产品生产、劳务供应、工程建设等)所发生的全部费用。成本可以分为广义成本和狭义成本两种。广义成本,是指企业为实现生产经营目的而取得各种特定资产(固定资产、流动资产、无形资产和制造产品)或劳务所发生的费用支出,它包含了企业生产经营过程中一切对象化的费用支出。狭义成本,是指为制造产品而发生的支出。狭义成本的概念强调成本是以企业生产的特定产品为对象来归集和计算的,是为生产一定种类和一定数量的产品所应负担的费用。目前所讨论的是狭义成本的概念,即产品成本,它有多种表述形式:

① 产品成本是以货币形式表现的、生产产品的全部耗费或花费在产品上的全部生产费用。

② 产品成本是为生产产品所耗费的资金总和。生产产品需要耗费占用在劳动对象上的资金,如原材料的耗费;需要耗费占用在劳动手段上的资金,如设备的折旧;需要耗费占用在劳动者身上的资金,如生产工人的工资及福利费。为生产产品所耗费的资金总和即为产品成本。

③ 产品成本是企业在一定时期内为生产一定数量的合格产品所支出的生产费用。这个定义有时间条件约束和数量条件约束,比较严谨,不同时期发生的费用分属于不同时期的产品,只有在本期间内为生产本产品而发生的费用才能构成该产品成本(即符合配比原则)。企业在一定期间内的生产耗费称为生产费用,生产费用不等于产品成本,只有具体发生在一定数量产品上的生产费用,才能构成该产品的成本,生产费用是计算产品成本的基础。

(2) 项目成本

项目成本是指建筑业企业以项目作为成本核算对象,在项目实施过程中所耗费的生产资料转移价值和劳动者的必要劳动所创造的价值的货币形式,也是指某项目在实施中所发生的全部生产费用的总和,包括所消耗的主、辅材料,构配件、周转材料的摊销费或租赁费,施工机械的台班费或租赁费,支付给生产工人的工资、奖金以及项目经理部(或分公司、工程处)一级为组织和管理工程施工所发生的全部费用支出。项目成本不包括劳动者为社会所创造的价值(如税金和计划利润),也不应包括不构成工程项目价值的一切非生产性支出。明确这些对研究项目成本的构成和进行施工成本控制非常重要。

项目成本是建筑业企业的产品成本,一般以构成项目的单位工程作为对象,通过对其核算来综合反映工程项目成本。多数学者认为项目成本的含义为施工成本,但根据成本含义,项目成本按照管理主体可分为建设项目成本、勘察设计成本、施工项目成本。它们的管理范围和对象不同,如作为建设单位,尤其是房屋开发企业对其管理的项目也是作为产品的输出,其成本包含了施工成本及施工企业的利润,施工成本及利润反映出来的是项目的建造价格,对建设单位而言又是其成本的一部分,因此建设项目成本构成要素包括了勘察设计成本和施工项目成本。

(3) 施工项目成本

施工项目成本是项目成本的一个分支,是指施工企业为完成施工项目的建筑安装工程任务所耗费的各项生产费用的总和,它包括施工过程中所消耗的生产资料转移价值及以工资补偿费形式分配给劳动者个人消费的那部分活劳动消耗所创造的价值。施工项目成本按经济用途划分,可分为直接成本和间接成本。其中，直接成本是构成施工项目实体的费用，包括材料费、人工费、机械使用费、其他直接费和现场经费；间接成本是企业为组织和管理施工项目而发生的经营管理性费用。施工项目成本按成本与施工所完成的工程量的关系划分，可分为固定成本与变动成本。其中，固定成本与完成的工程量多少无关，而变动成本则随工程量的增加而增加。

2.1.2 施工成本控制的内容

施工成本控制的内容包括：成本预测、成本计划、成本控制、成本核算、成本分析和成本考核等。建设工程项目经理部在项目施工过程中对所发生的各种成本信息，通过有组织、有目的地进行计划、控制和分析等工作，使工程项目系统内各种要素按照一定的目标运行，从而使工程项目目标得以实现。

(1) 成本预测

成本预测就是根据成本信息和施工项目的具体情况，运用一定的专门方法，对未来的成本水平及其可能的发展趋势作出科学的估计，其实质就是在施工以前对成本进行估算。通过成本预测，可以使项目经理部在满足业主和施工企业要求的前提下，选择成本低、效益好的最佳成本方案，又能够在施工项目成本形成过程中，针对薄弱环节，加强成本控制，克服盲目性，提高预见性。因此，施工项目成本预测是施工项目成本决策与计划的依据。预测时，通常是对施工项目计划工期内影响其成本变化的各个因素进行分析，比照近期已完工施工项目或将完工施工项目的成本(单位成本)，预测这些因素对工程成本中有关项目(成本项目)的影响程度，从而预测出工程的单位成本或总成本。

(2) 成本计划

成本计划是项目经理部对项目施工成本以货币形式编制工程项目在计划期内的生产费用、成本水平、成本降低率以及为降低成本所采取的主要措施和规划的书面方案，它是建立施工成本管理责任制、开展成本控制的基础。一般来说，一个施工成本计划应包括从开工到竣工所必要的施工成本，它是降低施工成本的指导文件，是设立目标成本的依据。

(3) 成本控制

成本控制是指在施工过程中，对影响施工成本的各种因素加强管理，并采取各种有效措施，将施工中实际发生的各种消耗和支出严格控制在成本计划范围内，随时提示并及时反馈，严格审查各项费用是否符合标准、计算实际成本和计划成本之间的差异并进行分析，消除施工中的损失浪费现象，发现和总结先进经验。通过成本控制最终实现甚至超过预期的成本节约目标。施工成本控制应贯穿在工程项目从招投标阶段开始直到项目竣工验收的全过程，它是企业全面成本管理的重要环节。

(4) 成本核算

成本核算是指施工过程中所发生的各种形式的费用和施工成本的核算。一是按照规定的成本开支范围对施工费用进行归集，计算出施工费用的实际发生额；二是根据成本核算对象，采用适当的方法，计算出该工程项目的总成本和单位成本。施工成本核算所提供的各种成本信息，是成本预测、成本计划、成本控制、成本分析和成本考核等各个环节的依据。因此，加强施工成本核算工作，对降低施工成本、提高企业的经济效益有积极的作用。

(5) 成本分析

成本分析是在成本形成过程中，对施工成本进行的对比评价和剖析总结工作。它贯穿于施工成本管理的全过程，也就是说施工成本分析主要利用工程项目的成本核算资料(成本信息)与目标成本(计划成本)、预算成本以及类似的工程项目的实际成本等进行比较,了解成本的变动情况。同时,也要分析主要技术经济指标对成本的影响,系统地研究成本变动的因素,检查成本计划的合理性,并通过成本分析,深入揭示成本变动的规律,寻找降低施工成本的途径,以便有效地进行成本控制。

(6) 成本考核

成本考核是指在项目完成后,对施工成本形成中的各责任者,按施工成本目标责任制的有关规定,将成本的实际指标与计划、定额、预算进行对比和考核,评定施工成本计划的完成情况和各责任者的业绩,并以此作出相应的奖励和处罚。通过成本考核,做到有奖有惩、赏罚分明,这样才能有效地调动企业的每一个职工在各自的施工岗位上努力完成目标成本的积极性。

建设工程施工成本控制中每一个环节都是相互联系、相互作用的。成本预测是成本决策的前提,成本计划是成本决策所确定目标的具体化。成本控制则是对成本计划的实施进行监督,保证决策的成本目标实现,而成本核算又是成本计划是否实现的最后检验,它所提供的成本信息又对下一个施工成本预测和决策提供基础资料。成本考核是实现成本目标责任制的保证和实现决策目标的重要手段。本书中主要解决施工项目实施过程中成本控制的问题,因此仅对成本计划、成本控制和成本分析作着重阐述。

2.1.3 施工成本控制的措施

在项目施工过程中,项目经理部各部门、各班组在肩负成本控制责任的同时,享有成本控制的权力,同时项目经理要对各部门、各班组在成本控制中的业绩进行定期的检查和考评,实行有奖有罚。只有真正做好责、权、利相结合的成本控制,才能收到预期的效果。控制项目成本的措施归纳起来有四大方面,即组织措施、技术措施、经济措施、合同措施。

(1) 组织措施

组织措施是从项目成本管理的组织方面采取的措施,如实行项目经理责任制,落实项目成本管理的组织机构和人员,明确各级项目成本管理人员的任务和职能分工、权力和责任,编制本阶段项目成本控制工作计划和详细的工作流程。项目成本管理不仅是专业成本管理人员的工作,各级项目管理人员都负有成本控制责任。组织措施是其他各类措施的前提和保障,而且一般不需要增加什么费用,运用得当便可以收到良好的效果。

(2) 技术措施

技术措施不仅对于解决项目成本管理过程中的技术问题是不可缺少的,而且对纠正项目成本管理目标偏差也有相当重要的作用。因此,运用技术措施的关键,一是要能提出多个不同的技术方案,二是能对不同的技术方案进行技术经济分析。在实践中,要避免仅从技术角度选定方案而忽视对其经济效果的分析论证。

(3) 经济措施

经济措施是容易为大家接受和采用的措施。管理人员应编制资金使用计划,确定、分解成本管理目标。对成本控制目标进行风险分析,并制订防范性对策。通过偏差原因分析和未完项目成本预测,可发现一些可能导致未完项目成本增加的潜在问题,对这些问题应以主动控制为出发点,及时采取预防措施。由此可见,经济措施的运用绝不仅仅是财务人员的事情。

(4) 合同措施

成本控制要以合同为依据,因此合同措施就显得尤为重要。合同措施从广义上理解,除了参加合同谈判,修订合同条款,处理合同执行过程中的索赔问题,防止和处理好与业主和分包商之间的索赔之外，还应分析不同合同之间的相互联系和影响，对每一个合同作总体和具体分析等。

2.2 施工成本计划

2.2.1 施工成本计划概述

2.2.1.1 施工成本计划的概念

成本计划是在多种成本预测的基础上，经过分析、比较、论证、判断之后，以货币形式预先规定计划期内项目施工的耗费和成本所要达到的水平，并且确定各个成本项目比预计要达到水平的降低额和降低率，提出保证成本计划实施所需要的主要措施方案。

施工成本计划是项目全面计划管理的核心。其内容涉及项目范围内的人、财、物和项目管理职能部门等方方面面，是受企业成本计划制约又相对独立的计划体系，并且工程施工成本计划的实现，又依赖于项目组织对生产要素的有效控制。项目作为基本的成本核算单位，就更加有利于施工成本计划管理体制的改革和完善，更有利于解决传统体制下施工预算与计划成本、施工组织设计与施工成本计划相互脱节的问题，为改革施工组织设计、创立新的成本计划体系创造有利条件和环境。改革、创新的主要措施，就是将编制项目质量手册、施工组织设计、施工预算或项目计划成本、施工成本计划有机结合，形成新的项目计划体系，将工期、质量、安全和成本目标高度统一，形成以项目质量管理为核心，以施工网络计划和成本计划为主体，以人工、材料、机械设备和施工准备工作计划为支持的项目计划体系。

2.2.1.2 施工成本计划的类型

施工项目管理是从投标签约开始，经历施工准备、施工、竣工验收、保修回访各阶段，在不同阶段形成深度和作用不同的成本计划的过程，也是一个不断深化明晰的过程，因此可将施工成本计划划分为三类。

(1) 竞争性成本计划

竞争性成本计划是施工项目投标签约阶段形成的估算成本计划，这类成本计划依据投标文件中的合同条件、投标者须知、技术规程、设计图纸或工程量清单等，以有关价格条件说明为基础，结合调研和现场考察获得的情况，根据企业的工料消耗标准、水平、价格资料和费用指标，对本企业完成招标工程所需支出的全部费用进行估算。

(2) 指导性成本计划

指导性成本计划是形成于项目部组建阶段的预算成本计划，是项目经理的责任成本目标。该计划是以合同标书为依据，按照企业预算定额标准制订的设计预算成本计划，一般只确认责任总成本指标。

(3) 实施性成本计划

实施性成本计划是项目施工准备阶段的施工预算成本计划。施工预算成本计划与指导性成本计划中预算定额计划的区别在于计划采用的依据不同。实施性成本计划以项目经理责任成本目标为出发点，以项目实施方案为依据，采用企业施工定额通过施工预算的编制形成的成本计划，而指导性成本计划采用的是施工图预算。

以上三类计划反映了施工项目不同阶段对应的不同成本计划，它们之间相互衔接并不断深化。竞争性成本计划是成本战略计划，奠定了施工成本的基本框架和水平；指导性成本计划是竞争性计划和实施性成本计划相衔接，明确施工项目经理部成本管理的目标，确定项目经理成本管理的考核指标；实施性成本计划是成本计划落实的关键，是前两个计划的手段和细化，指导项目费用支出及控制成本的依据。

2.2.1.3 施工成本计划编制的原则

(1) 合法性原则

编制施工成本计划时，必须严格遵守国家的有关法令、政策等的规定，认真执行成本开支范围和各项费用开支标准，任何违反财务制度的规定，随意扩大或缩小成本开支范围的行为，必然使计划失去考核实际成本的作用。

(2) 先进、可行性原则

成本计划既要保持先进性，又必须切实可行，否则，就会因计划指标过高或过低而失去应有的作用。这就要求编制成本计划必须以各种先进的技术经济定额为依据，并针对施工项目的具体特点，采取切实可行的技术组织措施作保证。只有这样，才能使制订的成本计划有科学根据，又有实现的可能；只有这样，成本计划才能起到促进和激励的作用。

(3) 弹性原则

编制成本计划，应留有充分余地，保持计划具有一定的弹性。在计划期内，项目经理部的内部或外部的技术经济状况和供产销条件，很可能发生一些在编制计划时所未预料的变化，尤其是材料的市场价格。只有充分考虑这些变化的发展，才能更好地发挥成本计划的作用。

(4) 可比性原则

成本计划应与实际成本、前期成本保持可比性。为了保证成本计划的可比性，在编制计划时要注意所采用的计算方法，应与成本核算方法保持一致(包括成本核算对象，成本费用的汇集、结转、分配方法等)，只有保证成本计划的可比性，并有效地进行成本分析，才能更好地发挥成本计划的作用。

(5) 统一领导、分级管理原则

编制成本计划，应实行统一领导、分级管理的原则，采取走群众路线的工作方法。应在项目经理的领导下，以财务和技术部门为中心，发动全体职工总结降低成本的经验，找出降低成本的正确途径，使成本计划的制订和执行具有广泛的群众基础。

(6) 从实际情况出发的原则

编制成本计划必须从企业的实际情况出发，充分挖掘企业内部潜力，使降低成本指标既积极可靠，又切实可行。工程项目管理部门降低成本的潜力在于正确选择施工方案，合理组织施工，提高劳动生产率，改善材料供应，降低材料消耗，提高机械设备利用率，节约施工管理费用等。但要注意，不能为降低成本而偷工减料，忽视质量，不对机械设备进行必要的维护修理，片面增加劳动强度，加班加点，减少合理的公用劳保，忽视安全工作。

(7) 与其他计划结合的原则

编制成本计划，必须与工程项目的其他各项计划，如施工方案、生产进度、财务计划、资料供应及耗损计划等密切结合，保持平衡。即成本计划一方面要根据工程项目的生产、技术组织措施、劳动工资、材料供应等计划来编制，另一方面又不影响其他各种计划指标。在制订其他计划时，应考虑适应降低成本的要求，与成本计划密切配合，而不能单纯考虑单个计划本身的需要。

2.2.1.4 施工成本计划编制的依据

编制施工成本计划，需要广泛收集相关资料并进行整理，这些资料包括：

① 投标报价文件；

② 企业定额、施工预算；

③ 施工组织设计或施工方案；

④ 人工、材料、机械设备台班的市场价；

⑤ 企业颁布的材料指导价、企业内部机械台班价格、劳动力内部挂牌价格；

⑥ 周转设备内部租赁价格、摊销损耗标准；

⑦ 已签订的工程合同、分包合同；

⑧ 结构件外加工计划和合同；

⑨ 有关财务成本核算制度和财务历史资料；

⑩ 施工成本预测资料；

⑪ 拟采取的降低施工成本的措施；

⑫ 其他相关资料。

在这些资料的基础上，根据成本预测数据，按照项目应投入的生产要素，结合各种因素变化和拟采取的措施，估算施工项目生产费用总支出水平，进而提出施工项目成本计划的控制指标，确定目标总成本。目标总成本确定后，应将总目标分解落实到各个机构、班组，以便于控制子项目或工序，并通过综合平衡，编制完成施工成本计划。

2.2.1.5 施工成本计划的编制步骤

① 项目经理部按项目经理的成本承包目标，确定施工项目的成本控制目标和降低成本控制目标，后两者之和应低于前者。

② 按分部分项工程对施工项目的成本控制目标和降低成本目标进行分解，确定各分部分项工程的成本目标。

③ 按分部分项工程的目标成本实行施工项目内部成本承包，确定各承包队的成本承包责任。

④ 由项目经理部组织各承包队确定降低成本技术组织措施并计算其降低成本效果，编制降低成本计划，与项目经理降低成本目标进行对比，经过对降低成本措施进行反复修改而最终确定降低成本计划。

⑤ 编制降低成本技术组织措施计划表、降低成本计划表和施工项目成本计划表。

2.2.2 施工成本计划编制的方法

2.2.2.1 按施工项目组成编制施工成本计划

(1) 编制方法

工程项目组成可划分为：工程项目→单项工程→单位工程→分部工程→分项工程，因此按照项目组成对成本计划目标进行分解，见图 2-1。

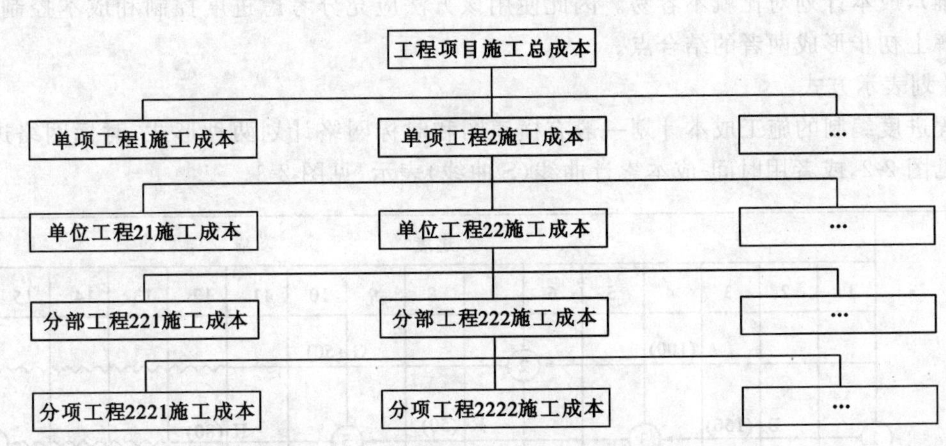

图 2-1 按项目组成分解成本计划目标

按照项目组成分解的成本控制目标值一般以投标报价为基准，依据分部分项工程量清单计价表、措施项目清单计价表、其他清单计价表等为基础设置目标控制值(见表 2-1)，按照分项工程汇总至分部工程、分部工程汇总至单位工程、单位工程汇总至单项工程。首先，此类成本计划编制中，应注意可能因清单工程量计算失真或为降低投标报价故意压低某分项综合单价，使成本计划与实际支出偏差较大，因此在设置各目标值时应预留一定的不可预见费，以便调整单项成本异常差异；其次，此类成本计划中分项工程成本为基本成本单元，可能在项目实施中某些分项持续时间较长，很难及时发现成本偏差，因此可将工程量大、价格高的分项按照施工段进行拆分，以便成本的控制；最后，此类成本计划在成本归集上应按照工程计价相应规定区分归集成本，以便进行成本对比分析。

表 2-1 分项工程成本计划表

分项工程编码	工程内容	计量单位	投标价格	目标成本	计划成本

(2) 计划表示方式

施工成本计划一般以图或表格形式来表示，表格形式较为常见，而且在成本控制、分析运用时更方便。

2.2.2.2 按工程进度编制施工成本计划

(1) 编制方法

按工程进度编制成本计划是以项目工序(施工过程)为基础成本单元，按照施工进展日历天累计的成本计划。该计划的编制主要取决于进度计划编制时项目建造分解(施工过程或工序)和按照计价单元确立的施工过程组价的合理性。若施工过程分解较粗，工序组价比较容易，但单个工序持续时间就比较长，进度控制较难，形成的成本计划缺乏指导性和对比性。若施工过程分解较细，单个工序持续时间短，形成的进度计划指导性和成本对比性好，但工序组价相对较难(工序费用分摊、归集比较难),成本计划对比就不容易。因此使用该方法应充分考虑进度控制和成本控制的因素,在工序分解上初步形成两者的结合点。

(2) 计划表示方式

按工程进度编制的施工成本计划一般有横道图和时标网络计划两种形式,时标网络进度计划按月编制见图 2-2,或者用时间-成本累计曲线(S 曲线)表示,见图 2-3。

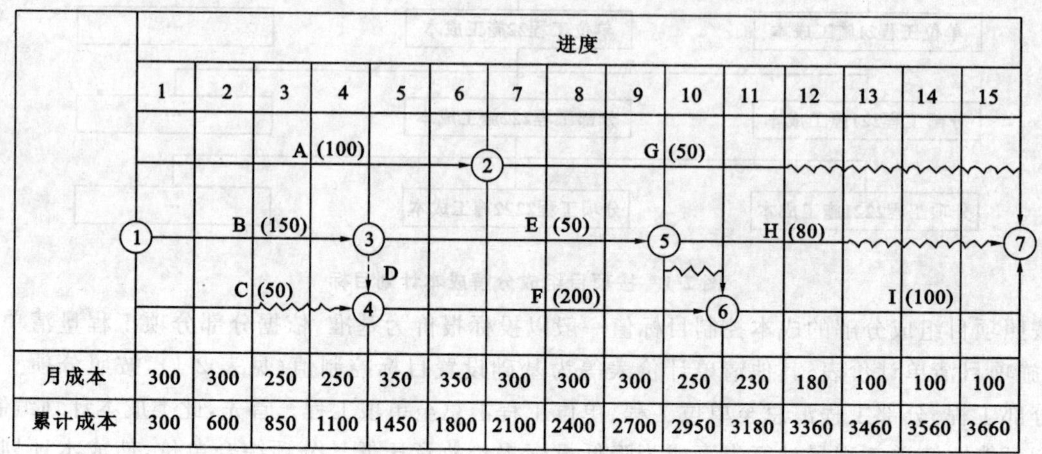

进度	1	2	3	4	5	6	7	8	9	10	11	12	13	14	15
月成本	300	300	250	250	350	350	300	300	300	250	230	180	100	100	100
累计成本	300	600	850	1100	1450	1800	2100	2400	2700	2950	3180	3360	3460	3560	3660

图 2-2 时标网络进度计划按月编制的成本计划(单位:万元)

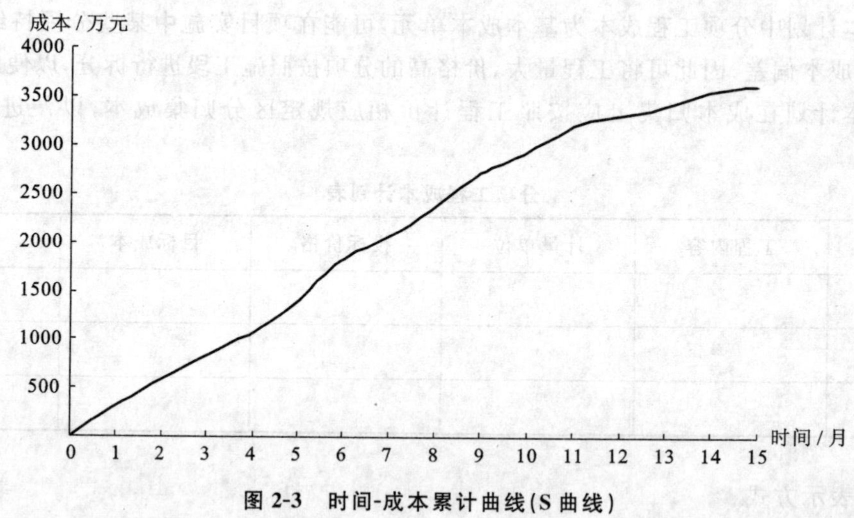

图 2-3 时间-成本累计曲线(S 曲线)

2.2.2.3 按施工成本组成编制施工成本计划

按照《建筑安装工程费用项目组成》(建标〔2013〕44 号)规定,建筑安装工程费按照费用构成要素划分,由人工费、材料(包含工程设备,下同)费、施工机具使用费、企业管理费、利润、规费和税金组成。其中人工费、材料费、施工机具使用费、企业管理费和利润包含在分部分项工程费、措施项目费、其他项目费中。因此施工成本按成本组成分解为人工费、材料费、施工机具使用费、企业管理费。因此在成本计划编制时一种方式是将企业管理费按项目组成进行分摊,形成项目组成方式成本计划和人、材、机资源消耗计划编制;第二种方式是将企业管理费也分解为人、材、机资源消耗计划,全部以资源消耗计划体现成本计划。

在目前的清单计价模式下，第二种方法在成本控制上优于第一种，更能体现企业价格竞争的效果，同时以资源消耗为基础编制成本计划考虑了进度目标、质量目标，这也体现了项目管理目标统一性的要求。

2.3 施工成本控制

2.3.1 施工成本控制概述

施工成本控制案例

施工成本控制是指通过控制手段，在达到预定工程质量和工期要求的同时优化成本开支，将总成本控制在预算（计划）范围内。在市场经济下，项目的成本控制不仅在整个项目管理中，而且在整个企业管理中都有着重要的地位。人们追求企业和项目的经济效益，企业成就通常通过项目成就来实现。而项目的经济效益通常是通过盈利的最大化和成本的最小化来实现。特别是当承包商通过投标竞争取得工程，签订合同，同时确定了合同价格，则他的工程经济目标（盈利性）完全通过成本控制实现。但在实际工程中成本控制经常被忽视，许多项目管理者只有在项目结束时才知道实际开支和盈亏，而这时其损失常常已无法弥补。

2.3.1.1　施工成本控制的要求

施工成本控制应满足下列要求：

① 按照计划成本目标值来控制生产要素的采购价格，并认真做好材料、设备进场数量和质量的检查、验收与保管。

② 控制生产要素的利用效率和消耗定额，如任务单管理、限额领料、验工报告审核等。同时要做好不可预见成本风险的分析和预控，包括编制相应的应急措施等。

③ 控制影响效率和消耗量的其他因素（如工程变更等）所引起的成本增加。

④ 把项目成本管理责任制度与对项目管理者的激励机制结合起来，以增强管理人员的成本意识和控制能力。

⑤ 承包人必须有一套健全的项目财务管理制度，按规定的权限和程序对项目资金的使用和费用的结算支付进行审核、审批，使其成为施工成本控制的一个重要手段。

2.3.1.2　施工成本控制的原则

（1）全面控制原则

① 施工成本的全员控制。施工成本的全员控制，并不是抽象的概念，而应该有一个系统的成本控制体系，该体系包括各部门、各单位的责任网络和班组经济核算等，防止成本控制人人有责又都人人不管的情况发生。

② 施工成本的全过程控制。施工成本的全过程控制，是在工程项目确定以后，自施工准备开始，到工程施工，再到竣工交付使用后的保修期结束，其中每一项经济业务都要纳入成本控制的轨道。

(2) 动态控制原则

① 项目施工是一次性行为，其成本控制应更重视事前、事中控制。

② 在施工开始之前进行成本预测，确定成本目标，编制成本计划，制订或修订各种消耗定额和费用开支标准。

③ 施工阶段重在执行成本计划，落实降低成本措施，实行成本目标管理。

④ 成本控制随施工过程连续进行，与施工进度同步，不能时紧时松，不能拖延。

⑤ 建立灵敏的成本信息反馈系统，使成本责任部门(人员)能及时获得信息，纠正不利成本偏差。

⑥ 制止不合理开支，把可能导致损失和浪费的因素都消灭在萌芽状态。

⑦ 竣工阶段成本盈亏已成定局，主要进行整个项目的成本核算、分析、考评。

(3) 目标管理原则

目标管理是贯彻执行计划的一种方法，它把计划的方针、目的和措施等逐一加以分解，提出进一步的具体要求，并分别落实到执行计划的部门、单位甚至个人。

(4) 责、权、利相结合的原则

要使成本控制真正发挥及时有效的作用，必须严格按照经济责任制的要求，贯彻责、权、利相结合的原则。实践证明，只有责、权、利相结合的成本控制，才是名实相符的施工成本控制。

(5) 节约原则

① 施工生产既是消耗资源的过程，也是创造财富、增加收入的过程，其成本控制也应坚持增收与节约相结合的原则。

② 作为合同签约依据，编制工程预算时，应"以支定收"。实施中按"支"控制资源消耗和费用支出。

③ 每发生一笔成本费用，都要核查是否合理。

④ 经常性的成本核算时，要进行实际成本与预算收入的对比分析。

⑤ 抓住索赔机会，搞好索赔，合理力争建设方给予经济补偿。

⑥ 严格控制成本开支范围、费用开支标准，对各项成本费用的支出进行限制和监督。

⑦ 提高工程项目的科学管理水平，优化施工方案，提高生产效率，节约人、时、物的消耗。

⑧ 采取预防成本失控的技术组织措施，制止可能发生的浪费。

⑨ 施工的质量、进度、安全都对工程成本有很大的影响，因而成本控制必须与质量控制、进度控制、安全控制等工作相结合、相协调，避免返工(修)损失，降低质量成本，减少甚至杜绝工程延期违约罚款、安全事故损失等费用支出的发生。

⑩ 坚持现场管理标准化，堵塞浪费的漏洞。

(6) 开源与节流相结合的原则

降低项目成本，需要一方面增加收入，一方面节约支出。因此，每发生一笔金额较大的成本费用，都要查一查有无与其相对应的预算收入，是否支大于收。

2.3.2 施工成本控制的依据、对象和内容

2.3.2.1 施工成本控制的依据

(1) 项目承包合同文件

项目成本控制要以工程承包合同为依据，围绕降低工程成本这个目标，从预算收入和实际成本两方面挖掘增收支、节开支潜力，以求获得最大的经济效益。

(2) 项目成本计划

项目成本计划是根据工程项目的具体情况制订的施工成本控制方案，包括实现控制目标措施和规划，是项目成本控制的指导文件。

(3) 进度报告

进度报告提供了每一阶段工程实际完成量、工程施工成本实际支付情况等重要信息。施工成本控制工作是通过实际情况与施工成本计划相比较，找出两者之间的差别，分析偏差产生的原因，从而采取措施以改进以后的工作。此外，进度报告还有助于管理者及时发现工程实施中存在的隐患，并在还未造成重大损失之前采取有效措施，尽量避免损失。

(4) 工程变更与索赔资料

在项目的实施过程中，由于各方面的原因，工程变更是很难避免的。工程变更一般包括设计变更、进度计划变更、施工条件变更、技术规范与标准变更、施工次序变更、工程数量变更等。一旦出现变更，工程量、工期、成本都必将发生变化，从而使得施工成本控制工作变得更加复杂和困难。因此，施工成本管理人员应当通过对变更要求当中各类数据的计算、分析，随时掌握变更情况，包括已发生工程量、将要发生工程量、工期是否拖延、支付情况等重要信息，判断变更可能带来的索赔额度等。

2.3.2.2 施工成本控制的对象

(1) 以施工成本形成的过程作为控制对象

根据对施工成本实行全面、全过程控制的要求，具体的控制内容包括：

① 工程投标阶段，应根据工程概况和招标文件，进行施工成本的预测，提出投标决策意见。

② 施工准备阶段，应结合设计图纸的自审、会审和其他资料(如地质勘探资料等)，编制实施性施工组织设计，通过多方案的技术经济比较，从中选取经济合理、先进可行的施工方案，编制明确而具体的成本计划，对施工成本进行事前控制。

③ 施工阶段，以施工图预算、施工预算、劳动定额、材料消耗定额和费用开支标准等，对实际发生的成本费用进行控制。

④ 竣工交付使用及保修期阶段，应对竣工验收过程发生的费用和保修费用进行控制。

(2) 以项目的职能部门、施工队和生产班组作为控制对象

成本控制的具体内容是日常发生的各种费用和损失。这些费用和损失，都发生在各个职能部门、施工队和生产班组。因此，也应以职能部门、施工队和班组作为成本控制对象，接受项目经理和企业有关部门的指导、监督、检查和考评。与此同时，项目的职能部门、施工队和班组还应对自己承揽的责任成本进行自我控制，应该说，这是最直接、最有效的施工成本控制。

(3) 以分部分项工程作为控制对象

为了把成本控制工作做得扎实、细致,落到实处,还应以分部分项工程作为施工成本的控制对象。在正常情况下,项目应该根据分部分项工程的实物量,参照施工预算定额,联系项目管理的技术素质、业务素质和技术组织措施的节约计划,编制包括人、料、机消耗数量以及单价、金额在内的施工预算,作为对分部分项工程成本进行控制的依据。

2.3.2.3 施工成本控制实施内容

(1) 工程投标阶段

① 根据工程概况和招标文件,联系建筑市场和竞争对手的情况,进行成本预测并提出投标决策意见。

② 中标以后,应根据项目的建设规模,组建与之相适应的项目经理部,同时以标书为依据确定项目的成本目标,并下达给项目经理部。

(2) 施工准备阶段

① 根据设计图纸和有关技术资料,对施工方法、施工顺序、作业组织形式、机械设备选型、技术组织措施等进行认真的研究分析,并运用价值工程原理,制订出科学先进、经济合理的施工方案。

② 根据企业下达的成本目标,以分部分项工程实物工程量为基础,联系劳动定额、材料消耗定额和技术组织措施的节约计划,在优化的施工方案的指导下,编制明确而具体的成本计划,并按照部门、施工队和班组的分工进行分解,作为部门、施工队和班组的责任成本落实下去,为今后的成本控制做好准备。

③ 间接费用预算的编制及落实。根据项目建设时间的长短和参加建设人数的多少,编制间接费用预算,并对上述预算进行目标分解,以项目经理部有关部门(或业务人员)责任目标的形式落实下去,为今后的成本控制和绩效考评提供依据。

(3) 施工阶段

① 加强施工任务单和限额领料单的管理,特别要做好每一个分部分项工程完成后的验收(包括实际工程量的验收和工作内容、工程质量、文明施工的验收),以及实耗人工、实耗材料的数量核对,以保证施工任务单和限额领料单的结算资料绝对正确,为成本控制提供真实可靠的数据。

② 将施工任务单和限额领料单的结算资料与施工预算进行核对,计算分部分项工程的成本差异,分析差异产生的原因,并采取有效的纠偏措施。

③ 做好月度成本原始资料的收集和整理,正确计算月度成本,分析月度预算成本与实际成本的差异。对于一般的成本差异,要在充分注意不利差异的基础上,认真分析有利差异产生的原因,以防对后续作业成本产生不利影响或因质量低劣而造成返工损失。对于盈亏比例异常的现象,则要特别重视,并在查明原因的基础上,采取果断措施,尽快加以纠正。

④ 在月度成本核算的基础上,实行责任成本核算。也就是利用原有会计核算的资料,按责任部门或责任者归集成本费用,每月结算一次,并与责任成本进行对比,由责任部门或责任者自行分析成本差异和产生差异的原因,自行采取措施纠正差异,为全面实现责任成本创造条件。

⑤ 经常检查对外经济合同的履约情况,为顺利施工提供物质保证,如遇拖期或质量不符合要求的,应根据合同规定向对方索赔;对缺乏履约能力的单位,要采取断然措施,立即中止合同,并另找可靠的合作单位,以免影响施工,造成经济损失。

⑥ 定期检查各责任部门和责任者的成本控制情况，检查成本控制责、权、利的落实情况（一般为每月一次）。发现成本差异偏离或偏低的情况，应会同责任部门或责任者分析产生差异的原因，并督促他们采取相应的对策来纠正差异，如有因责、权、利不到位而影响成本控制工作的情况，应针对责、权、利不到位的原因，调整有关各方的关系，落实责、权、利相结合的原则，使成本控制工作得以顺利进行。

(4) 竣工验收阶段

① 精心安排，干净利落地完成工程竣工扫尾工作，把竣工扫尾时间缩短到最低限度。

② 重视竣工验收工作，顺利交付使用。在验收以前，要准备好验收所需的各种书面资料。对验收中提出的意见，应根据设计要求和合同内容认真处理，如果涉及费用签证，则列入工程结算。

③ 及时办理工程结算。一般来说，工程结算造价＝原合同价±增减额。

工程结算时为防止遗漏，在办理工程结算以前，要求项目预算员和成本员进行一次认真全面的核对。

④ 在工程保修期间，应由项目经理指定保修工作的责任者，并责成保修责任者根据实际情况提出保修计划（包括费用计划），以此作为控材保修费用的依据。

2.3.3 施工成本控制的方法

施工成本控制的方法很多，应该说只要在满足质量、工期、安全的前提下，能够达到成本控制目的的方法都是好方法。但是，各种方法都有一定的随机性，究竟在什么样的情况下，应该采取什么样的办法，这是由控制内容所确定的。因此，应根据不同的情况，选择与之相适应的控制手段和控制方法。下面介绍几种常用的施工成本控制实施方法。

2.3.3.1 以施工成本目标控制成本支出

在项目的成本控制中，可根据项目经理部制订的成本目标控制成本支出，量入为出，这是最有效的方法之一。具体的处理方法如下：

(1) 人工费的控制

在合同签订后，应根据工程特点和施工范围确定劳务队伍。劳务分包队伍一般应通过招投标方式确定。一般情况下，应按定额工日单价或平方米包干方式一次包死，以便管理。在施工过程中，必须严格按合同核定劳务分包费用，严格控制支出，并每月预结一次，发现超支现象应及时分析原因。同时，在施工过程中，要加强预控管理，防止合同外用工现象的发生。

(2) 材料费的控制

对材料费的控制主要是通过控制消耗量和进场价格来进行的。

① 材料消耗量控制。

a. 材料领用控制。材料领用控制是指通过实行限额领料制度来控制。这里有两道控制：一是工长给班组签发领料单的控制；二是材料发放对工长签发的领料单的控制。超计划领料必须检查原因，经项目经理或授权代理人认可方可发料。

b. 材料计量控制。混凝土、砂浆的配制计量不准，必定造成水泥超用。如钢筋、型钢、钢管等若超标准，重量必定超用。因此，计量器具要按期检验、校正，必须受控；计量过程必须受控；计量方法必须全面准确并受控。

c. 工序施工质量控制。工程施工前道工序的施工质量往往影响后道工序的材料消耗量。如基础工作面增加会加大填土工程量；模板的正偏差和变形必定增加混凝土的用量。因此必须按工序分清成本责任，并对每道工序实行严格控制。

② 材料进场价格的控制。

材料进场价格控制的依据是工程投标时的报价和市场信息。材料的采购价加运杂费构成的材料进场价应尽量控制在工程投标时的报价以内。由于市场价格是动态的，因而企业的材料管理部门，应利用现代化信息手段，广泛收集材料价格信息，定期发布当期材料最高限价和材料价格趋势，控制项目材料采购，并提供采购参考信息。项目部也应逐步提高信息采集能力，优化采购。

(3) 施工机械使用费的控制

凡是在确定成本目标时单独列出租赁的机械，应按使用数量、使用时间、使用单价逐项进行控制。小型机械及电动工具购置及修理费采取由劳务队包干使用的方法进行控制，包干费应低于成本目标的要求。

(4) 构件加工费和分包工程费的控制

在市场经济体制下，半成品混凝土构件、金属构件和成型钢筋的加工，以及打桩、土方、吊装、安装、装饰和其他专项工程(如屋面防水等)的分包，都要通过经济合同来明确双方的权利和义务。在签订这些经济合同的时候，特别要坚持“以施工图预算控制合同金额”的原则，绝不允许合同金额超过施工图预算。

2.3.3.2 以施工方案控制资源消耗

以施工预算控制资源消耗的实施步骤和方法如下：

① 在工程项目开工以前，根据施工图纸和工程现场的实际情况制订施工方案，包括人力物资需用量计划及机具配置方案等，在施工过程中如改变施工方法，则应及时调整需用量计划，以此作为指导和管理施工的依据。

② 组织实施。施工方案是进行工程施工的指导性文件，但是，针对某一个项目而言，施工方案一经确定，则应是强制性的。有步骤、有条理地按施工方案组织施工，可以避免盲目性，合理配置人力和机械，有计划地组织物资进场，从而做到均衡施工，避免资源闲置或积压造成的浪费。

③ 采用价值工程，优化施工方案。价值工程，又称价值分析，是一门技术与经济相结合的现代化管理科学。应用价值工程，既要研究技术，又要研究经济；既研究在提高功能的同时不增加成本，或在降低成本的同时不影响功能，把提高功能和降低成本统一在最佳方案中。对同一工程项目的施工，可以有不同的方案，选择合理的方案是降低工程成本的有效途径。在施工方面，主要是寻找实现设计要求的最佳方案，如分析施工方案、流水作业、机械设备等最优化的方案，也是对资源利用最合理的方案。采用这样的方案，必然会降低损耗，降低成本。

2.3.3.3 以工期与成本同步对应的方法控制成本

长期以来，国内的施工企业编制施工进度计划是为安排施工进度和组织流水作业服务，很少与成本控制结合。实质上，成本控制与施工计划管理，成本与进度之间有着必然的同步关系。因为成本是伴随着施工的进行而发生的，施工到什么阶段就应该有什么样的费用。如果成本与进度不对应，则必然会出现虚盈或虚亏的不正常现象。

(1) 按照适时的更新进度计划进行成本控制

项目成本的开支与计划不相符，往往是由两个因素引起的：一是在某道工序上的成本开支超出计划；二是某道工序的施工进度与计划不符。因此，要想找出成本变化的真正原因，实施良好有效的成本控制措施，必须与进度计划的适时更新相结合。

偏差控制案例

(2) 利用偏差分析法进行成本控制

偏差分析普遍采用赢得值法进行分析，赢得值法是费用、进度综合控制的方法。

① 赢得值法的参数。

赢得值法包括计划工作预算费用(BCWS)、已完工作预算费用(BCWP)、已完工作实际费用(ACWP)3个基本参数。

这些参数是以量、价结合的复合绝对指标，可以拆分为计划工作(Work Scheduled,WS)、实际完成工作(Work Performed,WP)、预算费用(Budgeted Cost,BC)、实际费用(Actual Cost,AC)四个指标。预算费用与计划工作结合为BCWS，表示量、价的计划值，即计划目标。实际完成工作与实际费用结合为ACWP，表示量、价都是实际值，即实际支出。要直接对比计划(BCWS)和实际(ACWP)，显然受到进度因素的干扰，如实际支出少并非节约成本，有可能是进度拖延导致，相反超支可能是进度提前导致。因此再引入实际与计划之间的一个虚拟参数，以便衔接计划与实际的正确比较。上述四个单体指标(WS、WP、BC、AC)按量、价组合，还剩ACWS、BCWP。其中BCWP表示实际完成工作预算费用，ACWS表示计划工作实际费用，但进一步分析，ACWS参数是绝对不可能参数，因此，只有BCWP可衔接计划与实际之间对比关系。

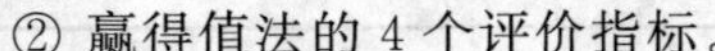

② 赢得值法的4个评价指标。

在3个参数基础上，可以确定赢得值法的4个评价指标。

$$\text{费用偏差(CV)}=\text{已完工作预算费用(BCWP)}-\text{已完工作实际费用(ACWP)} \tag{2-1}$$

CV>0时，表示项目运行节支；CV<0时，表示项目运行超支。

$$\text{进度偏差(SV)}=\text{已完工作预算费用(BCWP)}-\text{计划工作预算费用(BCWS)} \tag{2-2}$$

SV>0时，表示实际进度提前；SV<0时，表示实际进度滞后。

$$\text{费用绩效指数(CPI)}=\frac{\text{已完工作预算费用(BCWP)}}{\text{已完工作实际费用(ACWP)}} \tag{2-3}$$

CPI>1时，表示项目运行节支，实际费用低于预算费用；CPI<1时，表示项目运行超支，实际费用高于预算费用。

$$\text{进度绩效指数(SPI)}=\frac{\text{已完工作预算费用(BCWP)}}{\text{计划工作预算费用(BCWS)}} \tag{2-4}$$

SPI>1时，表示进度提前；SPI<1时，表示进度延误。

【例2-1】 某施工项目进行到17周时对前16周的工作进行了统计检查，有关情况见表2-2。问题：

① 求出前16周的赢得值；

② 求出16周的CV与SV；

③ 求出16周的CPI、SPI，并分析成本和进度情况。

表 2-2　　　　**工程成本信息统计检查表**

工作代号	计划完成工作预算费用/万元	已完成工作量/%	实际发生费用/万元
A	300	100	310
B	280	100	290
C	260	100	250
D	560	100	560
E	720	50	320
F	450	100	430
G	600	40	270
H	360	0	0
I	350	80	300
J	290	100	260
K	150	0	0
L	180	100	180

【解】 ① 赢得值计算。

各工作 BCWP 值为 BCWS×已完工作量。计算结果见表 2-3。

表 2-3　　　　**赢得值计算表**

工作代号	计划完成工作预算费用 BCWS/万元	已完成工作量/%	实际发生费用 ACWP/万元	赢得值 BCWP/万元
A	300	100	310	300
B	280	100	290	280
C	260	100	250	260
D	560	100	560	560
E	720	50	320	360
F	450	100	430	450
G	600	40	270	240
H	360	0	0	0
I	350	80	300	280
J	290	100	260	290
K	150	0	0	0
L	180	100	180	180
合计	4500		3170	3200

② 成本偏差、进度偏差计算。

成本偏差：

$$CV = BCWP - ACWP = 3200 - 3170 = 30\ 万元$$

由于 CV>0，说明费用节支。

进度偏差：

$$SV = BCWP - BCWS = 3200 - 4500 = -1300\ 万元$$

由于 SV<0，说明进度延误。

③ 成本绩效指数、进度绩效指数。

成本绩效指数：

$$CPI = \frac{BCWP}{ACWP} = 1.009$$

由于 CPI>1，说明费用节支。

进度绩效指数：

$$SPI = \frac{BCWP}{BCWS} = 0.716$$

由于 SPI<1，说明进度延误。

③ 赢得值法偏差分析表示方式。

偏差分析可采用不同的方法，常用表格法、横道图法和曲线法。

a. 表格法。

表格法是进行偏差分析最常用的一种方法。它将项目编号、名称、各施工成本参数以及施工成本偏差数综合归纳入一张表格中，并且直接在表格中进行比较。由于各偏差参数都在表中列出，使得施工成本管理者能够更好地处理这些数据。用表格法进行偏差分析具有如下优点：

(a) 灵活、适用性强。可根据实际需要设计表格，进行增减项。

(b) 信息量大。可以反映偏差分析所需的资料，有利于施工成本控制人员及时采取针对性措施，加强控制。

(c) 表格处理可借助于计算机，从而节约大量数据处理所需的人力，并大大提高速度。

b. 横道图法。

用横道图进行项目成本偏差分析，是用不同的横道标识已完工作计划费用、计划工作预算费用、已完工作实际费用。横道图中，横道长度与金额成正比。横道图具有形象、直观、一目了然等优点，它能够准确表达出施工成本的绝对偏差，并且明显反映偏差的严重性。但这种方法反映的信息量少，一般在项目较高管理层应用。

c. 曲线法。

曲线法是用项目成本-工期累计曲线来进行表达偏差的方法。S 曲线具有以下优点：

(a) 能明确反映出费用及进度偏差。

(b) 可根据当前进度及费用偏差情况，通过原因分析，对趋势进行预测，预测项目结束时的进度、费用情况。

例 2-2 说明三种偏差表达的方式。

【例 2-2】 某工程项目有 2000 m^2 缸砖面层的地面施工，交由某施工单位承担，计划工期为 6 个月，计划的各工作项目单价和计划完成的工作量见表 2-4，该工程进行了 3 个月后，发现的偏差见表 2-4（各工作项目在 3 个月内均等速、等值进行）。用列表法、横道图法、曲线法分别表述其偏差情况。

表 2-4 **工作量表**

工作项目名称	平整场地	室内夯填土	垫层	缸砖面砂浆结合	踢脚
单位	100 m^2	100 m^2	10 m^2	100 m^2	100 m^2
计划工作量(3 个月)	150	20	60	100	13.55
计划单价/(元/单位)	16	46	450	1520	1620
已完成工作量(3 个月)	150	18	48	70	9.5
实际单价/(元/单位)	16	46	450	1800	1650

【解】 ① 用表格法分析偏差(表 2-5)。

表 2-5 **缸砖面层地面施工费用分析表**

(1) 项目编码		001	002	003	004	005	总计
(2) 工作项目名称	计算方法	平整场地	室内夯填土	垫层	缸砖面砂浆结合	踢脚	
(3) 单位		100 m^2	100 m^2	10 m^2	100 m^2	100 m^2	
(4) 计划工作量(3 个月)		150	20	60	100	13.55	
(5) 计划单价/(元/单位)		16	46	450	1520	1620	
(6) 计划工作预算费用 BCWS	(6)=(4)×(5)	2400	920	27000	152000	21951	204271
(7) 已完成工作量(3 个月)		150	18	48	70	9.5	
(8) 已完工作预算费用 BCWP	(8)=(7)×(5)	2400	828	21600	106400	15390	146618
(9) 实际单价/(元/单位)		16	46	450	1800	1650	
(10) 已完工作实际费用 ACWP	(10)=(7)×(9)	2400	828	21600	126000	15675	166503
(11) 费用局部偏差	(11)=(8)-(10)	0	0	0	-19600	-285	
(12) 费用绩效指数 CPI	(12)=(8)/(10)	1	1	1	0.847	0.98	
(13) 费用累计偏差	(13)=$\sum$(11)			-19885			
(14) 进度局部偏差	(14)=(8)-(6)	0	-92	-5400	-45600	-6561	
(15) 进度绩效指数 SPI	(15)=(8)/(6)	1	0.9	0.8	0.7	0.7	
(16) 进度累计偏差	(16)=$\sum$(14)			-57653			

② 横道图法费用偏差分析(表 2-6)。

各横道图形式表示为:

BCWS: ■ BCWP: □ ACWP: ▨

表 2-6 **费用偏差分析表**

项目编号	项目名称	费用数额/元	费用偏差	进度偏差
001	平整场地	2400 2400 2400	0	0
002	室内夯填土	920 828 828	0	−92
003	垫层	27000 21600 21600	0	−5400
004	缸砖面砂浆结合	152000 106400 126000	−19600	−45600
005	踢脚	21951 15390 15675	−285	−6561
合　计		204271 146618 166503	−19885	−57653

注:因数字差异过大,表中各项工作的横道比例大小不同。

③ 曲线法偏差分析。

该施工任务在第 3 个月月末时,s 费用及进度的偏差情况见图 2-4。

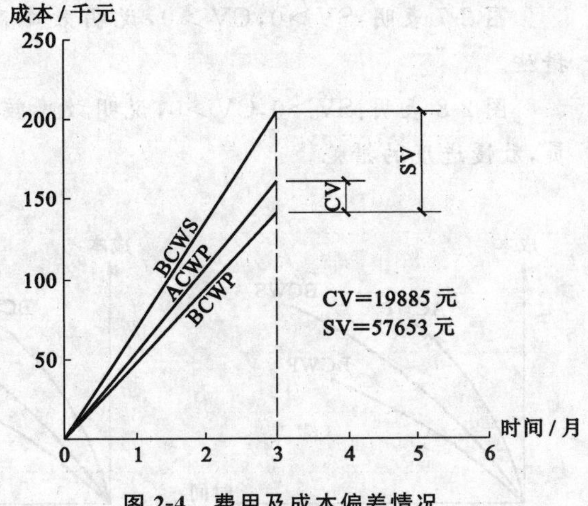

图 2-4 费用及成本偏差情况

④ 赢得值法偏差原因分析。

在实际执行过程中,最理想的是按照计划执行,3 条曲线重合,但这种情况不存在。由于实际干扰因素的绝对存在,3 条曲线总有离散出现,若离散度大,预示成本偏差发生。偏差分析的主要目的就是找出引起偏差的原因,从而有针对性地采取措施,减少或避免偏差出现。费用偏差出现的原因详见图 2-5。

⑤ 赢得值法参数分析与对应措施。

根据赢得值法工作预算费用(BCWS)、已完工作预算费用(BCWP)、已完工作实际费用(ACWP)3 个基本参数在时间-成本坐标中的位置关系组合,得到 6 种基本图形。

图 2-6 表明:SV<0,CV<0,说明效率低、进度较慢、投入超前;可采取用高效率人员更换低效率人员的措施。

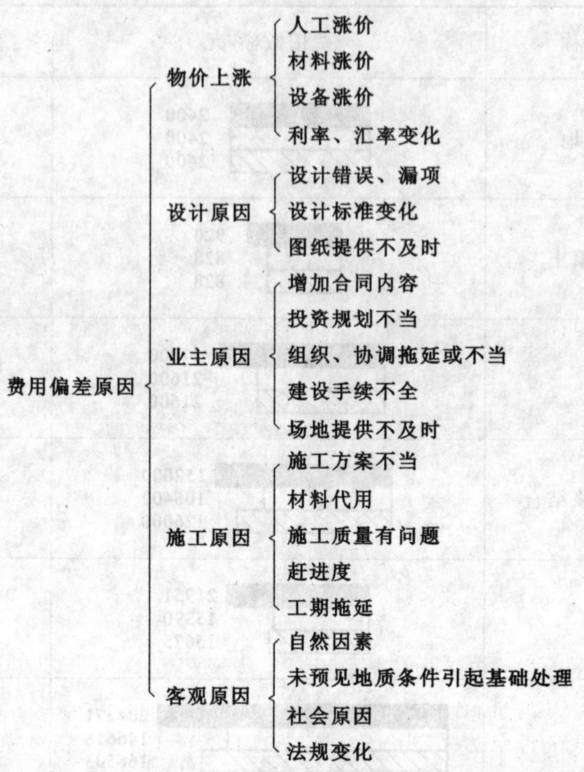

图 2-5 费用偏差出现的原因

图 2-7 表明:SV>0,CV>0,说明效率高、进度较快、投入延后;若偏差不大可不采取任何措施。

图 2-8 表明:SV>0,CV>0,说明效率较高、进度快、投入延后;若偏差大可采取抽出部分人员,放慢进度的措施。

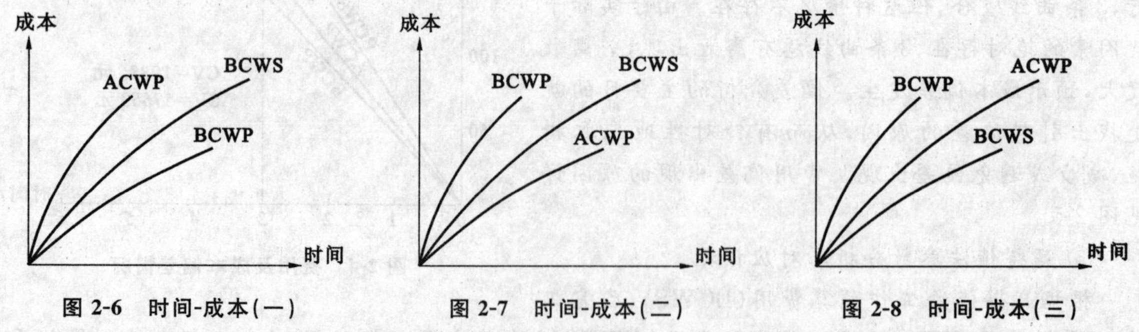

图 2-6 时间-成本(一)　图 2-7 时间-成本(二)　图 2-8 时间-成本(三)

图 2-9 表明:SV>0,CV<0,说明效率较低、进度较快、投入超前;可采取抽出部分人员,调换为骨干人员的措施。

图 2-10 表明:SV<0,CV<0,说明效率较低、进度较慢、投入延后;可采取增加高效人员的措施。

图 2-11 表明:SV<0,CV>0,说明效率较高、进度较慢、投入延后;可采取增加人员的措施。

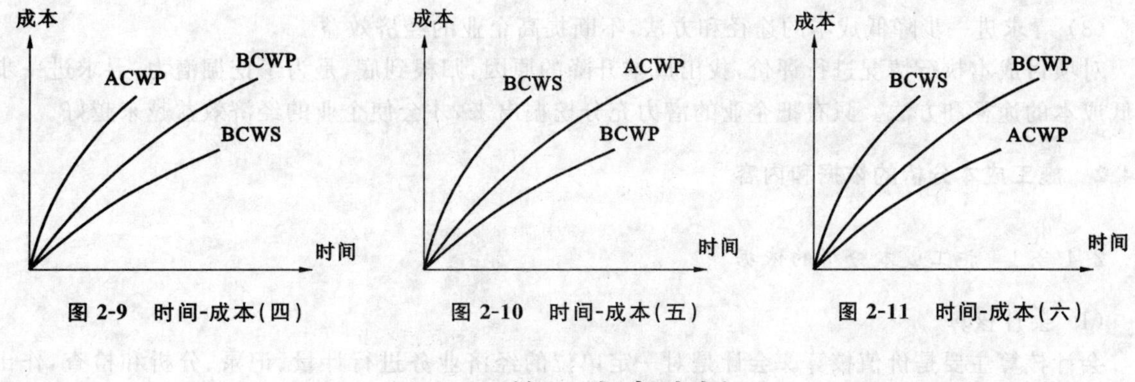

图 2-9 时间-成本(四)　　图 2-10 时间-成本(五)　　图 2-11 时间-成本(六)

2.4 施工成本分析

2.4.1 施工成本分析概述

2.4.1.1 施工成本分析的概念

施工成本分析，一方面就是根据统计核算、业务核算和会计核算提供的资料，对施工成本的形成过程和影响成本升降的因素进行分析，以寻求进一步降低成本的途径(包括施工成本中的有利偏差的挖潜和不利偏差的纠正)；另一方面，通过成本分析，可从账目、报表反映的成本现象看清成本的实质，从而增强项目成本的透明度和可控性，为加强成本控制、实现项目成本目标创造条件。由此可见，施工成本分析，也是降低成本、提高项目经济效益的重要手段之一。

影响项目成本变动的因素有两个方面：一是外部的属于市场经济的因素，二是内部的属于经营管理的因素。这两方面的因素在一定条件下，又是相互制约和相互促进的。影响项目成本变动的市场经济因素主要包括施工企业的规模和技术装备水平、施工企业专业化和协作的水平以及企业员工的技术水平和操作的熟练程度等几个方面，这些因素不是在短期内能改变的。因此，作为项目经理，应了解这些因素，但应将项目成本分析的重点放在影响项目成本升降的内部因素上。影响项目成本升降的内部因素包括人工费用水平的标准，材料、能源利用的效果，机械设备的利用效果，施工质量水平的高低及组织管理施工的管理因素等。

2.4.1.2 施工成本分析的作用

(1) 有助于恰当评价成本计划的执行结果

工程项目的经济活动错综复杂，在实施成本管理时制订的成本计划，其执行结果往往存在一定偏差，如果简单地根据成本核算资料直接作出结论，则势必影响结论的正确性。反之，若在核算资料的基础上，通过深入的分析，则可能作出比较正确的评价。

(2) 揭示成本节约和超支的原因，进一步提高企业管理水平

成本是反映工程项目经济活动的综合性指标，它直接影响着项目经理部和施工企业生产经营活动的成果。如果工程项目降低了原材料的消耗，减少了其他费用的支出，提高了劳动生产率和设备利用率，这必定会在成本上综合反映出来。借助成本分析，用科学方法，从指标、数据着手，在各项经济指标相互联系中系统地对比分析，揭示矛盾，找出差距，就能正确地查明影响成本高低的各种因素及原因，了解生产经营活动中哪一部门、哪一环节工作做出了成绩或产生了问题，从而可以

采取措施,不断提高项目经理部和施工企业经营管理的水平。

(3) 寻求进一步降低成本的途径和方法,不断提高企业的经济效益

对项目成本执行情况进行评价,找出成本升降的原因,归根到底,是为了挖掘潜力,寻求进一步降低成本的途径和方法。只有把企业的潜力充分挖掘出来,才会使企业的经济效益越来越好。

2.4.2 施工成本分析的依据和内容

2.4.2.1 施工成本分析的依据

(1) 会计核算

会计核算主要是价值核算。会计是对一定单位的经济业务进行计量、记录、分析和检查,作出预测,参与决策,实行监督,旨在实现最优经济效益的一种管理活动。它通过设置账户、复式记账、填制和审核凭证、登记账簿、成本计算、财产清查和编制会计报表等一系列有组织、有系统的方法,记录企业的一切生产经营活动,然后据以提出一些用货币来反映的有关各种综合性的数据。资产、负债、所有者权益、营业收入、成本、利润等主要指标是施工成本分析的重要依据。

(2) 业务核算

业务核算是各业务部门根据业务工作的需要而建立的核算制度,它包括原始记录和计算登记表,如单位工程及分部分项工程进度登记、质量登记、工效、定额计算登记、物资消耗定额记录、测试记录等。业务核算的范围比会计、统计核算广,会计和统计核算一般是对已经发生的经济活动进行核算,而业务核算不但可以对已经发生的,而且还可以对尚未发生的经济活动进行核算,看是否可以做,是否有经济效果。它的特点是,对个别的经济业务进行单项核算。例如,各种技术措施、新工艺等项目,可以核算已经完成的项目是否达到原定的目标,取得预期的效果,也可以对准备采取措施的项目进行核算和审查,看是否有效果,值不值得采纳。业务核算的目的在于迅速取得资料,在经济活动中及时采取措施进行调整。

(3) 统计核算

统计核算是利用会计核算资料和业务核算资料,把企业生产经营活动客观现状的大量数据,按统计方法加以系统整理,表明其规律性。它的计量尺度比会计宽,可以用货币计算,也可以用实物或劳动量计算。它通过全面调查和抽样调查等特有的方法,不仅能提供绝对数指标,还能提供相对数和平均数指标,可以计算当前的实际水平,确定变动速度,预测发展趋势。

2.4.2.2 施工成本分析的主要内容

一般来说,建设工程项目成本分析的内容主要包括以下几个方面:

(1) 人工费用水平的合理性

人工费的合理性是指人工费既不过高,也不过低。如果人工费过高,就会增加工程项目的成本;而人工费过低,则工人的积极性不高,工程项目的质量就有可能得不到保证。

在实行管理层和作业层两层分离的情况下,项目施工需要的人工和人工费,由项目经理部与施工队签订劳务承包合同,明确承包范围、承包金额和双方的权利、义务。对项目经理部来说,除了按合同规定支付劳务费以外,还可能发生一些其他人工费支出,这些费用支出主要有:

① 因实物工程量增减而调整的人工和人工费。

② 定额人工以外的点工工资(已按定额人工的一定比例由施工队包干,并已列入承包合同)。

③ 对在进度、质量、节约、文明施工等方面作出贡献的班组和个人进行奖励的费用。

项目经理部应分析上述人工费的合理性。

(2) 材料、能源利用效率

在其他条件不变的情况下，材料、能源消耗定额的高低，直接影响材料、燃料成本的升降。材料、燃料价格的变动，也直接影响产品成本的升降。可见，材料、能源利用的效率及其价格水平是影响产品成本升降的重要因素。

(3) 机械设备的利用效果

施工企业的机械设备有自有和租用两种。在机械设备的租用过程中存在着两种情况：一是按产量进行承包，并按完成产量计算费用的，如土方工程，项目经理部只要按实际挖掘的土方工程量结算挖土费用，而不必过问挖掘机械的完好程度和利用程度；另一种是按使用时间(台班)计算机械费用的，如塔吊、搅拌机、砂浆机等，如果机械完好率差或在使用中调度不当，必然会影响机械的利用率，从而延长使用时间，增加使用费用。自有机械也要提高机械完好率和利用率，因为自有机械停用，仍要负担固定费用。因此，项目经理部应该给予一定的重视。

(4) 施工质量水平的高低

对施工企业来说，提高工程项目质量水平就可以降低施工中的返工成本，减少未达到质量标准而发生的一切损失费用，但这也意味着为保证和提高项目质量而支出的费用就会增加。可见，施工质量水平的高低也是影响项目成本的主要因素之一。

(5) 其他影响项目成本变动的因素

其他影响项目成本变动的因素，包括除上述四项以外的措施费用以及为施工准备、组织施工和管理所需要的费用。

2.4.3 施工成本分析的方法

在项目成本分析活动中，常用的方法包括比较法、因素分析法、差额分析法、比率法等。

2.4.3.1 比较法

比较法，又称“指标对比分析法”，就是通过技术经济指标的对比，检查目标的完成情况，分析产生差异的原因，进而挖掘内部活力的方法。这种方法具有通俗易懂、简单易行、便于掌握的特点，因而得到了广泛的应用，但在应用时必须注意各技术经济指标的可比性。

比较法通常有下列形式：

(1) 将实际指标与目标指标对比

将实际指标与目标指标对比，检查目标完成情况，分析影响目标完成的积极因素和消极因素，以便及时采取措施，保证成本目标的实现。在进行实际指标与目标指标对比时，还应注意目标本身有无问题。如果目标本身出现问题，则应调整目标，重新正确评价实际工作的成绩。

(2) 将本期实际指标与上期实际指标对比

将本期实际指标与上期实际指标对比，可以看出各项技术经济指标的变动情况，反映施工管理水平的提高程度。

(3) 与本行业平均水平、先进水平对比

与本行业平均水平、先进水平对比，可以反映本项目的技术管理和经济管理与同行业的平均水平和先进水平的差距，进而采取措施赶超先进水平。

2.4.3.2 因素分析法

因素分析法是把项目施工成本综合指标分解为与各个项目相联系的原始因素，以确定引起指标变动的各个因素的影响程度的一种成本费用分析方法。它可以通过分析各种因素对成本的影响程度，以便查明原因，明确主要问题所在，提出改进措施，达到降低成本的目的。

在运用因素分析法分析各项因素影响程度大小时，常采用连环代替法。在进行分析时，首先要假定众多因素中的一个因素发生了变化，而其他因素则不变，然后逐个替换，分别比较其计算结果，以确定各个因素的变化对成本的影响程度。

因素分析法的计算步骤如下：

① 确定分析对象，并计算出实际数与目标数的差异。

② 确定该指标是由哪几个因素组成的，并按其相互关系进行排序(排序规则：先实物量，后价值量；先绝对值，后相对值)。

③ 以目标数为基础，将各因素的目标数相乘，作为分析替代的基数。

④ 将各个因素的实际数按照上面的排列顺序进行替换计算，并将替换后的实际数保留下来。

⑤ 将每次替换计算所得的结果，与前一次的计算结果相比较，两者的差异即为该因素对成本的影响程度。

⑥ 各个因素的影响程度之和应与分析对象的总差异相等。

【例 2-3】 某公司承接一座钢筋混凝土框架结构的办公楼，内外墙及框架间墙采用 GZL 保温砌块。目标成本为 305210.50 元，实际成本为 333560.4 元，用因素分析法分析砌筑量、单价、损耗率等因素的变动对实际成本的影响程度，有关数据见表 2-7。用因素分析法分析成本增加的原因。

表 2-7 砌筑工程目标成本与实际成本对比表

项目	单位	目标	实际	差额
砌筑量	千块	970	985	15
单价	元/千块	310	332	22
损耗率	%	1.5	2	0.5
成本	元	305210.50	333560.40	28349.90

【解】 ① 分析对象为某框架结构中的 GZL 保温砌块的成本，实际成本与目标成本的差额为 28349.90 元。

② 该指标是由砌筑量、单价、损耗率 3 个因素组成的，排序为先实物量、后价值量，先绝对值、后相对值，因此排序为砌筑量、单价、损耗率。

③ 替代基数：

$$970\times310\times1.015=305210.50\text{ 元}$$

④ 连环替代：

第一次替代砌筑量，以 985 替代 970，$985\times310\times1.015=309930.25$ 元，并以此为基数。

第二次替代单价，以 332 替代 310，$985\times332\times1.015=331925.30$ 元，并以此为基数。

第三次替代损耗率，以 1.02 替代 1.015，$985\times332\times1.02=333560.40$ 元。

⑤ 计算差额。

第一次替代与目标数的差额＝309930.25－305210.5＝4719.75 元

第二次替代与第一次替代差额＝331925.30－309930.25＝21995.05 元

第三次替代与第二次替代差额＝333560.40－331925.30＝1635.10 元

⑥ 绘制成本变动因素分析表(见表 2-8)。

表 2-8 **GZL 保温砌块成本变动因素分析表**

顺序	连环替代计算	差异/元	因素分析
目标数	970×310×1.0150＝305210.50		
第一次替代	985×310×1.015＝309930.25	4719.75	砌筑量增加使成本增加了 4719.75 元
第二次替代	985×332×1.015＝331925.30	21995.05	单价增加使成本增加了 21995.05 元
第三次替代	985×332×1.02＝333560.40	1635.10	损耗率增加使成本增加了 1635.10 元
合计	4719.75＋21995.05＋1635.10	28349.90	

2.4.3.3 差额分析法

差额分析法是因素分析法的一种形式，它利用各个因素的目标值与实际值的差额来计算其对成本的影响。

2.4.3.4 比率法

比率法是指用两个以上的指标的比例进行分析的方法。它的基本特点是：先把对比分析的数值变成相对数，再观察其相互之间的关系。常用的比率法有以下几种：

(1) 相关比率法

由于项目经济活动的各个方面是相互联系、相互依存，又相互影响的，因而可以将两个性质不同而又相关的指标加以对比，求出比率，并以此来考察经营成果的好坏。例如，产值和工资是两个不同的概念，但它们的关系又是投入与产出的关系。在一般情况下，都希望以最少的工资支出完成最大的产值。因此，用产值工资率指标来考核人工费的支出水平，就很能说明问题。

(2) 构成比率法

构成比率法又称比重分析法或结构对比分析法。它可以考察成本总量的构成情况及各成本项目占成本总量的比重，同时也可看出量、本、利的比例关系(即预算成本、实际成本和降低成本的比例关系)，从而为寻找降低成本的途径指明方向。成本构成比例分析表示例如表 2-9 所示。

表 2-9 **成本构成比例分析表** (单位：万元)

成本项目	预算成本		实际成本		降低成本		
	金额	比重	金额	比重	金额	占本项/%	占总量/%
1.直接成本	1263.79	93.2	1200.31	92.38	63.48	5.02	4.68
1.1 人工费	113.36	8.36	119.28	9.18	－5.92	－1.09	－0.44
1.2 材料费	1006.56	74.23	939.67	72.32	66.89	6.65	4.93
1.3 机械费	87.60	6.46	89.65	6.9	－2.05	－2.34	－0.15
1.4 措施费	56.27	4.15	51.71	3.98	4.56	8.1	0.34

续表

成本项目	预算成本		实际成本		降低成本		
	金额	比重	金额	比重	金额	占本项/%	占总量/%
2.间接成本	92.21	6.8	99.01	7.62	−6.8	−7.37	−0.5
成本总量	1356	100	1299.32	100	56.68	4.18	4.18
量、本、利比例/%	100		95.82		4.18		

(3) 动态比率法

动态比率法就是将同类指标、不同时期的指数值进行比较，求出比率，用以分析该项指标的发展方向和发展速度。动态比率的计算通常采用基期指数和环比指数两种方法。动态比率示例如表 2-10 所示。

表 2-10　**砌筑工程目标成本与实际成本对比表**

指标	第一季度	第二季度	第三季度	第四季度
降低成本/万元	45.6	47.8	52.5	64.3
基期指数/%		104.82	115.13	141.01
环比指数/%		104.82	109.83	122.48

注:假设第一季度基期指数为 100,上一季度环比指数为 100。

2.4.3.5　综合成本的分析方法

所谓综合成本，是指涉及多种生产要素，并受多种因素影响的成本费用，如分部分项工程成本、月(季)度成本、年度成本等。由于这些成本都是随着项目施工的进展而逐步形成的，与生产经营有着密切的关系。因此，做好上述成本的分析工作，无疑将促进项目的生产经营管理，提高项目的经济效益。

(1) 分部分项工程成本分析

分部分项工程成本分析是施工项目成本分析的基础。分部分项工程成本分析的对象为已完成分部分项工程。分析方法是进行预算成本、目标成本和实际成本的“三算”对比，分别计算实际偏差，分析偏差产生的原因，为今后的分部分项工程成本寻求节约途径。

分部分项工程成本分析的资料来源是：预算成本来自投标报价成本，目标成本来自施工预算，实际成本来自施工任务单的实际工程量、实耗人工和限额领料单的实耗材料。

(2) 月(季)成本分析

月(季)成本分析，是施工阶段定期的、经常性的中间成本分析。对于具有一次性特点的施工项目来说有着特别重要的意义。因为通过月(季)成本分析，可以及时发现问题，以便按照成本目标指定的方向进行监督和控制，保证项目成本目标的实现。月(季)成本分析的依据是当月(季)的成本报表。通常从以下 6 个方面进行分析。

① 通过实际成本与预算成本的对比，分析当月(季)的成本降低水平；通过累计实际成本与累计预算成本对比，分析累计的成本降低水平，预测实际项目成本目标的前景。

② 通过实际成本与目标成本的对比，分析目标成本的落实情况，以及目标管理中的问题和不足，进而采取措施，加强成本管理，保证成本目标的落实。

③ 通过对各成本项目的成本分析,可以了解成本总量的构成比例和成本管理的薄弱环节。例如,在成本分析中,发现人工费、机械费和间接费等项目大幅度超支,就应对这些费用的收支配比关系认真研究,并采取对应的增收节支措施,防止今后再超支。

④ 通过主要技术经济指标的实际与目标对比,分析产量、工期,钢材、木材节约率,机械利用率等对成本的影响。

⑤ 通过对技术组织措施执行效果分析,寻求更加有效的节约途径。

⑥ 分析其他有利条件和不利条件对成本的影响。

(3) 年度成本分析

企业成本要求一年结算一次,不得将本年成本转入下一年度。而项目成本则以项目的寿命周期为结算期,要求从开工到竣工到保修结束连续计算,最后结算出成本总量及其盈亏。由于项目的施工周期一般较长,还要进行年度成本的核算和分析。这不仅仅是为了满足企业汇编年度成本报表的需要,同时更是项目成本管理的需要。因为通过年度成本的综合分析,可以总结一年来成本管理的成本和不足,为今后的成本管理提供经验和教训,从而可对项目成本进行更有效的管理。

年度成本分析的依据是年度成本报表。年度成本分析的内容,除了月(季)成本分析的 6 个方面以外,重点是针对下一年度的施工进展情况规划切实可行的成本管理措施,以保证施工项目成本目标的实现。

(4) 竣工成本的综合分析

凡是有几个单位工程而且是单独进行成本核算(即成本核算对象)的施工项目,其竣工成本分析应以各单位竣工成本分析资料为基础,再加上项目经理部的经营效益(如资金调度、对外分包等所产生的效益)进行综合分析。如果只有一个成本核算对象(单位工程),就以该成本核算对象的竣工成本资料作为成本分析的依据。

单位工程竣工成本分析应包括以下 3 个方面的内容:

① 竣工成本分析。

② 主要资源节超对比分析。

③ 主要技术节约措施及经济效果分析。

【知识归纳】

(1) 施工成本控制的内容包括:成本预测、成本计划、成本控制、成本核算、成本分析和成本考核;在全面成本管理组织结构体系下,施工成本控制的措施有组织措施、技术措施、经济措施、合同措施。

(2) 施工成本计划是在成本预测基础上,按施工项目组成、施工成本组成、施工进度 3 种方法编制。

(3) 施工成本控制是通过采集实施中的数据与成本计划进行比较、分析、预测、并纠正偏差,成本控制的核心是分析。成本控制方法有以项目成本目标控制支出、以施工方案控制资源消耗、以工期与成本同步对应 3 种。

(4) 成本分析的方法包括比较法、因素分析法、差额分析法、比率分析法和综合成本分析法。

【独立思考】

2-1 价值工程中,选择价值分析的对象重点有哪些?

2-2 因素分析法的基本理论有哪些?

2-3 项目经理部如何进行成本控制？

2-4 赢得值法参数的代号及含义有哪些？

2-5 施工成本控制的依据是什么？

2-6 “量价分离”对人工费、材料费成本控制的意义何在？

2-7 会计核算、业务核算、统计核算的联系与区别是什么？

2-8 对比法应用的形式有哪些？

【参考文献】

[1] 乐云.工程项目管理(上).武汉：武汉理工大学出版社，2008.

[2] 成虎.工程项目管理.2版.北京：中国建筑工业出版社，2001.

[3] 丛培经.工程项目管理.3版.北京：中国建筑工业出版社，2006.

[4] 杨晓庄.工程项目管理.武汉：华中科技大学出版社，2007.

[5] 卜永军.建设工程项目管理一本通.北京：地震出版社，2007.

[6] 廖长江.建设工程项目管理.3版.北京：中国建筑工业出版社，2011.

[7] 廖长江.建设工程项目管理复习题集.北京：中国建筑工业出版社，2012.

[8] 廖长江.建设工程管理与实务.3版.北京：中国建筑工业出版社，2011.

[9] 廖长江.建设工程管理与实务复习题集.2版.北京：中国建筑工业出版社，2007.

3 建设工程项目进度控制

课前导读

内容提要

本章主要内容包括工程项目进度管理系统、工程项目进度计划的编制、工程项目进度计划的调整与优化和工程项目进度计划的控制。本章的教学重难点为工程项目进度计划的编制方法、调整与优化。

能力要求

通过本章的学习，学生应具备独立编制工程项目进度计划，同时对进度计划进行调整与优化的能力。

数字资源

5分钟看完本章

3.1 工程项目进度管理系统

3.1.1 工程项目进度管理系统概述

3.1.1.1 工程项目进度管理的影响因素

工程项目进度控制是一个动态过程，影响因素太多、风险大，应当认真分析和预测，采取合理措施，在动态管理中实现进度目标。影响工程项目进度控制的因素主要来自以下几方面。

(1) 业主

业主提出的建设工期目标的合理性，业主在资金及材料等方面的供应进度，业主各项准备工作的进度以及业主对项目管理的有效性等，都会对工程项目的进度控制产生影响。例如，当业主或业主代表(监理单位)发了开发令后，施工场地还未能完全交付给施工单位，或属于业主应办而未办的前期工作和手续等。

(2) 勘察设计单位

勘察设计单位的影响因素主要包括勘察设计目标的确定、可投入的力量及其工作效率、各专业设计之间以及业主与设计单位之间的配合等。

(3) 承包商

承包商的影响因素主要包括施工进度目标的确定、施工组织设计的编制、投入的人力及施工设备的规模，以及施工管理水平等。例如，某开发区的一个工程中，承包商在编制技术方案时为节省施工措施费用，采用喷粉桩代替防渗墙作止水幕墙，结果止水效果不佳，造成工期延误。

(4) 建设环境

建设环境的影响因素包括建筑市场状况、国家财政经济形势、建设管理体制、当地施工条件(气象、水文、地形、地质、交通、建筑材料供应)等。在施工过程中，如果遇到气候、水文、地形、地质及周围环境等方面的不利因素时，由于处理地下的障碍、隐患和文物，就必然会影响到工程项目的进度。例如，某工程的建设地点在黄埔开发区，由于施工场地是淤泥冲积层，地下水位高，承包商根据图纸进行人工挖孔桩施工，在施工期间不断发生流沙、塌方等事故，不但给施工人员带来了生命安全问题，还给承包商带来了工期和费用的损失。

上述影响因素是客观存在的，但有许多是人为因素造成的，因而是可以预测和控制的。因此，参与工程项目建设的各方都应加强对各种影响因素的分析、研究和控制，确保工程项目进度管理目标的实现。

3.1.1.2 工程项目进度计划的管理

进度管理首先是进度计划的管理。工程项目越复杂、专业分工越精细，就越需要全面的综合管理，需要有一个总体的实施进度计划，否则不可能对整个工程项目的建设进度进行合理有效的控制和管理。常见的工程项目进度计划如下：

(1) 工程项目综合进度计划

工程项目综合进度计划是一项综合地进行进度控制的重要计划。首先，要将项目所有的作业单项按前后顺序排列，明确其相互制约的逻辑关系；然后，计算出每一作业单项所需的工时数，确定各单位工程所需的工期，从而得出整个工程项目所需的总工期，并确保达到计划目标所确定的合理工期。如达不到合同工期要求，要采取有效措施，如改进施工方法、运货途径、增加工作班次等，进行合理调整，同时也要注意控制费用。

(2) 工程项目设计进度计划

工程项目设计进度计划是按设计项目对各设计单元进行编号，由有关专业设计组对各设计单元的图纸设计的工作量及其所需的辅助工作量进行估算；然后根据施工进度要求提供图纸的日期，依据设计工作中各专业的工作顺序，安排各个设计单元的进度计划，保证及时供应图纸。

(3) 工程项目采购进度计划

工程项目采购进度计划是根据工程项目的产品工艺流程图、电气仪表系统图等，编制出项目所需的设备清单并编号，按照工程项目总进度计划中对各项设备到达现场的时间要求，确定出各项设备到达施工现场的具体日期。

(4) 工程项目施工进度计划

首先，按照预算中各作业单项所需消耗的工时数、计划投入的劳动力和工作班数，求出各作业单项所需的施工工期；然后，按照施工工序的要求，制订出整个工程的施工进度计划，编制出工程项目年度、季度计划和月、旬作业计划。在整个工程的施工进度计划中，对一些关键性的日期，如某分包工程的完工日期、某单位工程的竣工日期、动力车间的供电日期等，应在项目进度计划中标出，使之符合合同工期的要求。

(5) 竣工验收和试生产计划

根据工程进度计划和有关方面的资料，在工程竣工后，安排出竣工验收、设备运转试验及生产等一系列活动的日期，以此作为各方共同的工作目标，以便各方做好人力、物力和财力等方面的安排。

根据工程项目的特点，进度计划大都采用图和表的形式来表达将要进行的工作。

3.1.1.3　工程项目实施阶段的进度管理

在工程项目实施阶段，进度管理一般是由业主委托监理单位对工程项目进行进度计划和进度控制。监理单位根据监理合同分别对设计单位、承包商的进度控制实施监督，建设各方按各自编制的进度计划实施，接受监理单位的监督，实施进度控制。

3.1.2　工程项目进度管理的特点

工程项目具有规模大、一次性和结构与技术复杂等特点，无论是进度编制，还是进度控制，均有它的特殊性，主要表现在以下几个方面。

(1)进度管理是一个动态过程

一个大型建设项目的工期，少则几天，多则十几年。一方面，在这样长的时间里，工程建设环境在不断变化；另一方面，实施进度和计划进度会发生偏差。因此，在工程项目进度控制中要根据进度目标和实际进度，结合工程实际情况，不断调整进度计划，并采取一些必要的控制措施，排除障碍，确保进度目标的实现。

(2)进度管理是一项复杂的系统工程

进度计划按工作内容可分为整个项目的总进度计划、单位工程进度计划、分部分项工程进度计划等；按生产要素可分为投资计划、物资设备供应计划等。因此，进度计划十分复杂。而进度控制更复杂，它要管理整个计划系统，而绝不仅仅局限于控制项目实施过程中的施工计划。

(3)进度管理有明显的阶段性

对于设计、施工招标、施工等阶段均有明确的开始与完成时间以及相应的工作内容。由于各阶段的工作内容不同,因而有不同的控制标准和协调内容。每一阶段进度完成后都要对照计划作出评价,并根据评价结果作出下一阶段的进度安排。

(4)进度计划具有不均衡性

对于施工进度来说,由于外界环境的干扰、工作环境的变化以及施工内容和难度上的差别,年、季、月、日间很难做到均衡施工,这就增加了进度管理的难度。

(5)进度管理风险性大

由于建设项目单一性和一次性的特点,进度管理是一项不可逆转的工作,因而风险较大。这就要求管理人员在进度管理中既要沿用前人的管理理论知识,又要借鉴同类工程进度管理的经验和成果,同时还要根据当前工程的特点,对项目进度进行创造性的科学管理。

3.2　工程项目进度计划的编制

3.2.1　工程项目总进度目标的论证

3.2.1.1　总进度目标论证的含义

工程项目总进度目标指的是整个项目的进度目标,它是在项目决策阶段项目定义时确定的,项目进度管理的主要任务之一是在项目的实施阶段对项目的总进度目标进行控制。建设工程项目总进度目标的控制是业主方项目管理的任务(若采用建设项目总承包或项目管理总承包的模式,协助业主进行项目总进度目标的控制也是总承包方项目管理的任务)。在进行建设工程项目总进度目标控制前,首先应分析和论证目标实现的可能性。若项目总进度目标不可能实现,则项目管理者应提出调整项目总进度目标的建议,提请项目决策者审议。

按项目实施阶段划分,项目总进度包括:

① 设计前准备阶段的工作进度。

② 设计工作进度。

③ 招标工作进度。

④ 施工前准备工作进度。

⑤ 工程施工和设备安装进度。

⑥ 工程物资采购工作进度。

⑦ 项目动用前的准备工作进度等。

工程项目总进度目标论证,应分析和论证上述各阶段工作的持续时间及各项工作进展的相互关系是否科学、可行。

在建设工程项目总进度目标论证时,往往还未掌握比较详细的设计资料,也缺乏比较全面的有关工程发包的组织、施工组织和施工技术方面的资料,以及其他有关项目实施条件的资料。因此,总进度目标论证并不只是单纯的总进度规划的编制工作,还涉及许多工程实施条件的分析和工程实施策划方面的问题。

3.2.1.2 总进度目标论证的方法及步骤

大型建设工程项目总进度目标论证的方法是通过编制总进度纲要，论证总进度目标实现的可能性。

(1) 总进度纲要的主要内容

① 项目实施的总体部署。

② 总进度规划。

③ 各子系统进度规划。

④ 确定里程碑事件的计划进度目标。

⑤ 总进度目标实现的条件和应采取的措施等。

(2) 建设工程项目总进度目标论证的工作步骤

① 调查研究和收集资料。调查研究和收集资料包括以下工作：了解和搜集项目决策阶段有关项目进度目标确定的情况和资料；搜集与进度有关的该项目组织、管理、经济和技术资料；搜集类似项目的进度资料；了解和调查该项目的总体部署；了解和调查该项目实施的主客观条件等。

② 项目结构分析。大型建设工程项目的结构分析是根据编制总进度纲要的需要，将整个项目进行逐层分解，并确立相应的工作目录，如，一级工作任务目录，将整个项目划分成若干个子系统；二级工作任务目录，将每一个子系统分解为若干个子项目；三级工作任务目录，将每一个子项目分解为若干个工作项。整个项目划分成多少结构层，应根据项目的规模和特点而定。

③ 进度计划系统的结构分析。大型建设工程项目的计划系统一般由多层计划构成，如，第一层进度计划，将整个项目划分成若干个进度计划子系统；第二层进度计划，将每一个进度计划子系统分解为若干个子项目进度计划；第三层进度计划，将每一个子项目进度计划分解为若干个工作项。整个项目划分成多少计划层，应根据项目的规模和特点而定。

④ 项目的工作编码。项目的工作编码指的是每一个工作项的编码，编码有多种方式，编码时应考虑下述因素：对不同计划层的标识；对不同计划对象的标识(如不同子项目)；对不同工作的标识(如设计工作、招标工作和施工工作等)。

图 3-1 是工作项编码的示例。

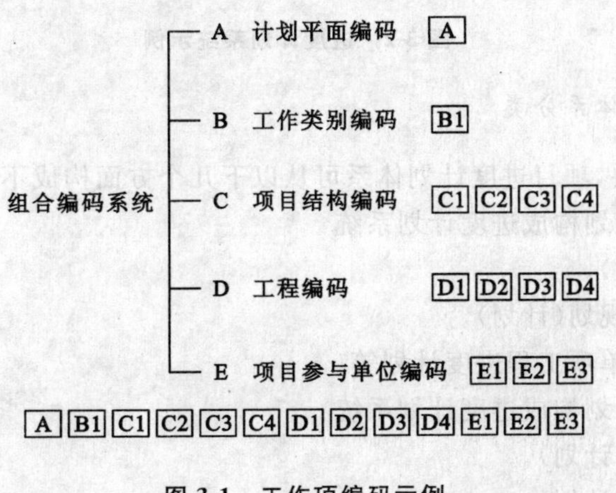

图 3-1 工作项编码示例

⑤ 编制各层进度计划。

⑥ 协调各层进度计划的关系，编制总进度计划。

⑦ 若所编制的总进度计划不符合项目的进度目标，则设法调整。

⑧ 若经过多次调整，进度目标无法实现，则报告项目决策者。

3.2.2 建设项目进度计划体系

3.2.2.1 进度计划体系的概念

由于建设项目的复杂性及参与者众多，为了方便进度的控制，应针对不同层次的管理者编制不同类型的进度计划，形成一个有机的计划体系。

建设项目进度计划系统是由多个相互关联的进度计划组成的系统，它们是项目进度控制的依据。由于各种进度计划的编制所需要的必要资料是在项目进展过程中逐步形成的，因此项目进度计划系统的建立和完善也有一个过程。图 3-2 是一个建设工程项目进度计划系统的示例，这个计划系统有四个计划层次。

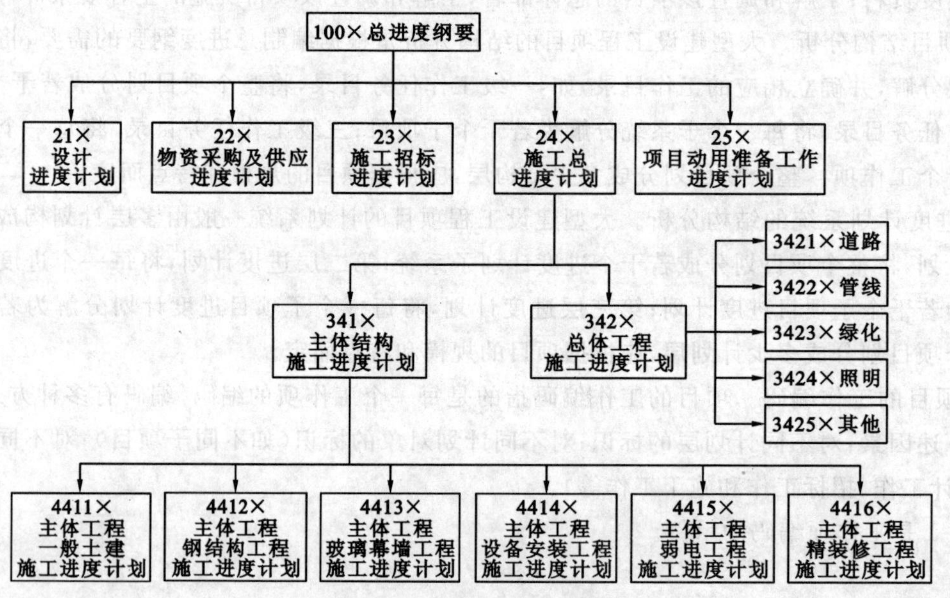

图 3-2 进度计划系统示例

3.2.2.2 进度计划体系分类

根据不同的控制需要，项目进度计划体系可从以下几个方面构成不同的进度计划系统：

(1) 由不同深度的计划构成进度计划系统

① 总进度规划(计划)。

② 项目子系统进度规划(计划)。

③ 项目子系统中的单项工程进度计划等。

(2) 由不同功能的计划构成进度计划系统

① 控制性进度规划(计划)。

② 指导性进度规划(计划)。

③ 实施性进度计划。

例如，某综合楼建设项目，综合楼的里程碑计划或形象进度计划可作为控制性进度计划；单位工程进度计划可作为指导性进度计划；年、月、季、周进度计划可作为实施性进度计划。

(3) 由不同项目参与方的计划构成进度计划系统

① 业主方编制的整个项目实施的进度计划。

② 设计进度计划。

③ 施工和设备安装进度计划。

④ 采购和供货进度计划等。

(4) 由不同周期的计划构成进度计划系统

① 年度计划。

② 季度计划。

③ 月度计划。

④ 旬计划。

3.2.2.3 进度计划系统中的内部关系

在建设工程项目进度计划系统中，各进度计划或各子系统进度计划编制和调整时，必须注意各计划体系内部及不同计划体系之间的联系和协调，如：

① 总进度规划(计划)、项目子系统进度规划(计划)与项目子系统中的单项工程进度计划之间的协调。

② 控制性进度规划(计划)、指导性进度规划(计划)与实施性(操作性)进度计划之间的联系和协调。

③ 业主方编制的整个项目实施的进度计划、设计方编制的进度计划、施工和设备安装方编制的进度计划与采购和供货方编制的进度计划之间的联系和协调等。

应由业主方或者由业主方委托的咨询(监理)单位来协调各计划之间的关系。

3.2.3 编制进度计划的程序及方法

进度计划是工程项目计划体系中最重要的组成部分，是其他计划的基础。编制进度计划主要有如下几个子过程：

① 确定项目活动间的逻辑关系。

② 估计各项活动所需要的时间。

③ 按进度目标编制进度计划。

以上 3 个活动常常重叠，有时需要多次反复。

各种工程活动之间存在着时间上的相关性，即逻辑关系。只有全面定义了工程活动之间的逻辑关系，才能将项目的静态结构演变成一个动态的实施过程。

(1) 活动间逻辑关系分类

逻辑关系又被称为搭接关系，而搭接所需要的时间又被称为时距，主要有五种类型的关系：

① 结束到开始(Finish-To-Start，FTS)。这是一种最常见的关系，表示前面工作的结束到后面工作的开始之间的时间间隔。一般用横道图和单代号网络图表示，如图 3-3(a)所示。

例如，房屋装修工程中先油漆、后安玻璃，就必须在油漆干燥之后才能安玻璃，油漆干燥需要

2 天。如图 3-3(b)所示,即刷油漆完成 2 天后,才能进行安装玻璃,不得提前,这个关系就是 FTS 关系。这里的 2 天为搭接时距,即 FTS=2。搭接时距可以是正值,也可以是负值,也可以是零。当FTS=0 时,即紧前活动完成后可以紧接着开始紧后活动。这是最常见的工程活动之间的逻辑关系。

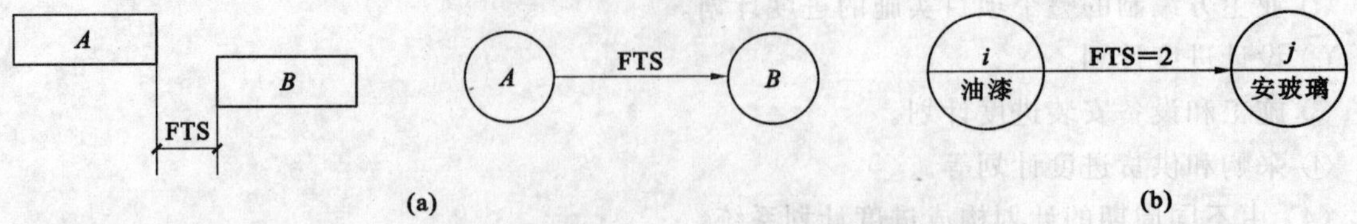

图 3-3　FTS 关系示意图

② 开始到开始(Start-To-Start,STS)。表示前面工作开始到后面工作开始的时间间隔,即紧后活动的开始时间受紧前活动的开始时间的制约。用横道图和单代号网络图表示,如图 3-4(a)所示。

例如,某基础工程采用井点降水,按规定抽水设备安装完成,开始抽水一天后,即可开挖基坑,如图 3-4(b)所示。

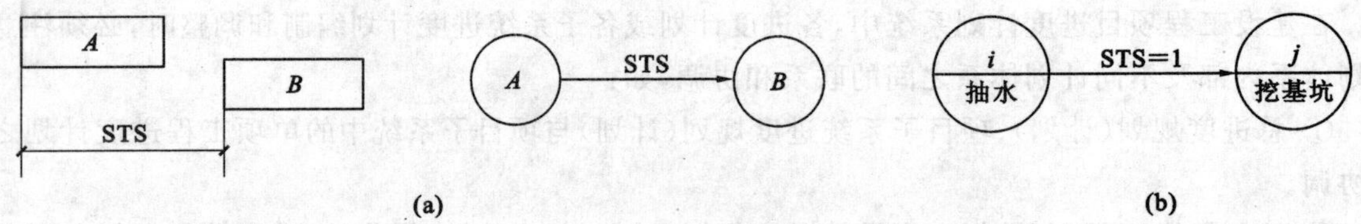

图 3-4　STS 关系示意图

③ 开始到完成(Start-To-Finish,STF)。表示前面工作的开始到后面工作的完成的时间间隔。紧前活动开始后一段时间,紧后活动才能结束,如图 3-5(a)所示。这在实际工程中用的较少。

例如,挖掘深基坑,地下水位以上的部分基础可以在降低地下水位开始之前就开挖,而地下水位以下的部分基坑则必须在降低地下水位以后才能开始。也就是说降低地下水位的完成与何时挖地下水位以下的部位有关,而与何时开挖土方无直接关系。假设挖地下水位以上的土方需要 10 天,则挖土方开始时间与降低水位完成时间的关系,如图 3-5(b)所示。

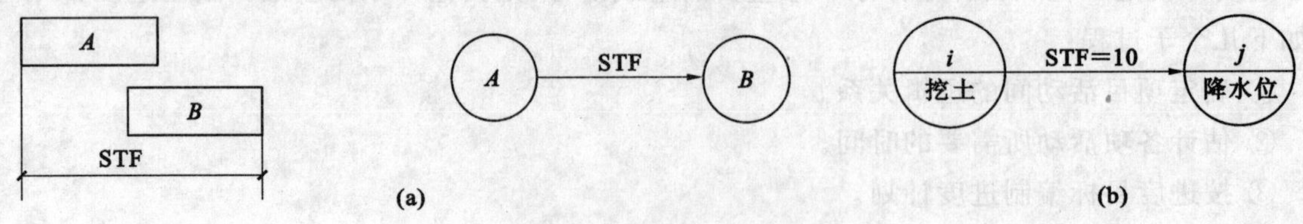

图 3-5　STF 关系示意图

④ 完成到完成(Finish-To-Finish,FTF)。紧前活动结束后一段时间,紧后活动才能结束,即紧后活动的结束时间受紧前活动结束时间的制约。表示前面工作的结束时间到后面工作的结束时间之间的间隔时间,如图 3-6(a)所示。

例如,某工程主体工程分为砌筑和吊装两个施工过程,分两个施工段组织流水施工,砌筑为主要施工过程,每段砌筑时间为 4 天,梁、板的吊装时间较短,不一定砌筑完成后立即吊装,但为保证砌筑连续作业,必须在砌筑完成的第 4 天完成梁、板的吊装,如图 3-6(b)所示。

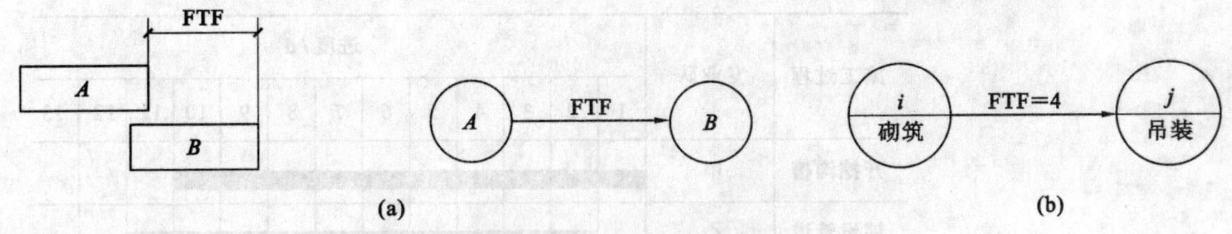

图 3-6　FTF 关系示意图

⑤ 混合搭接关系。表示前面工作和后面工作的时间间隔受到多种连接关系的限制，示例见图 3-7。除了表示前面工作和后面工作的时间间隔受到开始到开始的限制外，还要受到结束到结束的时间间隔限制。

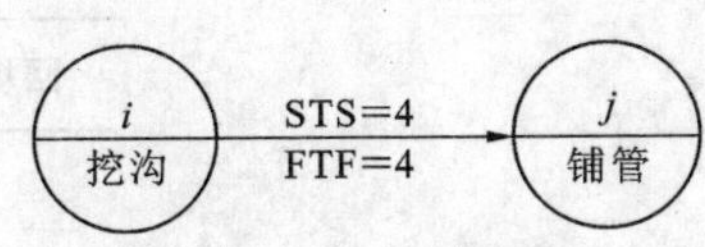

图 3-7　混合搭接关系

(2) 工作之间逻辑关系基本表达式

工作之间的逻辑关系表达方式主要有两种基本形式：一种用字母表示，如图 3-8 所示；一种用箭头、箭尾的起止位置表示，如图 3-9 所示。

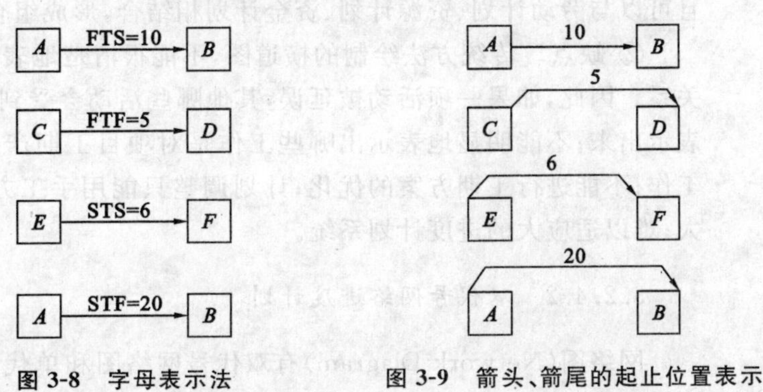

图 3-8　字母表示法　　　　图 3-9　箭头、箭尾的起止位置表示

3.2.4　编制进度计划

时间进度计划单靠语言和文字很难表达清楚。为了清楚、直观地表达项目活动之间的时间先后和逻辑关系，20 世纪初出现了横道图（甘特图），50 年代以后出现了网络计划技术。目前最常用的进度计划表达方式是横道图（甘特图）和网络图。网络图有关键线路法、计划评审技术、图示评审技术、决策网络计划法和风险评审技术等几种类型，关键线路法又可分双代号网络图法、双代号时标网络法、单代号网络法、单代号搭接网络法等，下面介绍关键线路法和计划评审技术。

3.2.4.1　横道图（甘特图）

(1) 甘特图的形式

1917 年，亨特·甘特发明了著名的甘特图，用于车间日常工作安排。如今的项目管理者仍然把甘特图作为最重要的进度计划的表述工具。它是一种最直观的工期计划方法，易学、易用，应用广泛。

甘特图的基本形式如图 3-10 所示。它以横坐标表示时间，工程活动在图的左侧纵向排列，横道的长度表示活动的持续时间，横道的位置表示活动的起始时间。甘特图简单明了，能够很清楚地表示出各工作的开始、结束时间以工作的持续时间，很受使用者的青睐。

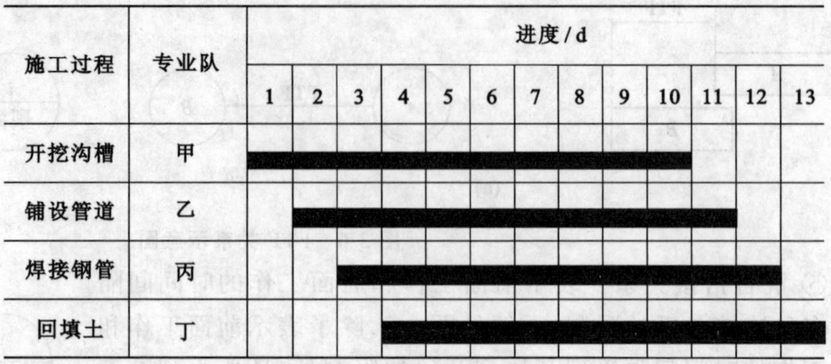

施工过程	专业队	进度/d												
		1	2	3	4	5	6	7	8	9	10	11	12	13
开挖沟槽	甲	■	■	■	■	■	■	■	■	■	■			
铺设管道	乙		■	■	■	■	■	■	■	■	■	■		
焊接钢管	丙			■	■	■	■	■	■	■	■	■	■	
回填土	丁				■	■	■	■	■	■	■	■	■	■

图 3-10 横道图(甘特图)

(2) 甘特图的特点

① 优点。清楚地表达工作的开始时间、结束时间和持续时间,一目了然,能够被各层次的人员所接受;易学、易用,制作简便;不仅能安排工期,而且可以与劳动计划、资源计划、资金计划相结合,形成组合控制工具。

② 缺点。传统方法绘制的横道图,不能很清楚地表达活动之间的逻辑关系。因此,如果一项活动被延误,其他哪些活动会受到影响不能被明显地表示出来;不能明显地表示出哪些工作是对项目工期产生直接影响的关键工作;不能进行工期方案的优化;计划调整只能用手工方式进行,工作量较大;难以适应大的进度计划系统。

3.2.4.2 双代号网络进度计划

网络图与索赔案例

网络图(Network Diagram)有双代号网络图和单代号网络图两种。双代号网络图又称箭线式网络图,它是以箭线或其两端节点的编号表示工作的网络图。在双代号网络图中,每一条箭线表示一项工作,如图 3-11 所示。箭线的箭尾节点表示该工作的开始,箭线的箭头节点表示该工作的结束。在非时标网络图中,箭线的长度不反映工作持续时间的长短。箭线宜画成水平直线,也可画成折线或斜线。水平直线投影的方位应自左向右,表示工作的进行方向。双代号网络图的节点应用圆圈表示,并在圆圈内编号。节点编号顺序应从小到大,可不连续,但严禁重复。

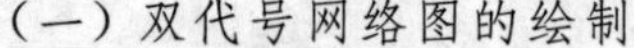

(一) 双代号网络图的绘制

在绘制双代号网络图时,一般应遵循以下基本规则:

① 双代号网络图必须正确表达已定的逻辑关系。

② 双代号网络图中,严禁出现循环回路。

③ 双代号网络图中,在节点之间严禁出现带双向箭头或无箭头的连线。图 3-12 中的工作2—4和 4—5 的表示是错误的。

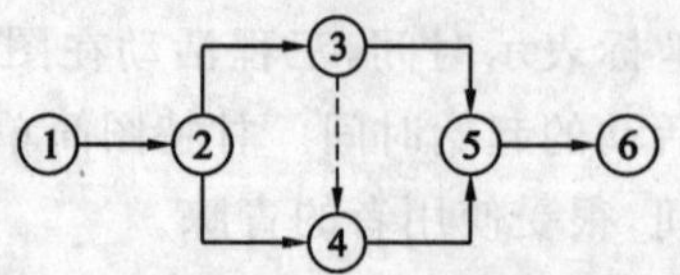

图 3-11 双代号网络图

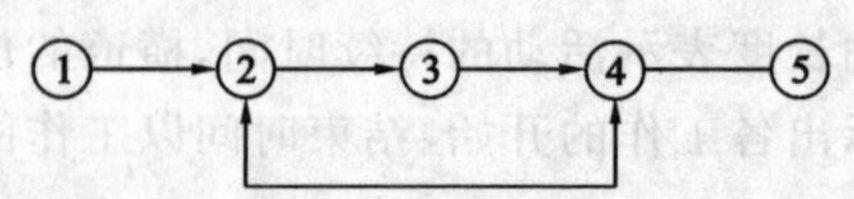

图 3-12 双代号网络图错误的工作箭线画法

④ 双代号网络图中，严禁出现没有箭头节点或没有箭尾节点的箭线。图 3-13(a)中出现了没有箭尾节点的箭线；图 3-13(b)中出现了没有箭头节点的箭线，这都是不允许的。没有箭尾节点的箭线，不能表示它所代表的工作在何处完成；没有箭头节点的箭线，不能表示它所代表的工作在何时开始。

⑤ 绘制网络图时，箭线不宜交叉；当交叉不可避免时，可用过桥法或指向法。图 3-14(a)为过桥法；图 3-14(b)为指向法。

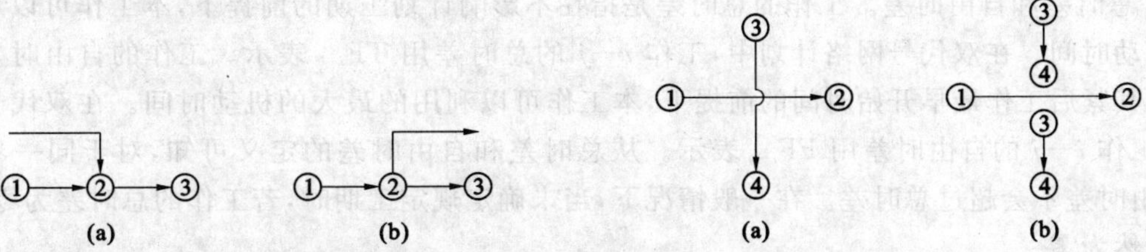

图 3-13　双代号网络图错误的画法

(a) 没有箭尾节点的箭线；(b) 没有箭头节点的箭线

图 3-14　双代号网络图箭线交叉的表示方法

(a) 过桥法；(b) 指向法

⑥ 双代号网络图中应只有一个起始节点和一个终点节点，而其他所有节点均应是中间节点，既有箭头指向它，也有箭尾离开它。

⑦ 一条箭线箭头节点的编号应大于箭尾节点的编号。编号时号码应当从小到大，箭头节点编号必须在其前面的所有箭尾节点都已编号之后进行。图 3-15(a)为正确编号，图 3-15(b)为错误编号。

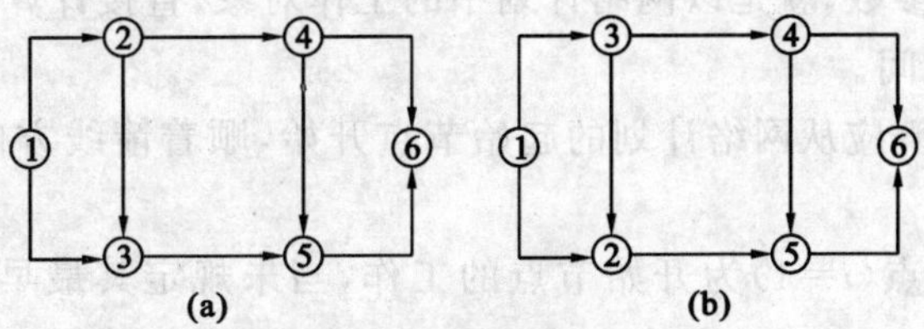

图 3-15　网络图的节点的编号

(a) 正确编号；(b) 错误编号

(二) 双代号网络计划时间参数的计算

(1) 网络计划时间参数的概念

所谓时间参数，是指网络计划的工期，以及工作及节点所具有的各种时间值。

① 工期。

工期泛指完成一项任务所需要的时间。在网络计划中，工期一般有以下两种：

a. 计算工期 T_c。T_c 是根据网络计划中各种活动的持续时间及各活动的逻辑关系计算而得到的完成该计划所需的最短时间。

b. 计划工期或规定工期 T_p。T_p 是指根据计划要求或规定要求（如合同的要求）所确定的工期，一般情况下要求：$T_p \geqslant T_c$。

② 工作/活动的 6 个时间参数。

除工作的持续时间外，网络计划中每项工作有 6 个时间差：最早开始时间、最早完成时间、最迟完成时间、最迟开始时间、总时差和自由时差。

a. 最早开始时间和最早完成时间。工作的最早开始时间是指在其所有紧前工作全部完成后，本工作有可能开始的最早时刻。工作的最早完成时间是指在其所有紧前工作全部完成后，本工作有可能完成的最早时刻。工作的最早完成时间等于本工作的最早开始时间与其持续时间之和。在双代号网络计划中，工作的最早开始时间和最早完成时间分别用 ES_{i-j} 和 EF_{i-j} 表示。

b. 最迟完成时间和最迟开始时间。工作的最迟完成时间是指在不影响整个任务按计划工期完成的前提下，本工作必须完成的最迟时刻。工作的最迟开始时间是指在不影响整个任务按期完成的前提下，本工作必须开始的最迟时刻。工作的最迟开始时间等于本工作的最迟完成时间与其持续时间之差。在双代号网络计划中，工作 $i-j$ 的最迟完成时间和最迟开始时间分别用 LF_{i-j} 和 LS_{i-j} 表示。

c. 总时差和自由时差。工作的总时差是指在不影响计划工期的前提下，本工作可以利用的最大的机动时间。在双代号网络计划中，工作 $i-j$ 的总时差用 TF_{i-j} 表示。工作的自由时差是指在不影响其紧后工作最早开始时间的前提下，本工作可以利用的最大的机动时间。在双代号网络计划中，工作 $i-j$ 的自由时差用 FF_{i-j} 表示。从总时差和自由时差的定义可知，对于同一项工作而言，自由时差不会超过总时差。在一般情况下，当未确定规定工期时，若工作的总时差为零，其自由时差必然为零。

③ 节点的两个时间参数，即节点最早时间和最迟时间。

a. 节点最早时间。节点最早时间是指在双代号网络计划中，以该节点为开始节点的各项工作的最早开始时间。节点 i 的最早时间用 ET_i 表示。

b. 节点最迟时间。节点最迟时间是指在双代号网络计划中，以该节点为完成节点的各项工作的最迟完成时间。节点 j 的最迟时间用 LT_j 表示。

(2) 按工作计算时间参数

所谓按工作计算时间参数，就是以网络计划中的工作对象，直接计算各项工作的时间参数。

① 计算工作的最早时间。

工作的最早时间的计算应从网络计划的起始节点开始，顺着箭线方向依次进行。其计算步骤如下：

a. 以网络计划起始节点（$i=1$）为开始节点的工作，当未规定其最早开始时间时，一般假设其最早开始时间为零，即 $ES_{1-j}=0$。

b. 其他工作的最早开始时间 ES_{i-j} 应等于其紧前工作最早开始时间 ES_{h-i} 与紧前工作持续时间 D_{h-i} 之和的最大值，即：

$$ES_{i-j} = \max\{EF_{h-i}\} = \max\{ES_{h-i} + D_{h-i}\} \quad (h < i < j) \tag{3-1}$$

c. 工作的最早完成时间 EF_{i-j} 按下式进行计算：

$$EF_{i-j} = ES_{i-j} + D_{i-j} \tag{3-2}$$

② 网络计划的计算机工期 T_c。

T_c 应等于网络计划终点节点（$j=n$）为完成节点的所有工作的最早完成时间的最大值，即：

$$T_c = \max\{EF_{i-n}\} \tag{3-3}$$

③ 确定网络计划的计划工期 T_p。T_p 确定方法同前。T_c 和 T_p 均应标注在网络计划终点节点的右上方。

④ 计算工作的最迟时间。工作最迟时间应从网络计划的终点节点开始，逆着箭线的方向依次进行，具体计算步骤如下：

a. 以网络计划终点节点 n 为完成节点的工作，其最迟完成时间 LF_{i-n} 等于网络计划的计划工期，即：

$$LF_{i-n} = T_p \quad (i < n) \tag{3-4}$$

b. 其他工作的最迟完成时间 LF_{i-j} 应等于其紧后工作最迟完成时间与其紧后工作持续时间之差的最小值，即：

$$LF_{i-j} = \min\{LS_{j-k}\} = \min\{LF_{j-k} - D_{j-k}\} \quad (i < j < k) \tag{3-5}$$

c. 工作的最迟开始时间 LS_{i-j} 按下式计算：

$$LS_{i-j} = LF_{i-j} - D_{i-j} \tag{3-6}$$

⑤ 计算工作的总时差 TF_{i-j}。

TF_{i-j} 等于该工作最迟完成时间与最早完成时间之差，或该工作最迟开始时间与最早开始时间之差，即：

$$TF_{i-j} = LF_{i-j} - EF_{i-j} = LS_{i-j} - ES_{i-j} \tag{3-7}$$

⑥ 计算工作的自由时差。

工作自由时差 FF_{i-j} 的计算应按以下两种情况分别考虑：

a. 对于有紧后工作的工作，其自由时差等于本工作之紧后工作最早开始时间减本工作最早完成时间所得之差的最小值，即：

$$FF_{i-j} = \min\{ES_{j-k} - EF_{i-j}\} \quad (i < j < k) \tag{3-8}$$

或

$$FF_{i-j} = \min\{ES_{j-k} - ES_{i-j} - D_{i-j}\} \quad (i < j < k) \tag{3-9}$$

b. 对于没有紧后工作的工作，其自由时差等于计划工期与本工作最早完成时间差，即：

$$FF_{i-j} = T_p - EF_{i-j} \tag{3-10}$$

工作的自由时差完全可以在得到 ES_{i-j} 和 EF_{i-j} 后计算。

⑦ 确定关键工作和关键线路。

在网络计划中，总时差最小的工作为关键工作，特别地，当网络计划的计划工期等于计算工期，总时差为零的工作就是关键工作。将这些关键工作自左而右首尾相连而形成的线路就是关键线路。关键工作和关键线路在网络图上一般用粗线或双线或彩色线标注其箭线。图 3-16 将工作时间参数的计算结果和关键线路标注在图上，称六时标注分析法，简称六时标注法。

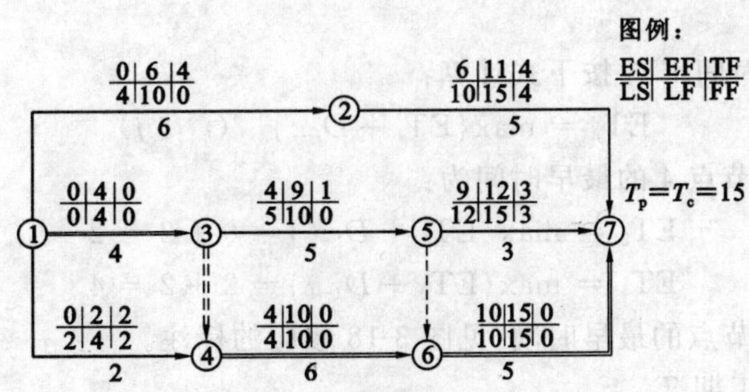

图 3-16 双代号网络计划（六时标注法）

(3) 按节点计算时间参数

所谓按节点计算时间参数，就是先计算网络计划中各个节点的最早时间和最迟时间，然后再据此计算各项工作的时间参数和网络计划的计算工期。

下面以图 3-17 所示双代号网络计划为例，说明按节点计算时间参数的过程。其计算结果如图 3-18 所示。

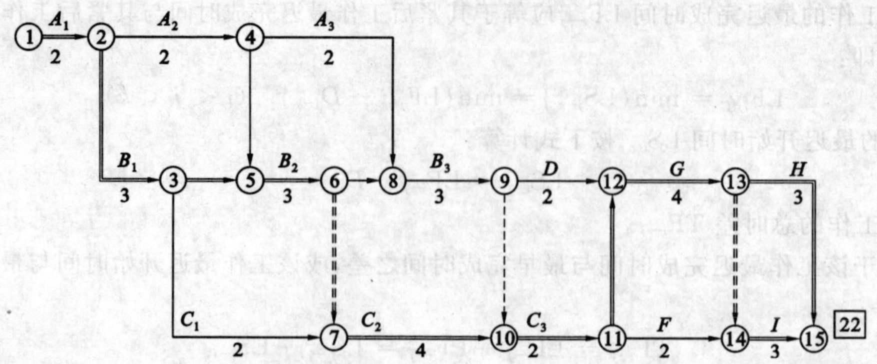

图 3-17　节点法计算示例

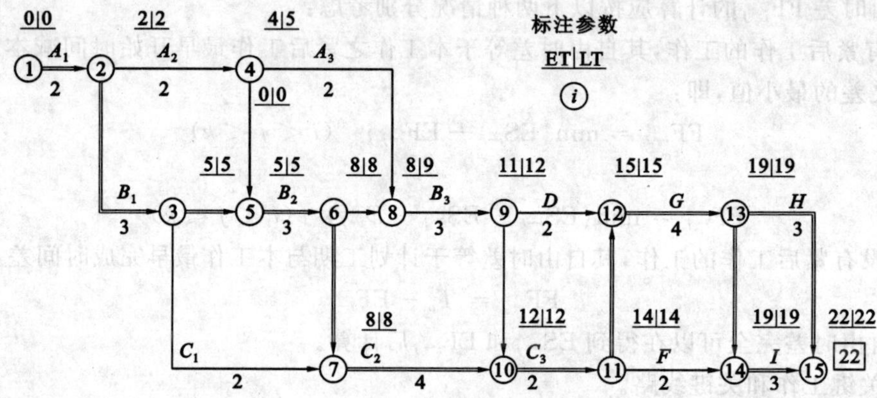

图 3-18　节点计算法标注

① 计算节点的最早时间 ET_i。

ET_i 的计算应从网络计划的起始节点开始，顺着箭线方向依次进行。其计算步骤如下：

a. 网络计划起始节点，如未规定最早时间时，其值等于零。在本例中，起始节点的最早时间为零，即 $ET_1=0$。

b. 其他节点的最早时间 ET_j 按下式计算：

$$ET_j = \max\{ET_i + D_{i-j}\} \quad (i < j) \tag{3-11}$$

在本例中，节点 2 和节点 4 的最早时间为：

$$ET_2 = \max\{ET_1 + D_{1-2}\} = 0 + 2 = 2$$

$$ET_4 = \max\{ET_2 + D_{2-4}\} = 2 + 2 = 4$$

依此类推，算出全部节点的最早时间，见图 3-18 相应的标注。

② 网络计划的计算工期 T_c。

T_c 按下式计算：

$$T_c = ET_n \tag{3-12}$$

因此，图 3-17 的网络计划的计算工期为：

$$T_c = ET_{15} = 22$$

③ 网络计划的计划工期 T_p。

T_p 的确定与按工作计算时间参数法相同。因此，图 3-17 网络计划的计划工期为：

$$T_p = T_c = 22$$

④ 节点最迟时间 LT_i 的计算。

LT_i 的计算应从网络计划的终点节点开始，逆着箭线方向依次进行，具体计算步骤如下：

a. 网络计划终点节点的最迟时间等于网络计划的计划工期，即：

$$LT_n = T_p \tag{3-13}$$

在本例中，终点节点 15 的最迟时间为：

$$LT_{15} = T_p = 22$$

b. 其他节点的最迟时间 LT_i 按下式进行计算：

$$LT_i = \min\{LT_j - D_{i-j}\} \tag{3-14}$$

在本例中，节点 14 和节点 13 的最迟时间分别为：

$$LT_{14} = \min\{LT_{15} - D_{14-15}\} = 22 - 3 = 19$$

$$LT_{13} = \min\{LT_{14} - D_{13-14}, LT_{15} - D_{13-15}\} = \min\{19, 19\} = 19$$

依此类推，算出全部节点的最迟时间，见图 3-18 相应的标注。

⑤ 工作时间参数的计算。

a. 工作的最早开始时间 ES_{i-j} 的计算。ES_{i-j} 可按下式计算：

$$ES_{i-j} = ET_i \tag{3-15}$$

按式(3-15)，图 3-17 中的工作 3—5 的最早开始时间为：

$$ES_{3-5} = ET_3 = 5$$

依此类推，算出其他工作的最早开始时间。

b. 工作的最早完成时间 EF_{i-j} 的计算。EF_{i-j} 可按下式计算：

$$EF_{i-j} = ET_i + D_{i-j} \tag{3-16}$$

按式(3-16)，图 3-17 中的工作 3—5 的最早完成时间为：

$$EF_{3-5} = ET_3 + D_{3-5} = 5 + 0 = 5$$

依此类推，算出其他工作的最早完成时间。

c. 工作的最迟完成时间 LF_{i-j} 的计算。LF_{i-j} 可按下式计算：

$$LF_{i-j} = LT_j \tag{3-17}$$

按式(3-17)，图 3-17 中的工作 3—5 的最迟完成时间为：

$$LF_{3-5} = LT_5 = 5$$

依此类推，算出其他工作的最迟完成时间。

d. 工作的最迟开始时间 LS_{i-j} 的计算。LS_{i-j} 可按下式计算：

$$LS_{i-j} = LT_j - D_{i-j} \tag{3-18}$$

按式(3-18)，图 3-17 中的工作 3—5 的最迟开始时间为：

$$LS_{3-5} = LT_5 - D_{3-5} = 5 - 0 = 5$$

依此类推，算出其他工作的最迟开始时间。

e. 工作总时差 TF_{i-j} 的计算。TF_{i-j} 应按式计算：

$$TF_{i-j} = LT_j - ET_i - D_{i-j} \tag{3-19}$$

按式(3-19)，图 3-17 中的工作 3—5 的总时差为：

$$TF_{3-5} = LT_5 - ET_3 - D_{3-5} = 5 - 5 - 0 = 0$$

依此类推，算出其他工作的总时差。

f. 工作自由时差 FF_{i-j} 的计算。FF_{i-j} 应按下式计算：

$$FF_{i-j} = ET_j - ET_i - D_{i-j} \tag{3-20}$$

按式(3-20)，图 3-17 中的工作 3—5 的自由时差为：

$$FF_{3-5} = ET_5 - ET_3 - D_{3-5} = 5 - 5 - 0 = 0$$

依此类推，算出其他工作的自由时差。

⑥ 关键工作和关键线路的确定。

关键工作和关键线路的确定与按工作计算时间参数法相同。

3.2.4.3 双代号时标网络计划

双代号时标网络计划(简称时标网络计划)是以时间坐标为尺度编制的网络计划。时标网络计划绘制在时标计划表上。时标计划表的时间单位可根据需要在编制时标网络计划之前确定，可以是小时、天、周、旬、月或季等。时间可标注在时标计划表的顶部，也可标注在底部，必要时还可以在顶部和底部同时标注。

在时标网络计划中，以实箭线表示工作，实箭线的水平投影长度表示工作的持续时间；以虚箭线表示虚工作；以波形线表示自由时差。

时标网络计划的主要时间参数一目了然，具有横道计划的优点，但由于箭线的长短受时间坐标的限制，故修改网络计划中任何一项工作的持续时间时必须重新绘图，所以绘图比较麻烦。

(一) 双代号时标网络计划的绘图方法

时标网络计划编制前，必须先绘制无时标网络计划。然后按“先算后绘法”进行绘制。

(1) 绘图的基本要求

① 节点的中心必须对准时标的刻度线。

② 实箭线的水平投影长度与其所代表的工作的持续时间值相对应。

③ 虚工作必须以垂直虚箭线表示，有时差时加波形线表示。

④ 时标网络计划宜按最早时间编制，不宜按最迟时间编制。

(2) 绘图步骤

① 绘制时标计划表。

② 计算每一个节点的最早时间。

③ 将节点按最早时间定位在时标计划表上，其布局应与不带时标的网络计划基本相当，然后编号。

④ 用实线绘制出工作持续时间，用虚线绘制无时差的虚工作(垂直方向)，用波形线绘制工作和虚工作的自由时差。

(二) 双代号时标网络计划关键线路和时间参数的确定

(1) 时标网络计划关键线路的确定与表达方式

① 关键线路的确定。

自终点节点至起始节点逆箭线方向观察，自始至终不出现波形线的线路为关键线路。因为不出现波形线，就说明在这条线路上，工作的总时差和自由时差全部为零。

② 关键线路的表达。

关键线路的表达与无时网络计划相同，即用粗线、双线或彩色线标注均可。

(2) 时间参数的确定

① 计算工期的确定。

时标网络计划的计算工期，应是其终点节点与起始节点所在位置的时标值之差。

② 最早时间的确定。

时标网络计划中，每条箭线尾节点中心所对应的时标值，代表工作的最早开始时间。箭线实线部分右端或箭头节点中心所对应的时标值代表工作的最早完成时间。虚箭线的最早开始时间和最早完成时间相等，均为其所在刻度的时标值。

③ 工作自由时差值的确定。

时标网络计划中，工作自由时差值等于其波形线在坐标轴上水平投影的长度。

④ 工作总时差 TF_{i-j} 的计算。

时标网络计划中，工作总时差应自右而左进行逐个计算。一项工作只有其紧后工作的总时差值全部计算出以后才能计算出其总时差值。工作总时差值等于其诸紧后工作总时差值的最小值与本工作自由时差值之和。其计算公式是：

a. 以终点节点($j=n$)为完成节点的工作的总时差 TF_{i-n}，按网络计划的计划工期 T_p 计算确定，即：

$$TF_{i-n}=T_p-EF_{i-n} \tag{3-21}$$

b. 其他工作的总时差 TF_{i-j} 应为：

$$TF_{i-j}=\min\{TF_{j-k}+FF_{i-j}\}\quad (i<j<k) \tag{3-22}$$

TF_{i-j} 计算完成后，如果有必要，可将其标注在相应的波形线或实箭线之上。

⑤ 工作最迟时间的计算。

由于已知最早开始时间 ES_{i-j} 和最早结束时间 EF_{i-j}，又知道了工作总时差 TF_{i-j}，故其工作最迟时间可用以下公式计算：

$$LS_{i-j}=ES_{i-j}+TF_{i-j} \tag{3-23}$$

$$LF_{i-j}=EF_{i-j}+TF_{i-j} \tag{3-24}$$

3.2.4.4　单代号网络计划

单代号网络图以节点及其编号表示工作，以箭线表示工作之间的逻辑关系，如图 3-19 所示。一项工作必须有唯一的一个节点和唯一的一个编号。箭线应画成水平直线、折线或斜线，箭线水平投影的方向应自左向右，表示工作的进行方向。箭线的箭尾节点编号应小于箭头节点的编号。单代号网络图中不设虚箭线。

(1) 单代号网络图的绘图规则

单代号网络图的绘图规则与双代号网络图的绘制规则基本相似，一般应遵循以下基本规则：

① 单代号网络图必须正确表述已定的逻辑关系。

② 单代号网络图中，严禁出现循环回路。

③ 单代号网络图中，严禁出现双向箭头或无箭头的连线。

④ 单代号网络图中，严禁出现没有箭尾节点的箭线或没有箭头节点的箭线。

⑤ 绘制网络图时，箭线不宜交叉，当交叉不可避免时，可采用过桥法和指向法绘制。

⑥ 单代号网络图只应有一个起始节点和一个终点节点。当网络图中有多项工作同时最早开始或多项工作同时最后结束时，应在网络图的两端分别设置一项虚工作，作为该网络图的起始节点(St)和终点节点(Fin)。

(2) 单代号网络计划时间参数的计算

单代号网络计划与双代号网络计划只是表现形式不同，它们所表达的内容则完全一样。下面以图 3-19 为例，说明其时间参数的计算过程。计算结果应按图 3-20 的形式标注。

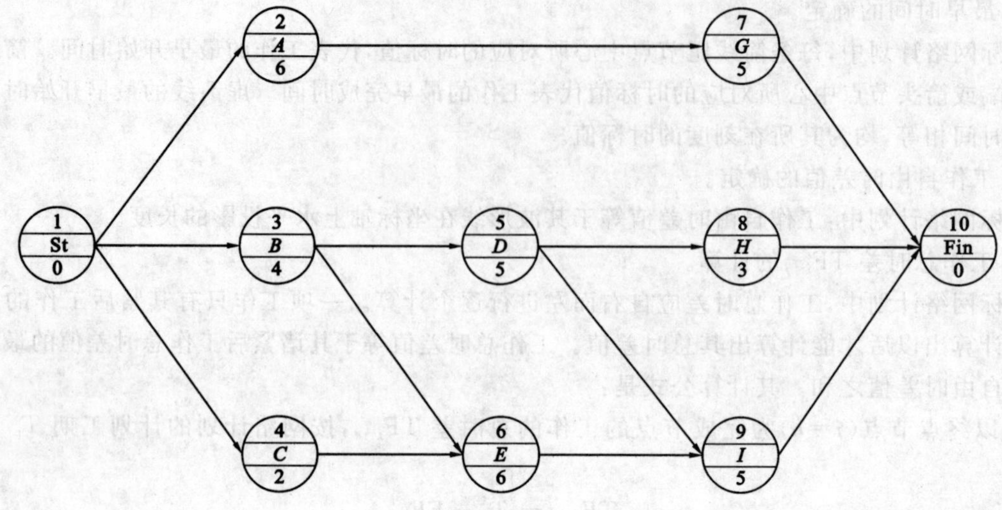

图 3-19 单代号网络计划

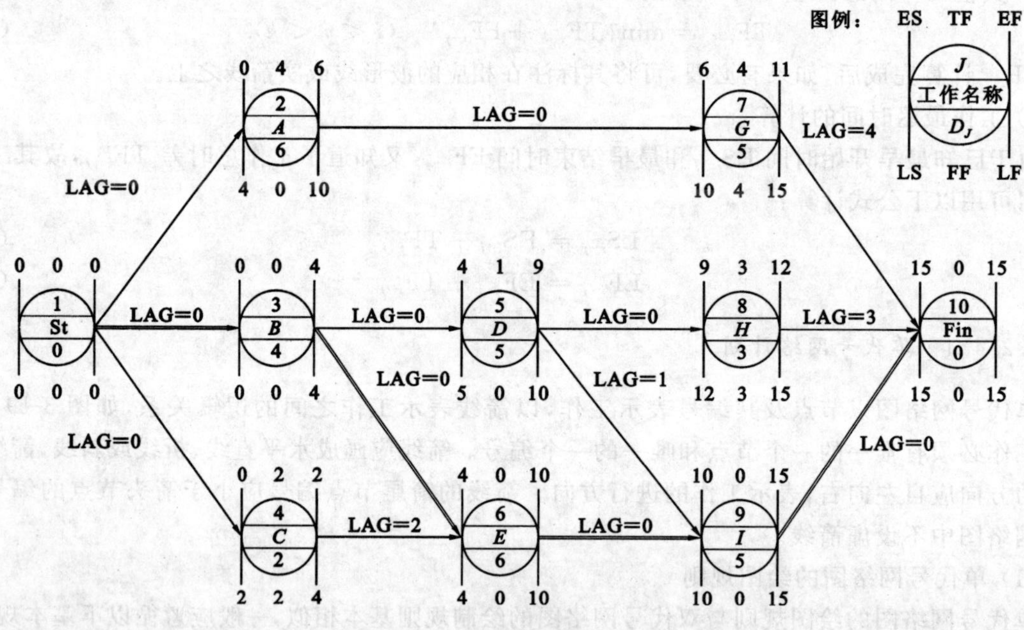

图 3-20 单代号网络计划标注

① 工作最早时间的计算。

工作最早时间的计算应符合下列规定：

a. 工作 I 的最早开始时间 ES_I 应从网络计划的起始节点开始，顺着箭线方向依次逐项计算。

b. 当起始节点 I 的最早开始时间 ES_I 无规定时，其值应等于零，即

$$ES_I = 0 \tag{3-25}$$

故图 3-19 中，$ES_I=0$。

c. 其他工作的最早开始时间 ES_I 应为：

$$ES_I = \max\{EF_H\} \quad (H < I) \tag{3-26}$$

或

$$ES_I = \max\{ES_H + D_H\} \quad (H < I) \tag{3-27}$$

式中 ES_H——工作 I 的各项紧前工作 H 的最早开始时间；

D_H——工作 I 的各项紧前工作 H 的持续时间。

在本例中，工作 A 和工作 B 的最早开始时间分别为：

$$ES_2 = \max\{ES_1 + D_1\} = 0$$

$$ES_3 = \max\{ES_1 + D_1\} = 0$$

d. 工作 I 的最早完成时间 EF_I 应按下式计算：

$$EF_I = ES_I + D_I \tag{3-28}$$

在本例中，工作 A 和工作 B 的最早完成时间分别为：

$$EF_2 = ES_2 + D_2 = 0 + 6 = 6$$

$$EF_3 = ES_3 + D_3 = 0 + 4 = 4$$

依此类推，算出其他工作的最早开始时间和最早完成时间。

② 网络计划计算工期 T_c 计算。

T_c 可按下式计算：

$$T_c = EF_N \tag{3-29}$$

式中 EF_N——终点节点 N 的最早完成时间。

在本例中，计算工期为：

$$T_c = EF_{10} = 15$$

③ 网络计划的计划工期 T_p。

T_p 确定方法同前。

在本例中，对计划工期无特别要求，因而取：

$$T_p = T_c = 15$$

④ 相邻两项工作 I 和 J 之间的时间间隔 $LAG_{I,J}$ 应按下式计算：

$$LAG_{I,J} = ES_J - EF_I \tag{3-30}$$

在本例中，工作 B 和工作 D 之间的时间间隔为：

$$LAG_{3,5} = ES_5 - EF_3 = 4 - 4 = 0$$

⑤ 工作总时差 TF_I。

TF_I 的计算应符合下列规定：

a. 工作 I 的总时差 TF_I 应从网络计划的终点节点开始，逆着箭线方向依次逐项计算。

b. 终点节点所代表工作 N 的总时差 TF_N 值应为：

$$TF_N = T_p - EF_N \tag{3-31}$$

c. 其他工作 I 的总时差 TF_I 应为：

$$TF_I = \min\{TF_J + LAG_{I,J}\} \tag{3-32}$$

在本例中，终点节点 N 的总时差为：

$$TF_{10} = T_p - EF_{10} = 15 - 15 = 0$$

工作 H 的总时差为：

$$TF_8 = \min\{TF_{10} + LAG_{8,10}\} = 0 + 3 = 3$$

依此类推，算出其他工作的总时差。

⑥ 工作 I 的自由时差 FF_I 的计算。

FF_I 的计算应符合下列规定：

a. 终点节点所代表工作 N 的自由时差 FF_N 应为：

$$FF_N = T_p - EF_N \tag{3-33}$$

b. 其他工作 I 的自由时差 FF_I 应为：

$$FF_I = \min\{LAG_{I,J}\} \tag{3-34}$$

在本例中，终点节点的自由时差为：

$$FF_{10} = T_p - EF_{10} = 15 - 15 = 0$$

工作 H 的自由时差为：

$$FF_8 = \min\{LAG_{8,10}\} = 3$$

依此类推，算出其他工作的自由时差。

⑦ 工作最迟时间。

工作最迟时间的计算应符合下列规定：

a. 工作 I 的最迟完成时间 LF_I 应从网络计划的终点节点开始，逆着箭线方向依次逐项计算。

b. 终点节点所代表的工作 N 的最迟完成时间 LF_N 应按网络计划的计划工期 T_p 确定，即：

$$LF_N = T_p \tag{3-35}$$

c. 其他工作 I 的最迟完成时间 LF_I 应为：

$$LF_I = \min\{LS_J\} \quad (I < J) \tag{3-36}$$

或

$$LF_I = EF_I + TF_I \tag{3-37}$$

d. 工作 I 的最迟开始时间 LS_I 应按下式计算：

$$LS_I = LF_I - D_I \tag{3-38}$$

或

$$LS_I = ES_I + TF_I \tag{3-39}$$

在本例中，工作 D 和工作 G 的最迟完成时间分别为：

$$LF_5 = EF_5 + TF_5 = 9 + 1 = 10$$

$$LF_7 = EF_7 + TF_7 = 11 + 4 = 15$$

依此类推，算出其他工作的最迟开始时间和最迟完成时间。

⑧ 关键工作和关键线路的确定。

总时差最小的工作为关键工作。从起始节点开始到终点节点均为关键工作，且所有工作的时间间隔均为零的线路应为关键线路。该线路在网络图上应用粗线、双线或彩色线标注。

3.2.4.5 单代号搭接网络计划

前面所讨论的网络计划的工作之间的逻辑关系是一种衔接关系，即紧前工作完成之后紧后工作才能开始，紧前工作的完成为紧后工作的开始创造条件。但是在许多情况下，紧后工作的开始并不以紧前工作的完成为条件，只要紧前工作开始一段时间能为紧后工作提供一定的开始工作的条件之后，紧后工作就可以插入而与紧前工作平行施工。工作间的这种关系称为搭接关系。图 3-21 为某工程单代号搭接网络计划。

3.2.4.6 计划评审技术

计划评审技术(PERT)是一种解决活动间逻辑关系肯定但活动持续时间非肯定的网络计划技术。它主要用来分析各项活动按规定时间完成的可能性，以便管理人员监督、分析和调整工程项目的进行过程，实现进度目标。

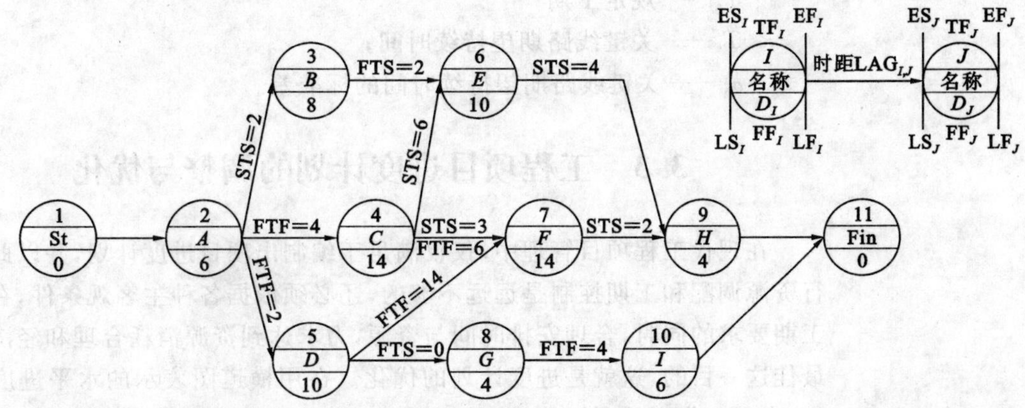

图 3-21　某工程单代号搭接网络计划

(1) PERT 的主要假定

① 每项活动是随即独立的，且服从正态分布。

② 在这种活动之间逻辑关系肯定、活动持续时间非肯定的网络图中，仅有一条线路占主导地位。

③ 对这种活动之间逻辑关系肯定、活动持续时间非肯定的网络图，其关键线路持续时间服从正态分布。

(2) PERT 的应用步骤

① 绘制网络图(与双代号网络图相同)。

② 活动持续时间随机分析。

③ 计算活动最早时间的期望值。

④ 计算活动最迟时间的期望值。

⑤ 计算活动的总时差。

⑥ 计算各节点或各活动按计划完成的完工概率。

⑦ 确定关键线路。

(3) PERT 网络计划完工概率计算

PERT 网络的活动持续时间具有随机性，因此，线路持续时间也具有随机性。常用"三时估计法"确定期望活动持续时间 D_{i-j} 及其方差 σ_{i-j}^2。得到期望活动持续时间后，可采用和关键线路相同的方法，计算各活动的期望时间参数和期望计算工期，并找出关键线路。由 PERT 的假定，可得期望关键线路持续时间 T_e 及其标准差 σ_T 的计算方法：

$$T_e = \sum_{i=1}^{n} D_{i-j} \tag{3-40}$$

$$\sigma_T = \sqrt{\sum_{i=1}^{n} \sigma_{i-j}^2} \tag{3-41}$$

式中　i,j——PERT 网络节点编号，且有 $i<j$。

PERT 假定关键线路持续时间服从正态分布，因此，可由下式先计算出难度系数 λ，然后查正态分布表，得出 PERT 网络计划的完工概率。

$$\lambda = \frac{T_s - T_e}{\sigma_T} \tag{3-42}$$

式中　λ——难度系数，由此查正态分布表，可得 PERT 网络完工概率；

T_s——规定工期；

T_e——关键线路期望持续时间；

σ_T——关键线路期望持续时间的标准差。

3.3 工程项目进度计划的调整与优化

在现代工程项目管理中，仅仅满足于编制出项目进度计划，并以此来进行资源调配和工期控制是远远不够的，还必须依据各种主客观条件，在满足工期要求的同时，合理安排时间与资源，力求达到资源消耗合理和经济效益最佳这一目的，这就是进度计划的优化。在用横道图表示的水平进度计划中，由于工作间的逻辑关系表示不清，而有关时间参数和关键线路的信息也得不到反映，所以进行优化十分困难，只能凭经验进行局部优化调整。当采用网络计划时，可以利用工作所具有的时间差进行相关调整，从而使项目进度计划的优化得以实现，但其优化是建立在多次反复计算的基础上，工作量很大，过程十分烦琐，稍复杂一点的网络计划（如超过 50 个工作）用手算就已近乎不可能，所以网络进度计划的优化主要是通过计算机来完成的。

网络计划优化根据条件和目标不同，可分为工期优化、费用优化和资源优化。

3.3.1 工期优化

3.3.1.1 工期优化的概念

工期压缩案例

工期优化就是调整进度计划的计算工期，使其在满足要求工期的前提下，达到工期最为合理的目的。项目工期并不是越短越好，因为项目工期过短，会造成项目费用的大量增加。所以工期优化并不是单纯缩短工期，而是在满足要求工期的前提下，使项目计划工期尽量保持在合理工期范围之内。当要求工期比较合理或是不容改动时，工期优化就包含两个方面内容：一是网络计划的计算工期超过要求工期，就必须对网络计划进行优化，使其计算工期满足要求工期，且保证因此而增加的费用最少；二是网络计划的计算工期远小于规定工期，这时也应对网络计划进行优化，使其计算工期接近于要求工期，以达到节约费用的目的。在项目进度计划的工期优化中，前者最为常见，后者则较为少见。

3.3.1.2 缩短工期的主要方法

(1) 强制缩短法

采取措施使网络计划中的某些关键工作的持续时间尽可能缩短，这是工期优化最常用的方法。强制缩短法的一个重要问题就是选择哪些工作，压缩其持续时间以达到缩短工期的目的。常用的方法有：

① 顺序法。先开始进行的关键工作先压缩，依次进行直到最后。

② 加权平均法。按关键工作持续时间长短的百分比进行压缩。

③ 选择法。由计划编制者有目的地选择某些关键工作的持续时间进行压缩。

前两种方法未考虑压缩持续时间所造成的资源和费用的增加等因素，而选择法考虑了这一问题。所以，选择法是工期优化的一种较为理想也是最为常用的方法。

(2) 调整工作关系

根据项目的可能性将某些串联的关键工作调整为平行作业或交替作业。

(3) 关键线路的转移

利用非关键工作的时差，用其中的部分资源加强关键工作，以缩短关键工作的持续时间，使工期缩短。采用这一措施关键线路可能会不断地发生转移。

3.3.1.3 工期优化的步骤

我们知道，对网络计划工期有影响的只是关键工作，网络计划工期的优化就是通过改变关键工作持续时间的方式来实现的。下面介绍压缩网络计划工期的方法，其步骤如下：

(1) 找出网络计划中的关键线路，并计算出网络计划总工期

(2) 计算应压缩的时间

(3) 选定最先压缩持续时间的关键工作

选择时应考虑如下因素：

① 缩短持续时间后，应对项目质量和安全影响不大。

② 有充足的备用资源。

③ 缩短持续时间所需增加的费用相对较少。

(4) 确定压缩时间

将选定的关键工作的持续时间压缩至“允许的”最短时间。这里所谓的“允许”，是指要尽量保持关键工作的地位，因其一旦被压缩成非关键工作后，再继续压缩其持续时间对缩短工期就已失去作用。在实际应用中，如需要将某一关键工作压缩成非关键工作时，应对新出现的关键工作再次进行压缩。

(5) 压缩另一关键工作

若压缩后的计算工期仍不能满足要求工期，则按上述原则选定另一个关键工作并压缩其持续时间，直至满足要求工期为止。当将所有的关键工作的持续时间都压缩至“允许的”最短持续时间仍不能满足要求工期时，说明原网络计划的技术、组织方案不合理，应重新进行修正、调整。当然，也有可能是要求工期不现实，这时应对要求工期重新进行审定。

在优化过程中如出现多条关键线路时，必须对各条关键线路的持续时间同时压缩至同一数值。否则，就不可能起到缩短工期的作用。

有时，也有需要延长网络计划工期的要求，使其接近要求工期。其优化方法与上述压缩网络计划工期的优化方法在步骤上基本一样，也是反复选定一关键工作增加其持续时间，或是增加非关键工作持续时间使其成为关键工作，并超过原相应关键工作的持续时间，以达到增加网络计划工期的目的。

【例 3-1】 已知网络计划如图 3-22 所示。箭线的下方，括号外为正常持续时间，括号内为允许最短持续时间。假定要求工期为 100 天。根据实际情况并考虑有关因素后缩短顺序为 B、C、D、G、H、I、A。试对该网络计划进行优化。

【解】 ① 确定出关键线路及正常工期 $T_c=120$ 天，如图 3-23 所示。

② 应缩短时间为：$\Delta T=T_c-T_r=120-100=20$ 天。

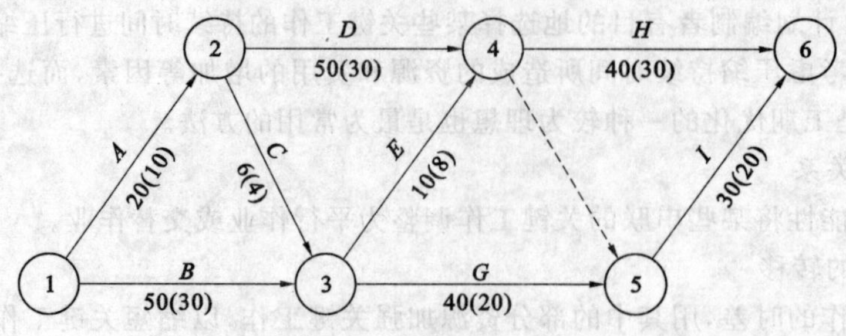

图 3-22　初始网络计划

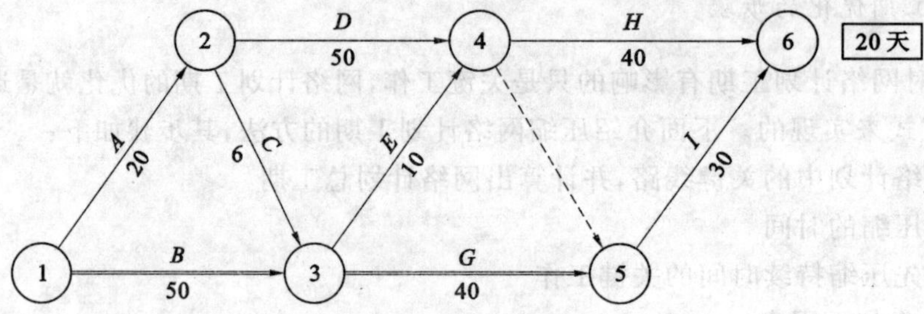

图 3-23　找出关键线路

③ 根据已知条件,先将 B 缩至极限工期,关键线路变为 $A—D—H$(图 3-24)。

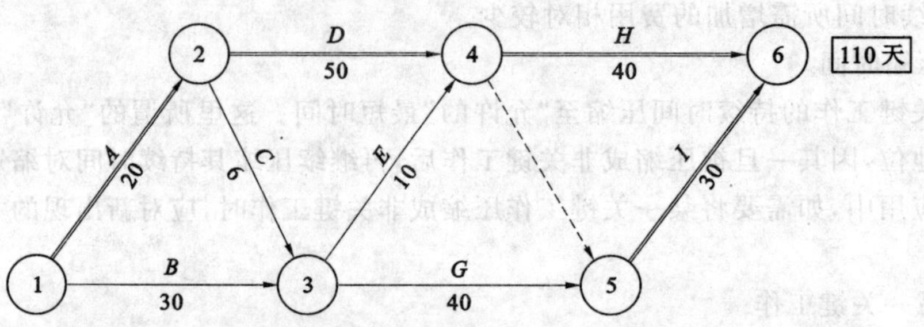

图 3-24　将 B 缩至 30 天后的网络

④ 将 B 的持续时间增至 40 天,关键线路变为 $A—D—H$ 和 $B—G—I$,而 B 仍为关键工作(图 3-25)。

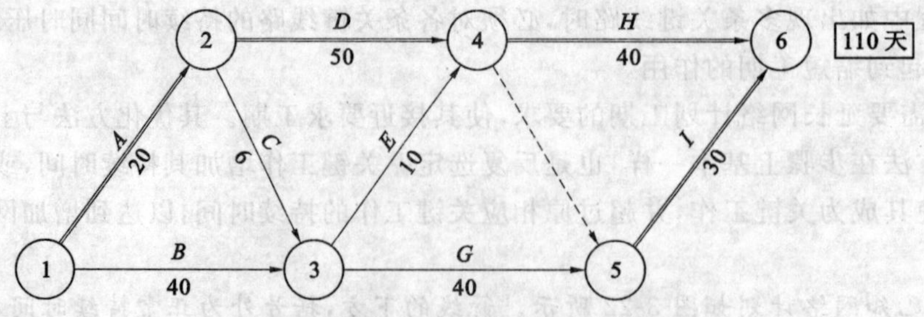

图 3-25　将 B 增到 40 天后的网络计划

⑤ 根据已知缩短程序,将 D、G 各压缩 10 天,使工期达到 100 天的要求工期(如图 3-26 所示),而关键线路依然为 $A—D—H$ 和 $B—G—I$。

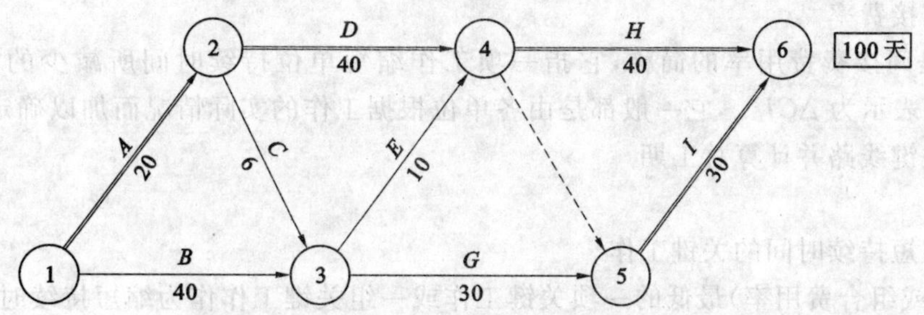

图 3-26 压缩 D、G 而达到要求工期的优化网络计划

3.3.2 费用优化

3.3.2.1 项目实施费用与工期的关系

项目实施费用通常可分为直接费用和间接费用两部分。直接费用包括材料费、人工费、设备购置与使用费等直接用于项目实施的费用。间接费用是指在项目实施过程中的组织、管理等工作所需要的费用。一般情况下，项目费用与工期的关系如图 3-27 所示，间接费用与项目工期大致成正比关系，它将随工期的延长而递增；直接费用与工期呈曲线关系，通常情况下，它会随工期的缩短而增加，但工期不正常延长时，其费用也会增加。项目的总费用是直接费用和间接费用之和。所以，它与工期的关系也是一条曲线，次曲线上有一总费用最低点 N，它所对应的工期就是最优工期。

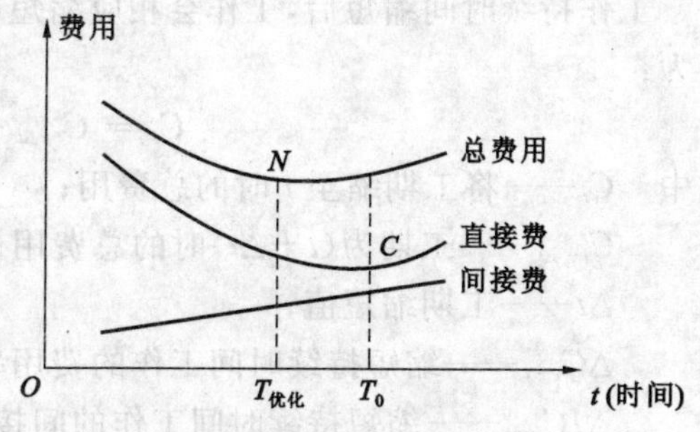

图 3-27 项目总费用与工期的关系

3.3.2.2 费用优化的步骤

费用优化又叫时间成本优化，它是通过进度计划的调整，使工期接近最优工期，以实现项目实施总费用最少的目的，费用优化的步骤如下。

(1) 计算项目实施总直接费

项目总直接费等于该项目全部工作的直接费之和。

(2) 计算各工作的费用率

费用率是直接费用率的简称，是各工作每缩短一个单位时间所需增加的直接费。它等于最短时间直接费和正常时间直接费之差，再除以正常持续时间与最短持续时间之差的商值，即：

$$\Delta C_{i-j} = \frac{CC_{i-j} - CN_{i-j}}{DN_{i-j} - DC_{i-j}} \tag{3-43}$$

式中 ΔC_{i-j}——工作 i—j 的费用率；

CC_{i-j}——工作 i—j 持续时间为最短时间时所需的直接费；

CN_{i-j}——工作 i—j 持续时间为正常时间时所需的直接费；

DN_{i-j}——工作 i—j 的正常持续时间，即在合理组织条件下，完成一项工作所需要的时间；

DC_{i-j}——工作 i—j 的最短持续时间，即在最理想的条件下完成工作所需的持续时间。

(3) 确定间接费率

间接费率是间接费费用率的简称，它指一项工作缩短单位持续时间所减少的间接费。工作 $i—j$ 的间接费率表示为 ΔCI_{i-j}，它一般都是由各单位根据工作的实际情况而加以确定的。

(4) 确定关键线路并计算总工期

(略)

(5) 确定缩短持续时间的关键工作

取费用率(或组合费用率)最低的一项关键工作或一组关键工作作为缩短持续时间的对象。

(6) 确定持续时间的缩短值

确定持续时间缩短值的原则是：在缩短时间后该工作不得变为非关键工作，其持续时间也不得小于最短持续时间。

(7) 计算缩短持续时间的费用增加值

(略)

(8) 计算总费用

工作持续时间缩短后，工作会相应缩短，项目的直接费会增加，而间接费会减少，所以其总费用应为：

$$C_t = C_{t+\Delta t} + \Delta t(\Delta C_{i-j} - \Delta IC_{i-j}) \tag{3-44}$$

式中 C_t——将工期缩至 t 时的总费用；

$C_{t+\Delta t}$——工期为 $(t+\Delta t)$ 时的总费用；

Δt——工期缩短值；

ΔC_{i-j}——缩短持续时间工作的费用率；

ΔIC_{i-j}——缩短持续时间工作的间接费率。

(9) 缩短新的关键工作并计算其费用

确定新的应缩短持续时间的关键工作(或一组关键工作)，并按上述(6)、(7)、(8)的步骤计算新的总费用。如此重复，直至总费用不可再降低为止。

为使优化过程表述清晰，可将其过程列于表 3-1 所示的表中。

表 3-1 **优化过程表**

缩短次数	被缩短工作		费用率或组合费用率	费率差	缩短时间	缩短费用	总费用/$\times 10^3$ 元	工期
	代号	名称						
1	2	3	4	5	6	7	8	9

【例 3-2】 已知网络计划如图 3-28 所示。箭线的上方，括号外为正常时间直接费，括号内为最短时间直接费；箭线的下方，括号外为正常持续时间，括号内为最短持续时间。试对其进行费用优化(间接费率分别为：0.12×10^3 元/天；0.226×10^3 元/天)。

【解】 ① 算出工程总直接费。

$$\sum C = 1.5 + 9.0 + 5.0 + 4.0 + 12.0 + 8.5 + 9.5 + 4.5 = 54.0\times 10^3\ 元$$

② 算出工作的费用率。

$$\Delta C_{1-2} = \frac{CC_{1-2} - CN_{1-2}}{DN_{1-2} - DC_{1-2}} = \frac{2.0 - 1.5}{6 - 4} = 0.25\times 10^3\ 元/天$$

$$\Delta C_{1-3} = \frac{10.0 - 9.0}{30 - 20} = 0.10\times 10^3\ 元/天$$

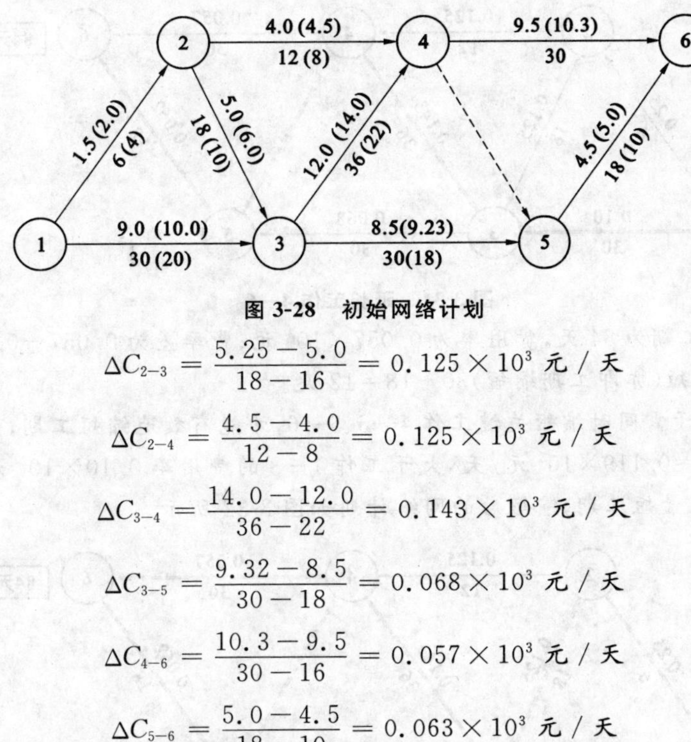

图 3-28 初始网络计划

$$\Delta C_{2-3}=\frac{5.25-5.0}{18-16}=0.125\times10^3\text{ 元 / 天}$$

$$\Delta C_{2-4}=\frac{4.5-4.0}{12-8}=0.125\times10^3\text{ 元 / 天}$$

$$\Delta C_{3-4}=\frac{14.0-12.0}{36-22}=0.143\times10^3\text{ 元 / 天}$$

$$\Delta C_{3-5}=\frac{9.32-8.5}{30-18}=0.068\times10^3\text{ 元 / 天}$$

$$\Delta C_{4-6}=\frac{10.3-9.5}{30-16}=0.057\times10^3\text{ 元 / 天}$$

$$\Delta C_{5-6}=\frac{5.0-4.5}{18-10}=0.063\times10^3\text{ 元 / 天}$$

③ 找出网络计划中的关键线路并计算出计算工期，如图 3-29 所示。

④ 第一次缩短关键线路上费用率最低的工作为 4—6，将其缩短至最短持续时间，再找出关键线路，如图 3-30 所示。

原关键工作 4—6 变成了非关键工作，将其持续时间延长至 18 天，使之仍为关键工作(图 3-31)。

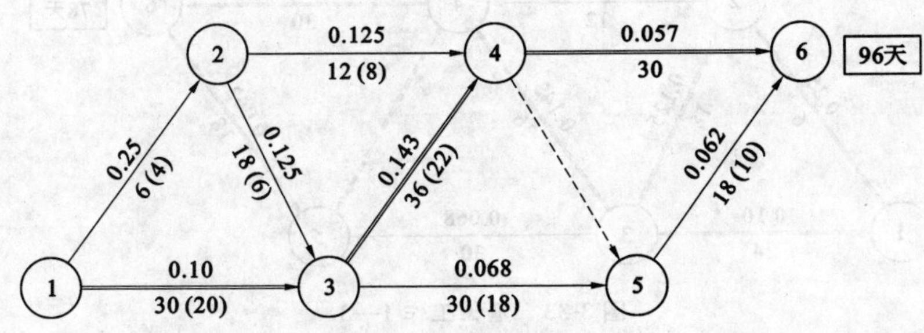

图 3-29 初始网络计划

(箭线上方的数字为费用率)

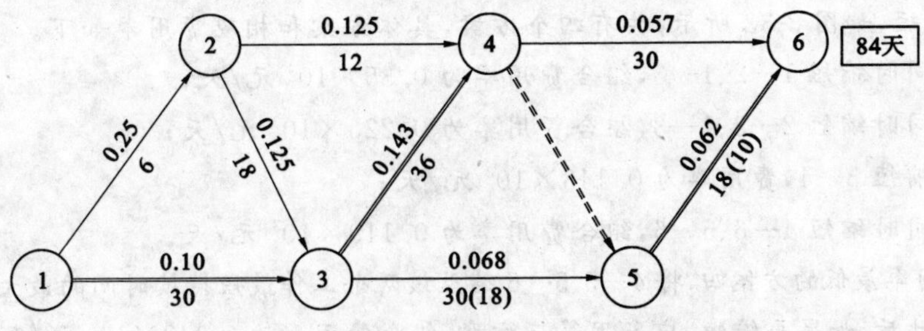

图 3-30 缩短工作 4—6

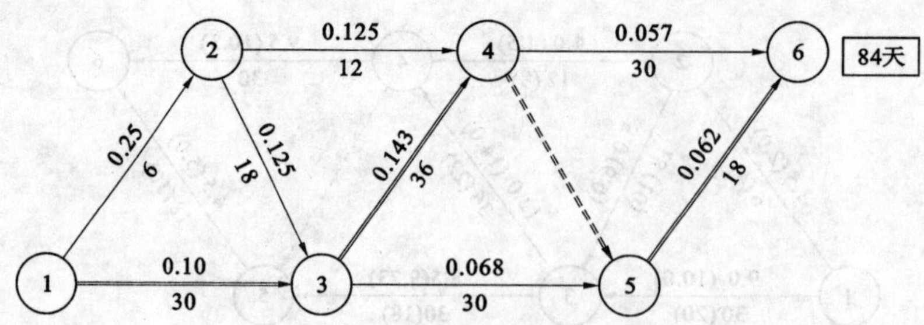

图 3-31 延长工作 4—6

故得第一次缩短工期为 84 天，费用率为 0.057×10^3 元；费率差为 $0.057-0.120=-0.063$，工作 4—6 的持续时间缩短(亦即工期缩短)30－18＝12 天。

⑤ 第二次缩短由于需同时缩短关键工作 4—6、5—6，才能有效地缩短工期，两个工作的组合费用率为 $0.057+0.062=0.119\times10^3$ 元/天，大于工作 1—3 的费用率 0.10×10^3 元/天，故决定缩短工期 1—3，将其缩短至最短工期，缩短后的网络计划如图 3-32 所示。

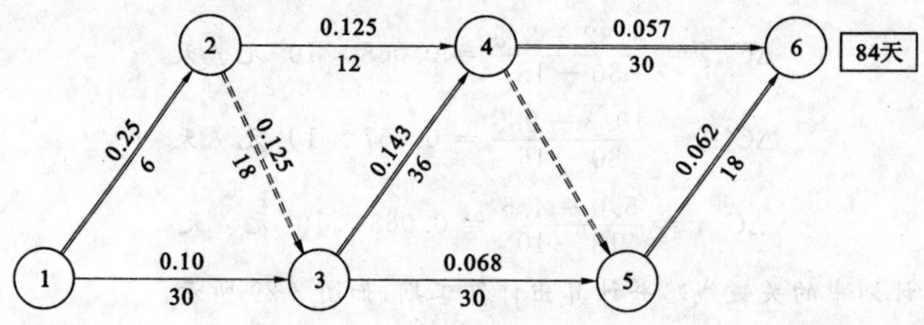

图 3-32 压缩工作 1—3

原关键工作 1—3 变成了非关键工作，将其持续时间延长至 24 天，使之仍为关键工作(图 3-33)。

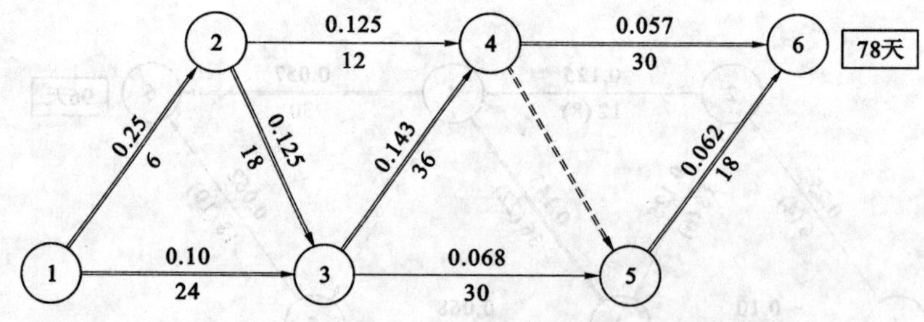

图 3-33 延长工作 1—3

故得第二次缩短后工期为 78 天费用率为 0.10×10^3 元/天，费率差为 $0.10-0.120=-0.02$，工作 1—3 的持续时间缩短(亦即工期缩短)30－24＝6 天。

⑥ 第三次缩短，如图 3-33 所示，共有四个方案，具体方案和相应费用率如下。

方案一——同时缩短 1—2、1—3，组合费用率为 0.35×10^3 元/天；

方案二——同时缩短 2—3、1—3，组合费用率为 0.225×10^3 元/天；

方案三——缩短 3—4，费用率为 0.143×10^3 元/天；

方案四——同时缩短 4—6、5—6，组合费用率为 0.119×10^3 元/天。

决定采用费用率最低的方案四，将 4—5、5—6 缩至该两个工作最短持续时间的最大值，即4—6的最短工期为 16 天。此后，如果再缩短，应采用第三方案，组合费用率为 0.143×10^3 元/天，大于间接费率

0.12×10^3 元/天，费率差成为正值，总费用呈上升趋势，故第三次缩短后，就是当间接费率为 0.12×10^3 元/天时的费用最低的优化工期了。优化后的网络计划如图 3-34 所示，优化过程如表 3-2 所示。

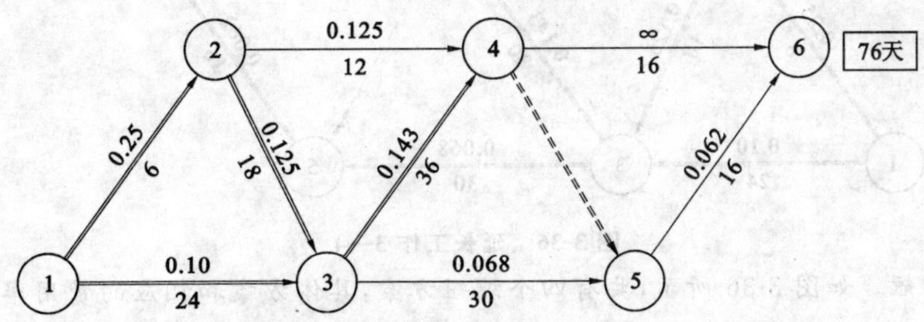

图 3-34 缩短工作 4—6、5—6

表 3-2

优化过程表

缩短次数	被缩短工作		费用率或组合费用率	费率差	缩短时间	缩短费用	总费用/$\times10^3$ 元	工期
	代号	名称						
0	—	—	—	—	—	—	54.000	96
1	4—6	—	0.057	−0.063	12	−0.756	53.244	84
2	1—3	—	0.100	−0.020	6	−0.120	53.124	78
3	4—6、5—6	—	0.119	−0.001	2	−0.002	53.122	76
4	3—4	—	0.143	0.023	—	—	—	—

注：费率差等于费用率减间接费率，为 0.120×10^3 元/天。

若间接费用率为 0.226×10^3 元/天，则应继续优化至不能再缩短为止。此时，第一次缩短后费率差变为 $0.057-0.226=-0.169\times10^3$ 元/天；第二次缩短后的费率差变为 $0.100-0.226=-0.126\times10^3$ 元/天；第三次缩短后的费率差变为 $0.119-0.226=-0.107\times10^3$ 元/天。

以后几次缩短如下：

⑦ 第四次缩短，如图 3-34 所示，共有四个缩短方案，具体方案内容和相应费用率与第三次缩短相同，只是工作 4—6 已缩至最短工期，不能再缩短，故第四方案的组合费用率变为无穷大。此时，方案三的费用率最低，故将 3—4 缩短至最短持续时间，如图 3-35 所示。

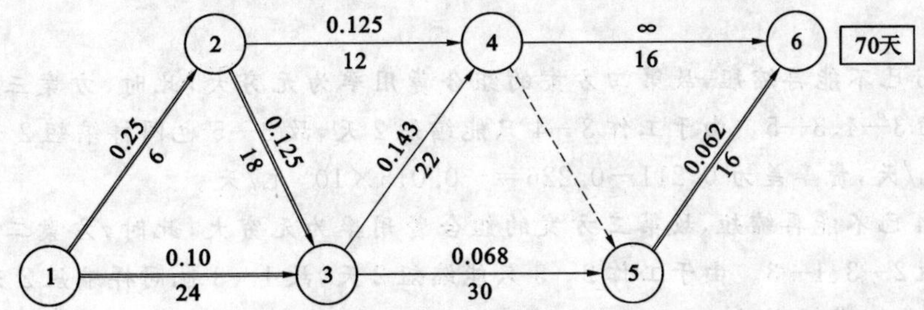

图 3-35 缩短工作 3—4

原关键工作 3—4、4—6 变成了非关键工作，故需将 3—4 持续时间延长至 30 天，使 3—4、4—6 仍为关键工作(图 3-36)。

故第四次缩短后工期为 70 天。费用率为 0.143×10^3 元/天，费率差为 $0.143-0.226=-0.083\times10^3$ 元/天。工作 3—4 的持续时间缩短(亦即工期缩短)36−30=6 天。

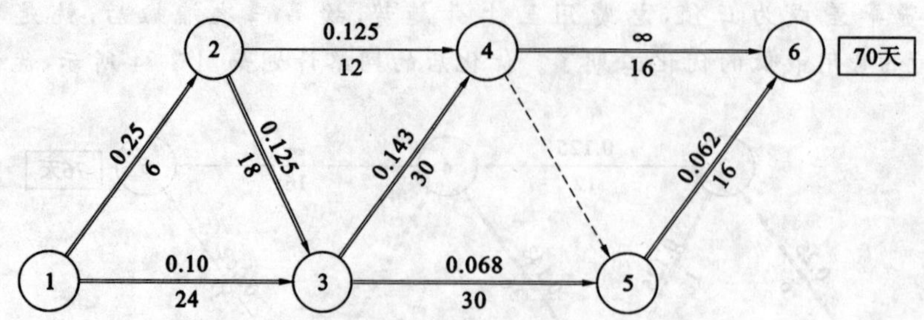

图 3-36　延长工作 3—4

⑧ 第五次缩短。如图 3-36 所示,共有四个缩短方案,具体方案和相应的费用率如下。

方案一:同时缩短 1—2、1—3,组合费用率为 0.35×10^3 元/天;

方案二:同时缩短 2—3、1—3,组合费用率为 0.225×10^3 元/天;

方案三:同时缩短 3—4、3—5,组合费用率为 0.211×10^3 元/天;

方案四:同时缩短 3—4、5—6,组合费用率为 0.205×10^3 元/天。

决定采用组合费用率最小的方案四,将 3—4、5—6 的持续时间缩短,由于工作 5—6 只能缩短 6 天,故将 3—4 也同样缩短 6 天。此时虚工作 4—5 变成了非关键的虚工作。但由于虚工作只起联系作用,故可行,如图 3-37 所示。得第五次缩短后工期为 64 天。费用率为 0.205×10^3 元/天,费率差为 $0.205-0.226=-0.021\times10^3$ 元/天。工作 5—6 天的持续时间缩短 16－10＝6 天,工作 3—4 的持续时间亦缩短 30－24＝6 天,即工期缩短 6 天。

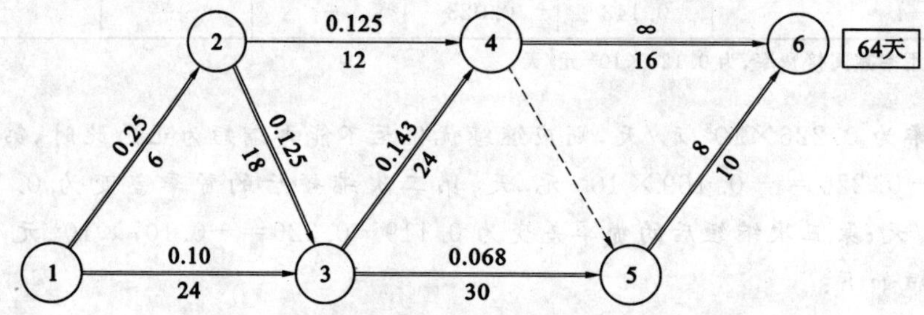

图 3-37　延长工作 3—4、5—6

⑨ 第六次缩短,如图 3-37 所示,共有四个缩短方案,具体方案内容和相应的组合费用率与第五次缩短相同。由于此后为出现新的关键工作,故可按组合费用率从小到大逐次缩短,具体做法如下:

a. 工作 5—6 已不能再缩短,故第四方案的组合费用率为无穷大,此时,方案三的组合费用率最低,故决定缩短 3—4、3—5。由于工作 3—4 只能缩短 2 天,故 3—5 也同样缩短 2 天,组合费用率为 0.211×10^3 元/天,费率差为 $0.211-0.226=-0.015\times10^3$ 元/天。

b. 工作 3—4 已不能再缩短,故第三方案的组合费用率为无穷大,此时,方案二的组合费用率最低,故决定缩短 2—3、1—3。由于工作 2—3 只能缩短 2 天,故 1—3 也同样缩短 2 天,组合费用率为 0.225×10^3 元/天,费率差为 $0.225-0.226=-0.001\times10^3$ 元/天。

c. 工作 2—3 已不能再缩短,故第二方案的组合费用率为无穷大,此时,只能用第一方案,即缩短 1—2、1—3,组合费用率为 0.35×10^3 元/天,费率差 $0.35-0.226=0.124\times10^3$ 元/天,为正值,总费用呈上升趋势,故按第二方案缩短后,即得总费用最低的费用优化工期,如图 3-38 和表 3-3 所示。

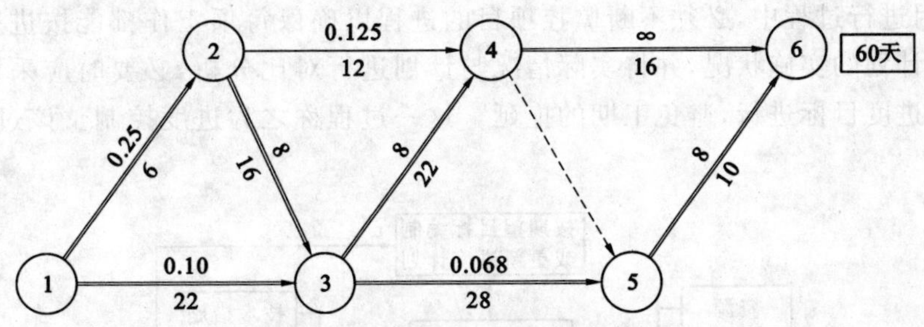

图 3-38 费用最低的优化网络计划

表 3-3

优化过程表

缩短次数	被缩短工作		费用率或组合费用率	费率差	缩短时间	缩短费用	总费用/$\times10^3$ 元	工期
	代号	名称						
0	—	—	—	—	—	—	54.00	96
1	4—6	—	0.057	−0.169	12	−2.028	51.97	84
2	1—3	—	0.100	−0.126	6	−0.756	51.22	78
3	4—6 5—6	—	0.119	−0.107	2	−0.214	51.00	76
4	3—4	—	0.143	−0.083	6	−0.498	50.50	70
5	3—4 5—6	—	0.205	−0.021	6	−0.126	50.38	64
6	3—4 3—5	—	0.211	−0.015	2	−0.028	50.35	62
7	2—3 1—3	—	0.225	−0.001	2	−0.002	50.35	60
8	1—2 1—3	—	0.350	0.124	—	—	—	—

3.3.3 资源优化

所谓资源，就是完成项目所需的人力、材料、设备和资金的统称。在进度管理范畴内，资源优化要解决的是下述两方面的问题：一是在提供的资源有所限制时，要使每个时段的资源需用量都满足资源限量的要求，并使项目实施所需的时间最短；二是当工期固定时，怎样使资源安排得更为均衡合理。前者称为“资源有限-工期最短”的优化；后者则称为“工期固定-资源均衡”的优化。

3.4 工程项目进度计划的控制

编制进度计划的目的，就是指导项目的实施，以保证实现项目的工期目标。但在进度计划实施过程中，由于主客观条件的不断变化，计划亦需随之改变。凭借一个最优计划而一劳永逸是不可能的。因此，在项目进行过程中，必须不断监控项目的进程以确保每项工作都能按进度计划进行；同时必须不断掌握计划的实施状况，并将实际情况与计划进行对比分析，必要时应采取有效的对策，使项目按预定的进度目标进行，避免工期的拖延。这一过程称之为进度控制。该过程可用图 3-39 加以描述。

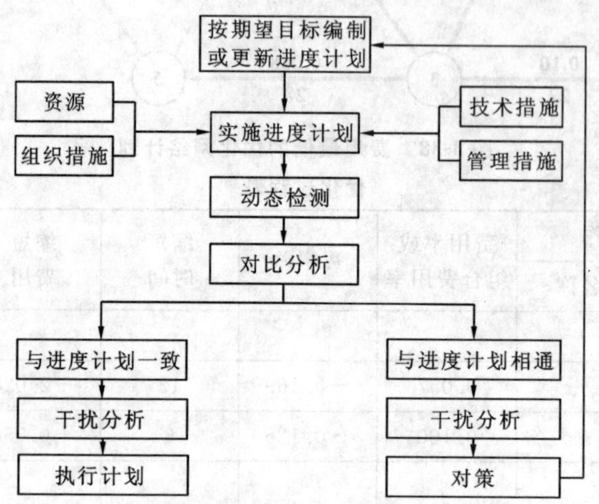

图 3-39　项目进度控制过程

项目进度控制的主要方法是规划、控制和协调。规划是指确定项目总进度控制目标和分进度控制目标，并编制其进度计划；控制是指在项目实施全过程中进行的检查、比较及调整；协调是指协调参与项目的各有关单位、部门和人员之间的关系，使之有利于项目的进展。有效进行项目进度控制的关键是监控实际进度，及时、定期地将实际进度与计划进度进行比较，及时采取纠正措施。项目的进度控制就是在既定工期内，编制出最优的进度计划，在执行计划的过程中，经常检查项目的实际进度情况，并将其与计划进度相比较，若出现偏差，及时分析偏差产生的原因以及偏差对工期的影响程度，采取必要的调整措施，更新原计划。这一过程如此不断地循环，直至项目完成。

3.4.1　进度控制原理

3.4.1.1　*动态控制原理*

项目进度控制是随着项目的进行而不断进行的，是一个动态过程，也是一个循环进行的过程。从项目开始，实际进度就进入了运行的轨迹，也就是计划进入了执行的轨迹。实际进度按计划进行时，实际符合计划，计划的实现就有保证；实际进度与进度计划不一致时，就产生了偏差，若不采取措施加以处理，工期目标就不能实现。所以，当产生偏差时，就应分析偏差的原因，采取措施，调整计划，使实际与计划在新的起点上重合，并尽量使项目按调整后的计划继续进行。但在新的因素干扰下，又有可能产生新的偏差，又需继续按上述方法进行控制。进度控制就是采用这种动态循环的控制方法。

3.4.1.2　*系统原理*

进行项目的进度控制，首先应编制项目的各种计划，包括进度计划、资源计划等，计划的对象由大到小，内容从粗到细，形成了项目的计划系统。项目涉及各个相关主体、各类不同人员，这就要建立组织系统，形成一个完整的项目实施组织系统。为了保证项目进度，自上而下都应设有专门的职能部门或人员负责项目的检查、统计、分析、调整等工作。当然,不同的人员负有不同的进度控制责任,分工协作,形成一个纵横相连的项目进度控制系统。所以,无论是控制对象,还是控制主体;无论是进度计划,还是控制活动都是一个完整的系统。进度控制实际上就是用系统的理论和方法解决系统问题。

3.4.1.3 封闭循环原理

项目进度控制的全过程是一种循环性的例行活动,其活动包括编制计划、实施计划、检查、比较与分析、确定调整措施、修改计划,形成了一个封闭的循环系统。进度控制过程就是这种封闭循环不断运行的过程。

3.4.1.4 信息原理

信息是项目进度控制的依据。项目进度计划的信息从上到下传递到项目实施相关人员,以使得计划得以贯彻落实;而项目实际进度信息则自下而上反馈到各有关部门和人员,以供分析并作出决策、调整,以使进度计划仍能符合预定工期目标。这就需要建立信息系统,以便不断地进行信息的传递和反馈。所以,项目进度控制的过程也是一个信息传递和反馈的过程。

3.4.1.5 弹性原理

项目一般工期长且影响因素多。这就要求计划编制人员能根据统计经验估计各种因素的影响程度和出现的可能性,并在确定进度目标时进行目标的风险分析,使进度计划留有余地,即使得计划具有一定的弹性。在进行项目进度控制时,可以利用这些弹性,缩短工作的持续时间,或改变工作之间的搭接关系,以使项目最终能实现项目的工期目标。

3.4.1.6 网络计划技术原理

网络计划技术不仅可以用于编制进度计划,而且可以用于计划的优化、管理和控制。网络计划技术是一种科学、有效的进度管理方法,是项目进度控制,特别是复杂项目进度控制中完整的计划管理和分析计算的理论基础。

3.4.2 项目进度的动态监测

在项目实施过程中,为了收集反映项目进度实际情况的信息,以便对项目进展情况进行分析,掌握项目进展动态,应对项目进展状态进行观测。这一过程称为项目进度动态监测。项目进度动态监测通常采取比较法,即将项目的实际进度与计划进度进行比较分析,评判它对项目工期的影响,分析实际进度与计划不相符合的原因,进而找出对策,这是进度控制的重要环节之一。进行比较分析的方法常见的有以下几种。

实际进度
前锋线法案例

(1)实际进度前锋线比较法

实际进度前锋线,是一种在时间坐标网络中记录实际进度情况的曲线,简称为前锋线。前锋线反映在网络计划执行过程中某一时刻正在进行的各工作的实际进度前锋的连线，如图 3-40 所示。

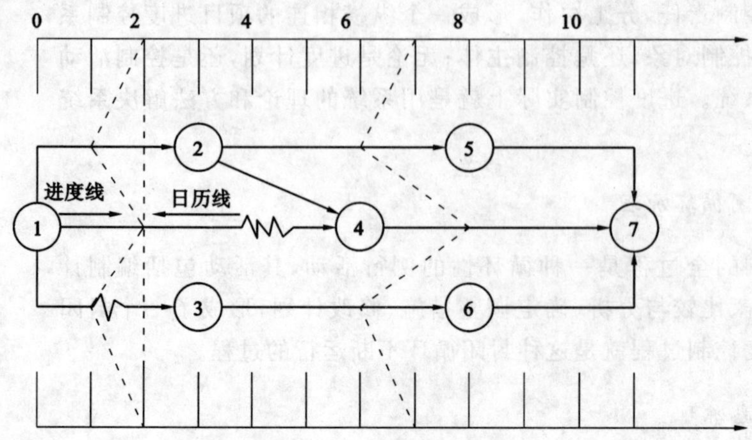

图 3-40 实际进度前锋线

实际进度前锋线比较法是从计划检查时间的坐标点出发，用点画线依次连接各项工作的实际进度点，最后到计划检查时间的坐标点为止，形成前锋线。根据前锋线与工作箭线交点的位置来判断项目实际进度与计划进度的偏差。

实际进度前锋线可用于判断相关工作的进度状况，同时可用于判断整个项目的进度状况。

① 判断相关工作的进度状况。由实际进度前锋线图可以直接观察出工作的进展情况并作出判断。从图 3-40 可以看出，在第 7 天进行检查时，工作 2—5 和 3—6 比原计划拖后 1 天，而工作 4—7 则比原计划提前了 1 天。

② 判断项目的进度状况。根据实际进度前锋线可以判断工作状况对项目进度的影响。如果该工作是关键工作，则该工作提前或滞后都会对项目工期产生影响，如图 3-40 所示，工作 2—5 是关键工作，所以该工作滞后 1 天，将会使项目工期滞后 1 天；如果该工作是非关键工作，则应根据其总时差的大小，判断其提前或拖后对项目工期的影响。一般来说，非关键工作的提前不会造成项目工期的提前；非关键工作如果滞后，且滞后的量在其总时差范围之内，则不会影响总工期；但若超出总时差的范围，则会对总工期产生影响，若单独考虑该工作的影响，其超出总时差的数值，就是工期拖延量。需要注意的是，在某个检查日期，往往不是一项工作的提前或拖后，而是多项工作均为按计划进行，这时应考虑其交互作用。

(2)S 形曲线比较法

S 形曲线比较法是以横坐标表达进度时间、纵坐标表示累计完成任务量绘制出的一条按计划时间累计完成任务量的 S 形曲线，将项目的各检查时间实际完成的任务量与 S 形曲线进行实际进度与计划进度相比较的一种方法。S 形曲线反映了随时间进展累计完成任务量的变化情况，如图 3-41 所示。

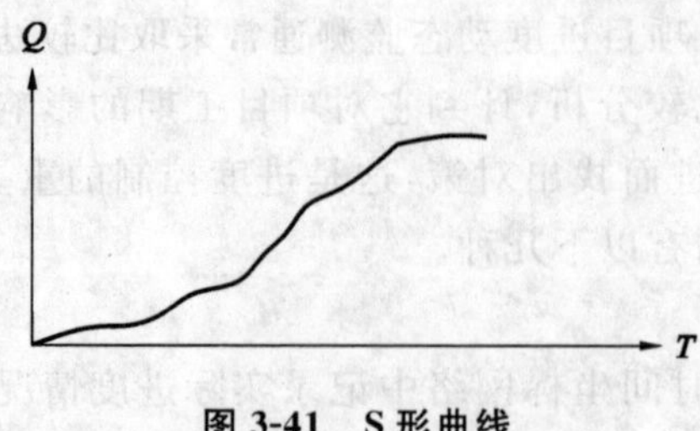

图 3-41 S 形曲线

S形曲线比较法是在图上直观地进行项目实施进度与计划进度的比较。通常，在计划实施前绘制出计划S形曲线，在项目进行过程中，按规定时间将检查的实际完成情况，绘制在与计划S形曲线同一张图中，即可得出实际进度的S形曲线，如图3-42所示。比较两条S形曲线，即可得到相关信息。

① 项目实际进度与计划进度比较。当实际进展点落在计划S形曲线左侧时，表明实际进度超前；若在右侧，则表示拖后；若正好落在计划曲线上，则表明实际与计划一致。

② 项目实际进度与计划进度之间的偏差。如图3-42所示，ΔT_a 表示 T_a 时刻实际进度超前的时间；ΔT_b 表示 T_b 时刻实际进度拖后的时间。

③项目实际完成任务量与计划任务量之间的偏差：如图3-42所示，ΔQ_a 表示 T_a 时刻超额完成的任务量；ΔT_b 表示 T_b 在时刻少完成的任务量。

④项目进度预测。如图3-42所示，项目后期若按原计划速度进行，则工期拖延预测值为 ΔT_c。

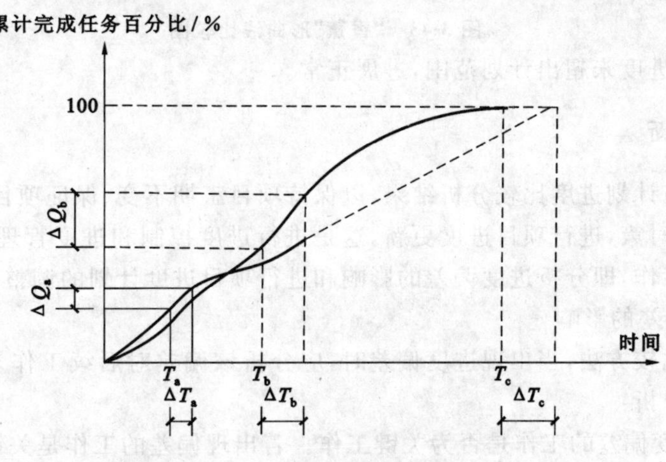

图3-42　S形曲线比较图

(3)“香蕉”形曲线比较法

“香蕉”形曲线是两条S形曲线组合而成的闭合曲线。对于一个项目的网络计划，在理论上总是分为最早和最迟两种开始和完成时间。因此，任何一个项目的网络计划都可以绘制出两条S形曲线，即以最早时间和最迟时间分别绘制出相应的S形曲线，前者称为ES曲线，后者称为LS曲线。如图3-43所示。“香蕉”形曲线的绘制方法与S形曲线相同。

在项目实施过程中，根据每次检查的各项工作实际完成的任务量，计算出不同时间实际完成任务量的百分比，并在“香蕉”形曲线的平面内绘制出实际进度曲线，即可进行实际进度与计划进度的比较。

“香蕉”形曲线比较法主要进行如下两个方面的比较：

① 时间一定，比较完成的任务量。当项目进展到 T_1 时，实际完成的累计任务量为 Q_1，若按最早时间计划，则应完成 Q_2，可见，实际比计划少完成：$\Delta Q_2=Q_1-Q_2<0$；

若按最迟时间计划，则应完成 Q_0，实际比计划多完成 $\Delta Q_1=Q_1-Q_0>0$。

由此可以判断，实际进度在计划范围之内，不会影响项目工期。

② 任务量一定，比较所需时间。当项目进展到 T_1 时，实际完成累计任务量 Q_1。若按最早时间计划，则应在 T_0 时完成同样任务量。所以，实际比计划拖延，其拖延的时间是：$\Delta T_1=T_1-T_0>0$。若按最迟时间计划，则应在 T_2 时完成同样任务量。所以，实际比计划提前，其提前量是：$\Delta T_2=T_1-T_2<0$。

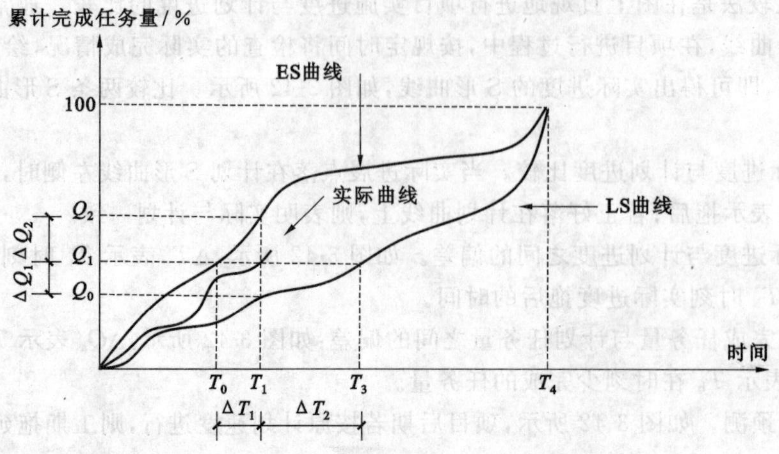

图 3-43 “香蕉”形曲线比较图

可以判断:实际进度未超出计划范围,进展正常。

3.4.3 项目进度更新

根据实际进度与计划进度比较分析结果,以保持项目工期不变、保证项目质量和所消耗费用最少为目标,作出有效对策,进行项目进度更新,这是进行进度控制和进度管理的宗旨。项目进度更新主要包括两方面工作,即分析进度偏差的影响和进行项目进度计划的调整。

(1) 分析进度偏差的影响

通过前述进度比较方法,当出现进度偏差时,应分析该偏差对后续工作及总工期的影响,主要从以下几方面进行分析:

① 分析产生进度偏差的工作是否为关键工作。若出现偏差的工作是关键工作,则无论其偏差大小,对后续工作及总工期都会产生影响,必须进行进度计划更新;若出现偏差的工作为非关键工作,则需根据偏差值与总时差和自由时差的大小关系,确定其对后续工作和总工期的影响程度。

② 分析进度偏差是否大于总时差。如果工作的进度偏差大于总时差,则必将影响后续工作和总工期,应采取相应的调整措施;若工作的进度偏差小于或等于该工作的总时差,表明对总工期无影响,但其对后续工作的影响,需要将其偏差与其自由时差相比较才能作出判断。

③ 分析进度偏差是否大于自由时差。如果工作的进度偏差大于该工作的自由时差,则会对后续工作产生影响,如何调整,应根据后续工作允许影响的程度而定;若工作的进度偏差小于或等于该工作的自由时差,则对后续工作无影响,进度计划可不作调整更新。

经过上述分析,项目管理人员可以确认应该调整产生进度偏差的工作和调整偏差值的大小,以便确定应采取的调整更新措施,形成新的符合实际进度情况和计划目标的进度计划。

(2) 项目进度计划的调整

项目进度计划的调整,一般有以下几种方法:

① 关键工作的调整。

关键工作无机动时间,其中任一工作持续时间的缩短或延长都会对整个项目工期产生影响。因此,关键工作的调整是项目进度更新的重点。

a. 关键工作的实际进度较计划进度提前时。若仅要求按计划工期执行,则可利用该机会降低资源强度及费用。实现的方法是,选择后续关键工作中资源消耗量大或直接费用高的予以适当延长,延长的时间不应超过已完成的关键工作提前的量;若要求缩短工期,则应将计划的未完成部分作为一个新的计划，重新计算与调整，按新的计划执行，并保证新的关键工作按新计算的时间完成。

b. 关键工作的实际进度较计划进度落后时。调整的目标就是采取措施将耽误的时间补回来，保证项目按期完成。调整的方法主要是缩短后续关键工作的持续时间。

这种方法是指在原计划的基础上，采取组织措施或技术措施缩短后续工作的持续时间以弥补时间损失。这种调整通常采用网络计划法进行，调整方法通过以下案例说明。

例如，某项目网络计划如图 3-44 所示，计划工期 210 天，在项目进展到第 95 天时进行检查，其结果是工作 4—5 以前的工作已全部完成，工作 4—5 刚开始，即已拖后 15 天开始。工作 4—5 是关键工作，其拖后 15 天将延长项目总工期 15 天。为使该项目按期完成，则需在工作 4—5 及其以后各工作中进行调整，调整的原则是满足工期要求，但由此而增加的费用最少。

图 3-44 中，箭线上方数据是相应工作的费率，即每缩短 1 天需增加的费用；箭线下方的数据是该工作的正常持续时间，括号内的是该工作的最短持续时间。调整按以下过程进行。

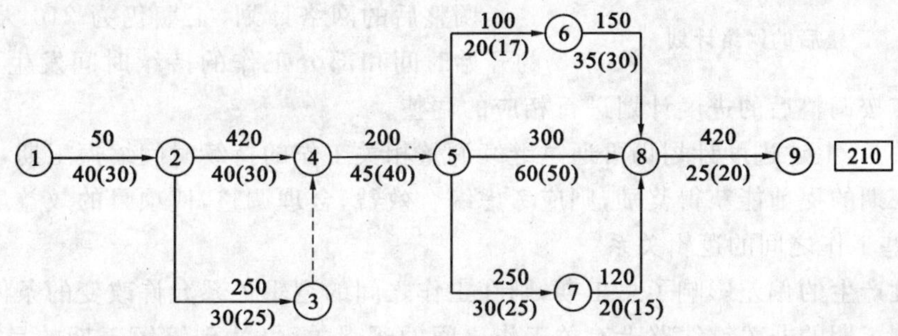

图 3-44　某项目网络计划

由图 3-44 可见，尚未进行的关键工作是 4—5、5—8 和 8—9，按费率最低的原则，选择调整对象。

第一次调整：

(a) 选择调整对象。3 项关键工作，费率最低的工作是 4—5，所以，选择 4—5 工作作为第一次调整的对象。

(b) 确定调整时间。4—5 工作有 5 天的调整余地，且调整 5 天也不会改变关键线路，所以，可调整 5 天，即 4—5 工作的持续时间由 45 天减为 40 天。

(c) 调整结果。总工期缩短了 5 天，为 220 天。增加费用为 1000 元(5×200 元)，工作 4—5 已不能再缩短了。

第二次调整：

(a) 选择调整对象。可调整的关键工作有 5—8 和 8—9，而费率最低者是 5—8，即选择 5—8 工作作为第二次调整对象。

(b) 确定调整时间。5—8 工作可调整 10 天，但考虑到与之平行作业的工作，它们的最小总时差是 5 天，所以只能先压 5 天。

(c) 调整结果。总工期缩短了 5 天，即 215 天，需增加费用 1500 元(300 元×5)。通过本次调整，关键线路发生了变化，即除了工作 5—8 和 8—9 是关键工作外，工作 5—6 和 6—8 也变为关键工作。

第三次调整：

(a) 选择调整对象。从 5—6 和 6—8 工作中选择费率最小的工作与工作 5—8 同时调整，显然应选择工作 5—6 与工作 5—8 同时调整。

(b) 确定调整时间。5—6 工作可压缩 3 天，5—8 工作可压缩 5 天，所以只能压缩 3 天。

(c) 调整结果。总工期缩短了 3 天，即 212 天，需增加费用为 1200 元（3×100 元＋3×300 元）。通过本次调整，关键线路未发生改变。

第四次调整：

(a) 选择调整对象。如果工作 5—8 和 6—8 同时压缩，则其费用增加率为 300＋50＝350 元/天；若仅压缩工作 8—9，则费率是 420 元/天。所以选择 8—9 工作作为本次调整对象。

(b) 确定调整时间。8—9 工作可以压缩 5 天，但要满足计划工期要求，只要压缩 2 天即可。

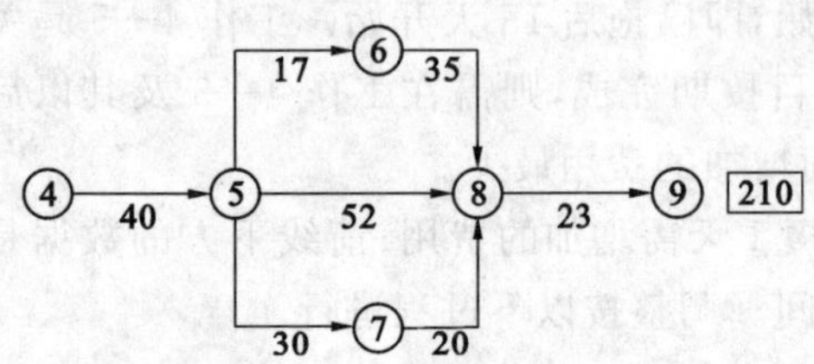

图 3-45　调整后的网络计划

(c) 调整结果。总工期为 210 天，已满足计划工期的要求，需增加费用 2×420＝840 元。

到此为止，总工期压缩了 15 天，增加的总费用为 1000＋1500＋1200＋840＝4540 元。调整后的网络计划如图 3-45 所示。

调整后的网络计划，工期仍为 210 天，但部分工作的开始时间和部分工作的持续时间发生了变化。资源供应计划等也应按调整后的进度计划进行相应的调整。

需要说明的是，上述进度计划仍可通过继续调整相关工作的持续时间缩短工期，但会进一步增加费用。如果工期的提前能获得奖励，则应考虑综合效益，合理调整，使项目的效益最佳。

② 改变某些工作之间的逻辑关系。

若实际进度产生的偏差影响了总工期，则在工作之间的逻辑关系允许改变的条件下，改变关键线路和超过计划工期的非关键线路上有关工作之间的逻辑关系，达到缩短工期的目的。这种方法调整的效果是显著的。例如，可以将依次进行的工作变为平行或互相搭接的关系，以缩短工期。但这种调整应以不影响原定计划工期和其他工作之间的顺序为前提，调整的结果不能形成对原计划的否定。

③ 重新编制计划。

当采用其他方法仍不能奏效时，则应根据工期要求，将剩余工作重新编制网络计划，使其满足工期要求。例如，某项目在实施过程中，由于地质条件的变化，造成已完工程的大面积塌方，耽误工期 6 个月，为保证该项目在计划工期内完成，在认真分析研究的基础上，重新编制了网络计划，并按新的网络计划组织实施，最终不仅保证了工期，且略有提前。

④ 非关键工作的调整。

当非关键线路上某些工作的持续时间延长，但不超过其时差范围时，则不会影响项目工期，进度计划不必调整。为了更充分地利用资源，降低成本，必要时可对非关键工作的时差做适当调整，但不得超出总时差，且每次调整均需进行时间参数计算，以观察每次调整对计划的影响。

非关键工作的调整方法有 3 种：一是在总时差范围内延长非关键工作的持续时间；二是缩短工作的持续时间；三是调整工作的开始或完成时间。

当非关键线路上某些工作的持续时间延长而超出总时差范围时，则必然影响整个项目工期，关键线路就会转移。这时，其调整方法与关键线路的调整方法相同。

⑤ 增减工作项目。

由于编制计划时考虑不周，或因某些原因需要增加或取消某些工作，则需重新调整网络计划，计算网络参数。增减工作项目不应影响原计划总的逻辑关系，以便使原计划得以实施。因此，增减工作项目只能改变局部的逻辑关系。

增加工作项目,只是对原遗漏或不具体的逻辑关系进行补充;减少工作项目,只是对提前完成的工作项目或原不应设置的工作项目予以删除。增减工作项目后,应重新计算网络时间参数,以分析此项调整是否对原计划工期产生影响。若有影响,应采取措施使之保持不变。

⑥ 资源的调整。

若资源供应发生异常时,应进行资源调整。资源供应发生异常是指因供应满足不了需要,如资源强度降低或中断,影响到计划工期的实现。资源调整的前提是保证工期不变或使工期更加合理。资源调整的方法是进行资源优化。

【知识归纳】

(1) 进度通常是指工程项目实施结果的进展状况。工程项目进度控制是一个动态过程,影响因素很多,主要来自业主、勘察设计单位、承包商和建设环境等方面。进度管理周期贯穿工程建设项目进度控制的全过程,历经建设项目的可行性研究、设计、施工和竣工验收等各个阶段,每一阶段均与进度控制密切相关。

(2) 编制进度计划最常用的方法是横道图、关键线路法和计划评审技术,其中关键线路法又可分为双代号网络进度计划、双代号时标网络计划、单代号网络计划和单代号搭接网络计划。利用关键线路法可以进行工期优化、费用优化和资源优化。

(3) 进度控制是对进度计划的实施情况的检查与纠偏过程,在进度控制过程中,各不同阶段控制的重点不同,要抓住控制要点才能进行有效的进度控制。

【独立思考】

3-1 简述工程项目进度控制的措施。

3-2 工程建设项目进度动态监测的方法有哪些?

3-3 缩短工期有哪些主要的方法?

3-4 对项目进度计划进行调整常用哪些方法?

3-5 对实际进度进行分析比较的方法有哪些?

【参考文献】

[1] 宋伟,刘岗.工程项目管理.北京:科学出版社,2011.

[2] 苟伯让.建设工程项目管理.北京:机械工业出版社,2005.

[3] 王卓甫,谈飞,张云宁,等.工程项目管理:理论、方法与应用.北京:中国水利水电出版社,2007.

[4] 杨兴荣.工程项目管理.合肥:合肥工业大学出版社,2007.

4

建设工程项目质量控制

课前导读

内容提要

本章主要内容包括工程项目质量控制的基本原理，企业质量管理体系标准，工程项目质量控制系统，工程项目设计、施工质量控制，工程项目质量验收，工程质量问题和质量事故的处理，以及工程质量控制中的统计分析方法等。本章的教学重点为工程项目质量控制的基本概念，工程项目质量控制的PDCA循环原理、三阶段原理、三全控制原理，以及工程项目质量验收。

能力要求

通过本章的学习，学生应熟悉工程项目质量控制的基本知识，具备应用工程项目质量控制的基本原理、统计分析方法等知识进行工程项目质量管理的初步能力。

数字资源

5分钟看完本章

4.1 工程项目质量控制概述

4.1.1 工程项目质量控制的概念

质量控制是指在明确的质量目标条件下通过行动方案和资源配置的计划、实施、检查和监督来实现预期目标的过程。工程项目质量控制则是指在工程项目质量目标的指导下,通过对项目各阶段的资源、过程和成果所进行的计划、实施、检查和监督过程,以判定它们是否符合有关的质量标准,并找出方法消除造成项目成果令人不满意的原因。该过程贯穿项目执行的全过程。

质量控制与质量管理的关系和区别在于:质量控制是质量管理的一部分,致力于满足质量要求,如适用性、可靠性、安全性等。质量控制属于为了达到质量要求所采取的作业技术和管理活动,是在有明确的质量目标条件下进行的控制过程。工程项目质量管理是工程项目各项管理工作的重要组成部分,它是工程项目从项目决策到交付使用的全过程中,为保证和提高工程质量所进行的各项组织管理工作。

4.1.2 工程项目的质量总目标

工程项目的质量总目标由业主提出,是对工程项目质量提出的总要求,包括项目范围的定义、系统构成、使用功能与价值、规格以及应达到的质量等级等。这一总目标是在工程项目策划阶段进行目标决策时确定的。工程项目的质量总目标必须满足国家对建设项目规定的各项工程质量验收标准以及使用方(客户)提出的其他质量方面的要求。

4.1.3 工程项目质量控制与产品质量控制的区别

项目质量控制相对产品质量控制来说,是一个复杂的非周期性过程,各种不同类型的项目,其区域环境、施工方法、技术要求和工艺过程不尽相同,因此工程项目的质量控制更加困难,主要有以下区别。

4.1.3.1 影响因素的多样性

工程项目的实施是一个动态过程,影响项目质量的因素因此也是动态变化的。项目在不同阶段、不同施工过程,其影响因素也不完全相同,这就造成工程项目质量控制的因素众多、复杂,使工程项目的质量控制比产品的质量控制要困难得多。

4.1.3.2 项目质量的变异性

工程项目施工与工业产品生产不同,产品生产有固定的生产线以及相应的自动控制系统、规范化的生产工艺和完善的检测技术,有成套的生产设备和稳定的生产环境,有相同系列规格和相同功能的产品;同时,由于影响工程项目质量的偶然性因素和系统性因素都较多,因此,很容易产生质量变异。

4.1.3.3 质量判断的难易性

工程项目在施工中,由于工序交接多、中间产品和隐蔽工程多,造成质量检测数据的采集、处理和判断的难度加大,由此容易导致对项目的质量状况做出错误判断。而产品生产具有相对固定的生产线和较为准确、可靠的检测控制手段,因此相对来说,更容易对产品质量作出正确的判断。

4.1.3.4 项目构造的分解性

项目建成后,构成一项建筑(或土木)工程产品的整体,一般不能解体和拆分,其中有的隐蔽工程内部质量的检测在项目完成后,很难再进行检查。对已加工完成的工业产品,一般都能一定程度上予以分解、拆卸,进而可再对各零部件的质量进行检查,达到产品质量控制的目的。

4.1.3.5 项目质量的制约性

工程项目的质量受费用、工期影响的制约较大,三者之间的协调关系不能简单地偏顾一方,要正确处理质量、费用、进度三方关系,在保证适当、可行的项目质量基础上,使工程项目整体最优。而产品的质量标准是国家或行业规定的,只需完全按照有关质量规范要求进行控制,不受生产时间、费用的限制。

4.1.4 工程项目质量形成的影响因素

4.1.4.1 人的质量意识和控制质量的能力

人是工程项目质量活动的主体,泛指与工程有关的单位、组织和个人,包括建设单位、勘察设计单位、施工承包单位、监理及咨询服务单位、政府主管及工程质量监督监测单位以及策划者、设计者、作业者和管理者等。人既是工程项目的监督者又是实施者,因此,人的质量意识和控制质量的能力是最重要的一项因素。这一因素集中反映在人的素质上,包括人的思想意识、文化教育、技术水平、工作经验以及身体状况等,都直接或间接地影响工程项目的质量。从质量控制的角度,则主要考虑从人的资质条件、生理条件和行为等方面进行控制。

4.1.4.2 工程项目的决策和方案

(1) 工程项目的决策

工程项目决策阶段是项目整个生命周期的起始阶段,这一阶段工作的质量关系到全局。该阶段主要是确定项目的可行性,对项目所涉及的领域、投融资、技术可行性、社会与环境影响等进行全面的评估。在项目质量控制方面的工作是在项目总体方案策划基础上确定项目的总体质量水平。因此可以说,这一阶段是从总体上明确了项目的质量控制方向,其成果将影响项目总体质量,属于项目质量控制工作的一种质量战略管理。

(2) 工程项目的勘察

工程项目勘察包括技术经济条件勘察和工程岩土地质条件勘察。前者是对工程项目所在区域环境的技术经济条件进行的实际状况调查、数据搜集以及实证分析等;后者是直接获取工程项目所需原始场地资料的工作,其工作质量的好坏对后续工程项目各阶段的质量控制起着重要的影响,包括钻探、野外测试、土工实验、工程水文地质、测绘及勘察成果等内容的质量控制。这些质量结果均影响工程项目质量的形成。

(3) 项目的总体规划和设计

项目的总体规划和设计是工程项目建设中的一个关键环节。工程项目的资源利用是否合理,总体布局是否达到最优,施工组织是否科学、严谨,能否以较少的投资取得较高的效益,在很大程度上取决于规划与设计质量的好坏及水平的高低。工程项目设计首先应满足建设单位所需的功能和使用价值，符合建设单位投资的目的。但这些功能和目的可能受到资金、资源、技术与环境等因素的制约，均会使工程项目的质量受到限制。同时，工程项目规划与设计必须遵守国家有关城市规划、环境保护、质量安全等一系列技术规范和标准，因此要将适用、经济、美观融为一体，考虑这些复杂、综合的因素来达到工程项目的设计合理性、可靠性以及可施工性，这些必然与工程质量有关。

(4) 项目的施工方案

工程项目的施工方案指施工技术方案和施工组织方案。施工技术方案包括施工的技术、工艺、方法和相应的施工机械、设备和工具等资源的配置。因此组织设计、施工工艺、施工技术措施、检测方法、处理措施等内容都直接影响工程项目的质量形成，其正确与否，水平高低不仅影响到施工质量，还对施工的进度和费用产生重大影响。因此，对工程项目施工方案应从技术、组织、管理、经济等方面进行全面分析与论证，确保施工方案既能保证工程项目质量，又能加快施工进度、降低成本。

4.1.4.3 工程项目材料

项目材料包括原材料、半成品、成品、构配件、仪器仪表和生产设备等，属于工程项目实体的组成部分。项目材料的质量控制应着重于以下几个方面。

原材料管理案例

(1) 采购质量控制

承包单位在采购订货前应充分调查市场信息，优选供货厂家，并向监理方申报所购材料的数量、品种、规格型号、技术标准和质量要求、计量方法、交货期限与方式、价格及供货方应提供的质量保证文件等。

(2) 制造质量控制

对于一些重要设备、器材或外包件可以采取对生产厂家制造实行监造方式，进行重点或全过程的质量控制。

(3) 材料、设备进场的质量控制

对运到施工现场的原材料、半成品或构配件，必须具有合格证、技术说明书和产品检验报告等质量证明文件。对某些质量状况波动大的材料还要进行平行检验和抽样检验，使所有进场材料的质量处于可控状态。

(4) 材料、设备存放的质量控制

材料、设备进场后的存放，要满足各种材料、设备对存放条件的要求，要有定期的检查或抽样，以保证材料质量的稳定，并得到有效控制。

4.1.4.4 施工设备和机具

施工设备和机具是实现工程项目施工的物质基础和手段，特别是现代化施工必不可少的设备。施工设备和机具的选择是否合理、适用与先进，直接影响工程项目的施工质量和进度。因此，要对施工设备和机具的使用培训、保养制度、操作规程等加以严格管理和完善，以保证和控制施工设备与机具达到高效率和高质量的使用水平。

4.1.4.5 施工环境

影响工程项目施工环境的因素主要包括 3 个方面：工程技术环境、工程管理环境和劳动环境。

(1) 工程技术环境

影响质量控制的工程技术环境因素有工程地质、地形地貌、水文地质、工程水文和气象等。这些因素不同程度地影响工程项目施工的质量控制和管理。

(2) 工程管理环境

工程管理环境的主要影响因素有质量管理体系、质量管理制度、工作制度、质量保证活动、协调管理及能力等。如由总承包单位的工程承发包合同结构所派生的多单位多专业共同施工的管理关系，组织协调方式及现场施工质量系统控制等构成的管理环境，对工程质量的形成将产生相当大的影响。

(3) 劳动环境

劳动环境因素主要包括施工现场的气候、通风、照明和安全卫生防护设施等。在工程项目的质量控制与管理中，环境因素是在不断变化的。如工程技术环境和劳动环境，随着工程项目的进展，地质条件、气象、施工工作面等都可能在不断变化，同时也将引起工程管理环境的变化。应根据工程项目特点和具体条件，采取有效措施对影响质量的环境因素进行管理。如建设工程项目，则要建立文明施工和文明生产的环境，保持材料、工件堆放有序，道路通畅，工作场所清洁整齐等，为确保工程质量创造良好条件。

4.2 工程项目质量控制的基本原理

4.2.1 PDCA 循环原理

工程项目的质量控制是一个持续过程，首先在提出项目质量目标的基础上，制订质量控制计划，包括实现该计划需采取的措施；然后将计划加以实施，特别要在组织上加以落实，真正将工程项目质量控制的计划措施落到实处；在实施过程中，还要经常检查、监测，以评价检查结果与计划是否一致；最后对出现的工程质量问题进行处理，对暂时无法处理的质量问题重新进行分析，进一步采取措施加以解决。这一过程的原理称为 PDCA 循环。

PDCA 循环又叫戴明环，是美国质量管理专家戴明博士首先提出的。PDCA 循环是工程项目质量管理应遵循的科学程序。其质量管理活动的全部过程，就是质量计划的制订和组织实现的过程，这个过程按照 PDCA 循环，不停顿地、周而复始地运转。

PDCA 由英语单词 Plan(计划)、Do(执行)、Check(检查)和 Action(处理)的首字母组成，PDCA循环就是按照这样的顺序进行质量管理，并且循环不止地进行下去的科学程序。

工程项目质量管理活动的运转，离不开管理循环的转动，这就是说，改进与解决质量问题，赶超先进水平的各项工作，都要运用 PDCA 循环的科学程序。不论是提高工程施工质量，还是减少不合格率，都要先提出目标，即质量提高到什么程度，不合格率降低多少，都要有个计划，这个计划不仅包括目标，而且也包括实现这个目标需要采取的措施。计划制订之后，就要按照计划进行检查，看是否实现了预期效果，有没有达到预期的目标。通过检查找出问题和原因，最后就要进行处理，将经验和教训制订成标准、形成制度。

PDCA 循环作为工程项目质量管理体系运转的基本方法，其实施需要监测、记录大量工程施工数据资料，并综合运用各种管理技术和方法。一个 PDCA 循环一般都要经历以下 4 个阶段（如图 4-1 所示）、8 个步骤（如图 4-2 所示）。

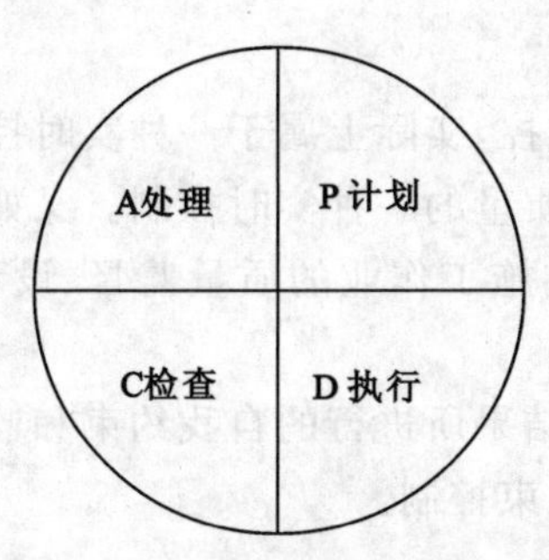

图 4-1 PDCA 循环的 4 个阶段

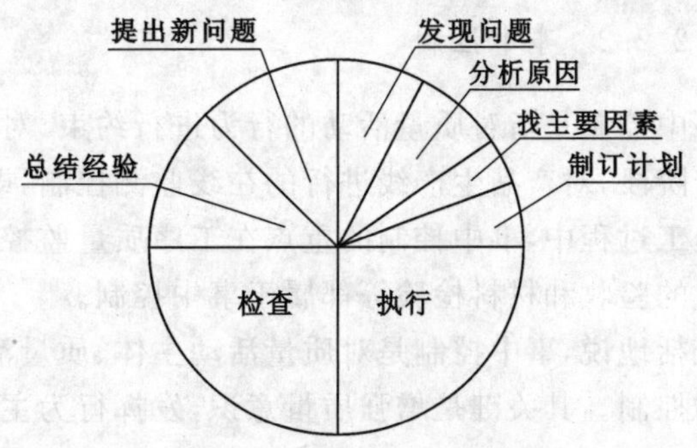

图 4-2 PDCA 循环的 8 个步骤

在实施以上所述的 PDCA 循环时，工程项目的质量控制重点是要做好施工准备、施工、验收、服务全过程的质量监督，抓好全过程的质量控制，确保工程质量目标达到预定的要求，具体措施如下：

① 将质量目标逐层分解到分部工程、分项工程，并落实到部门、班组和个人。以指标控制为目的，以要素控制为手段，以体系活动为基础，以保证在组织上加以全面落实。

② 实行质量责任制。项门经理是工程施工质量的第一责任人，各工程队长是本队施工质量的第一责任人，质量保证工程师和责任工程师是各专业质量责任人，各部门负责人要按分工认真履行质量职责。

③ 每周组织一次质量大检查，一切用数据说话，实施质量奖惩，激励施工人员，保证施工质量。

④ 每周召开一次质量分析会，通过各部门、各单位反馈输入各种不合格信息，采取纠正和预防措施，排除质量隐患。

⑤ 加大质量权威，质检部门及质检人员根据公司质量管理制度可以行使质量否决权。

⑥ 施工各过程执行业主和有关工程质量管理及质量监督的各种制度和规定，对各部门检查发现的各种质量问题应及时制订整改措施进行整改，达到合格为止。

4.2.2 工程项目质量控制的三阶段原理

工程项目的质量控制是一个持续管理的过程。从工程项目的立项开始到竣工验收属于工程项目建设阶段的质量控制，项目投产后到项目生命期结束属于项目生产（或经营）阶段的质量控制。两者在质量控制内容上有较大的不同，但不管是建设阶段的质量控制，还是经营阶段的质量控制，从控制工作的开展与控制对象实施的时间关系来看，可分为事前控制、事中控制和事后控制三种。

4.2.2.1 事前控制

事前控制强调质量目标的计划预控，并按质量计划进行质量活动前的准备工作状态的控制。如在施工过程中，事前控制重点在于施工准备工作，且贯穿于施工全过程。首先，要熟悉和审查工程项目的施工图纸，做好项目建设地点的自然条件、技术经济条件的调查分析，完成项目施工图预算、施工预算和项目的组织设计等技术准备工作。其次，做好器材、施工机具、生产设备的物质准备工作；还要组成项目组织机构，进场人员技术资质、施工单位质量管理体系的核查；编制好季节性施工措施,制订施工现场管理制度,组织施工现场准备方案等。

可以看出,事前控制的内涵包括两个方面:一是注重质量目标的计划预控,二是按质量计划进行质量活动前的准备工作状态的控制。

4.2.2.2 事中控制

事中控制是指对质量活动的行为进行约束、对质量进行监控,实际上属于一种实时控制。如项目生产阶段,对产品生产线进行的在线监测控制,即是对产品质量的一种实时控制。又如在项目建设的施工过程中,事中控制的重点在工序质量监控上。其他如施工作业的质量监督、设计变更、隐蔽工程的验收和材料检验等都属于事中控制。

概括地说,事中控制是对质量活动主体、质量活动过程和结果所进行的自我约束和监督检查两方面的控制。其关键是增强质量意识,发挥行为主体的自我约束控制。

4.2.2.3 事后控制

事后控制一般是指在输出阶段的质量控制。事后控制也称为合格控制,包括对质量活动结果的评价认定和对质量偏差的纠正。如工程项目竣工验收进行的质量控制,即属于工程项目质量的事后控制。项目生产阶段的产品质量检验也属于产品质量的事后控制。

4.2.3 工程项目质量的三全控制原理

三全控制原理来自于全面质量管理(Total Quality Control,TQC)的思想,是指企业组织的质量管理应该做到全面、全过程和全员参与。在工程项目质量管理中应用这一原理,对工程项目的质量控制同样具有重要的理论和实践指导意义。

4.2.3.1 全面质量控制

工程项目质量的全面控制可以从纵横两个方面来理解。从纵向的组织管理角度来看,质量总目标的实现有赖于项目组织的上层、中层、基层乃至一线员工的通力协作,其中尤以高层管理能否全力支持与参与起着决定性的作用。从项目各部门职能间的横向配合来看,要保证和提高工程项目质量,必须使项目组织的所有质量控制活动成为一个有效的整体。广义地说,横向的协调配合包括业主、勘察设计、施工及分包、材料设备供应、监理等相关方。“全面质量控制”就是要求项目各相关方都有明确的质量控制活动内容。当然,从纵向看,各层次活动的侧重点不同。上层管理侧重于质量决策,制订出项目整体的质量方针、质量目标、质量政策和质量计划,并统一组织和协调各部门、各环节、各类人员的质量控制活动;中层管理则要贯彻落实领导层的质量决策,运用一定的方法找到各部门的关键、薄弱环节或必须解决的重要事项,确定出本部门的目标和对策,更好地执行各自的质量控制职能;基层管理则要求每个员工都要严格地按标准、按规范进行施工和生产,相互间进行分工合作,互相支持协助,开展群众合理化建议和质量管理小组活动,建立和健全项目的全面质量控制体系。

4.2.3.2 全过程质量控制

任何产品或服务的质量,都有一个产生、形成和实现的过程。从全过程的角度来看,质量产生、形成和实现的整个过程是由多个相互联系、相互影响的环节组成的,每个环节都或轻或重地影响着最终的质量状况。为了保证和提高质量就必须把影响质量的所有环节和因素都控制起来。工程项目的全过程质量控制主要有项目策划与决策过程、勘察设计过程、施工采购过程、施工组织与准备过程、检测设备控制与计量过程、施工生产的检验试验过程、工程质量的评定过程、工程竣工验收与交付过程以及工程回访维修过程等。全过程质量控制强调必须体现如下两个思想:

(1) 预防为主,不断改进

根据这一基本原理,全面质量控制要求把管理工作的重点,从"事后把关"转移到"事前预防"上来,强调预防为主,不断改进的思想。

(2) 为顾客服务

顾客有内部和外部之分:外部的顾客可以是项目的使用者,也可以是项目的开发商;内部的顾客是项目组织的部门和人员。实行全过程的质量控制要求项目所有相关利益者都必须树立为顾客服务的思想。内部顾客满意是外部顾客满意的基础。因此,在项目组织内部要树立"下道工序是顾客"、"努力为下道工序服务"的思想。使全过程的质量控制一环扣一环,贯穿整个项目过程。

4.2.3.3 全员参与控制

全员参与工程项目的质量控制是工程项目各方面、各部门、各环节工作质量的综合反映。其中任何一个环节,任何一个人的工作质量都会不同程度地直接或间接地影响着工程项目的形成质量或服务质量。因此,全员参与质量控制,才能实现工程项目的质量控制目标,形成顾客满意的产品。其主要的工作包括:

① 必须抓好全员的质量教育和培训。

② 要制订各部门、各级各类人员的质量责任制,明确任务和职权,各司其职,密切配合,以形成一个高效、协调、严密的质量管理工作的系统。

③ 要开展多种形式的群众性质量管理活动,充分发挥广大职工的聪明才智和当家做主的进取精神,采取多种形式激发全员参与的积极性。

4.3 企业质量管理体系标准

4.3.1 质量管理体系八项原则

《质量管理体系:基础和术语》(GB/T 19000—2008)是我国按同等原则从 2008 年版ISO 9000族国际标准转化而成的质量管理体系标准。八项质量管理原则是 2008 年版ISO 9000族标准的编制基础,它的贯彻执行能够促进企业管理水平的提高,并提高顾客对其产品或服务的满意程度,帮助企业达到持续成功的目的。质量管理八项原则的具体内容如下。

(1)以顾客为关注焦点

组织依存于顾客,因此,组织应该了解顾客当前和未来的需求,满足顾客要求并争取超越顾客期望。

(2)领导作用

领导者确立本组织统一的宗旨和方向,营造并保持能使员工充分参与实现组织目标的内部环境。

(3)全员参与

只有全员充分参与,才能使他们的才干为组织带来收益。组织的质量管理有赖于各级人员的全员参与,组织应对员工进行质量意识等各方面的教育,激发他们的工作积极性和责任感,为其能力、知识、经验的提高提供机会,发挥创造精神,给予必要的物质和精神奖励,使全员积极参与,为达到让顾客满意的目标而奋斗。

(4)过程方法

任何使用资源进行生产活动和将输入转化为输出的一组相关联的活动都可视为过程。将相关的资源和活动作为过程进行管理,可以更高效地得到期望的结果。2008 年版ISO 9000标准就是建立在过程控制的基础上。一般在过程的输入端、过程的不同位置及输出端都存在着可进行测量、检查的机会和控制点,对这些控制点实行测量、检测和管理,便能控制过程的有效实施。

(5)管理的系统方法

将互相关联的过程作为系统加以识别、理解和管理,有助于组织提高实现其目标的有效性和效率。不同企业应根据自己的特点,建立资源管理、过程实现、测量分析改进等方面的关联关系,并加以控制,即采用过程网络的方法建立质量管理体系,实施系统管理。质量管理体系的建立一般包括:确定顾客期望;建立质量目标和方针;确定实现目标的过程和职责;确定必须提供的资源;规定测量过程有效性的方法;实施测量确定过程的有效性;确定防止不合格并清除产生原因的措施;建立和应用持续改进质量管理体系的过程。

(6)持续改进

持续改进总体业绩应当是组织的一个永恒目标,其作用在于增强企业满足质量要求的能力,包括产品质量、过程及体系的有效性和效率的提高。持续改进是增强满足质量要求能力的循环活动,可以使企业的质量管理走良性循环的道路。

(7)基于事实的决策方法

有效决策是建立在数据和信息分析的基础上的,数据和信息分析是事实的高度提炼。以事实为依据做出决策,可以防止决策失误,因此,企业领导应重视数据信息的搜集、汇总和分析,以便为决策提供依据。

(8)与供方互利的原则

组织与供方互相依存、互利的关系可增强双方创造价值的能力。供方提供的产品是企业提供产品的一个组成部分。能否处理好与供方的关系,影响到组织能否持续稳定地向顾客提供满意的产品。因此,对供方不能只讲控制不讲合作互利,特别是对关键供方,更要建立互利互惠的合作关系,这对双方都是十分重要的。

4.3.2　企业质量管理体系文件构成

4.3.2.1　《质量管理体系:基础和术语》(GB/T 19000—2008)标准中的规定

《质量管理体系:基础和术语》要求企业重视质量体系文件的编制和使用,编制和使用质量体系文件本身就是一项具有动态管理要求的活动。质量体系的建立、健全要从编制完善的体系文件开始;质量体系的运行、审核与改进都要按照文件的规定进行;质量管理实施的结果也要形成文件,作为产品质量符合质量体系要求、质量体系的有效证据。

4.3.2.2 质量管理体系文件的组成内容

质量管理文件的组成内容包括形成文件的质量方针和质量目标,质量手册,质量管理标准所要求的各种生产、工作和管理的程序性文件,质量管理标准所要求的质量记录。

(1) 质量方针和质量目标

质量方针和质量目标一般以较为简洁的文字来表述,应反映用户及社会对工程质量的要求及企业相应的质量水平和服务承诺。

(2) 质量手册

质量手册是规定企业组织建立质量管理体系的文件,对企业质量体系作了系统、完整和概要的描述,作为企业质量管理体系的纲领性文件,具有指令性、系统性、协调性、先进性、可行性和可检查性的特点。其内容一般有企业的质量方针、质量目标;组织结构及质量职责;体系要素或基本控制程序;质量手册的评审、修改和控制的管理办法。

(3) 程序文件

质量管理体系程序文件是质量手册的支持性文件,是企业各职能部门落实质量手册要求而规定的细则。企业为落实质量管理工作而建立的各项管理标准、规章制度等都属于程序文件的范畴。一般企业都应制订的通用性管理程序为文件控制程序、质量记录管理程序、内部审核程序、不合格品控制程序、纠正措施控制程序及预防措施控制程序。

涉及产品质量形成过程各环节控制的程序文件不作统一规定,可视企业质量控制的需要而制订。为确保过程的有效运行和控制,在程序文件的指导下,尚可按管理需要编制相关文件,如作业指导书、操作手册、具体工程的质量计划等。

(4) 质量记录

质量记录是产品质量水平和企业质量管理体系中各项质量活动进行及结果的客观反映。对质量体系程序文件所规定的运行过程及控制测量检查的内容应如实记录,用以证明产品质量达到合同要求及质量保证的满足程度。

质量记录以规定的形式和程序进行,并有实施、验证、审核等人员的签署意见。它应完整地反映质量活动实施、验证和评审的情况,并记载关键活动的过程参数,具有可追溯性的特点。

4.3.3 企业质量管理体系的建立和运行

4.3.3.1 企业质量管理体系的建立

以八项质量管理为原则,在确保满足市场及顾客需求的前提下,制订企业的质量方针、质量目标、质量手册、程序文件及质量记录等体系文件,确定企业在生产或服务全过程的作业内容、程序要求和工作标准,并将质量目标分解落实到相关层次、相关岗位的职能和职责中,形成企业质量管理体系执行系统的一系列工作。其中,还包括组织不同层次的员工培训,使员工了解体系工作和执行要求,为形成全员参与的质量管理体系的运行创造条件。体系的建立需识别并提供实现质量目标和持续改进所需的资源,包括人员、工作要求及目标分解的岗位职责进行操作运行。

4.3.3.2 企业质量管理体系的运行

质量管理体系的运行是指生产及服务的全过程按质量管理文件体系制订的程序、标准、工作要求及目标分解的岗位职责进行操作运行。

质量管理体系运行应该按照各类体系文件的要求，监视、测量和分析过程的有效性和效率，同时做好文件规定的质量记录，持续搜集、记录并分析过程的数据和信息，全面体现产品的质量和过程符合要求及可追溯的效果。

4.3.3.3 企业质量管理体系的审核

按文件规定的办法进行管理评审和考核，内容是：过程运行的评审考核工作应针对发现的主要问题及时采取必要的改进措施，使这些过程达到所策划的结果和实现过程的持续改进。

质量体系的内部审核程序的主要目的是评价质量管理程序的执行情况及实用性；揭露过程中存在的问题，为质量改进提供依据；建立质量体系运行的信息；向外部审核单位提供体系有效的证据。

4.3.4 企业质量管理体系的认证与监督

4.3.4.1 质量管理体系认证的意义

质量认证制度是由第三方认证机构对企业的产品及质量体系作出正确可靠的评价，使社会对企业产品建立信心。它对供方、需方、社会和国家的利益都有重要意义。

质量管理体系认证的意义包括：

① 提高供方企业的质量信誉。

② 促进企业完善质量体系。

③ 增强国际市场竞争能力。

④ 减少社会重复检验和检查费用。

⑤ 有利于保护消费者权益。

⑥ 有利于法规的实施。

4.3.4.2 质量管理体系的申报及批准程序

(1) 申请和受理

必须是具有法人资格的企业，并且按照 GB/T 19000—ISO 9000 系列标准或其他国际公认的质量体系规范建立了文件化的质量管理体系，并且在生产经营全过程得到落实贯彻的才可提出申请。申请单位按照要求填写申请书，认证机构经严格审查符合要求后接受申请，不符合则不接受申请。对审查结果均予以发出书面通知书。

(2) 审核

认证机构派出审核组对申请方质量管理体系进行检查和评定，包括文件审查、现场审核，并写出审核报告。

(3) 审批和注册发证

审核报告经过认证机构全面仔细的审查后，符合标准者批准并予以注册，发放认证证书。认证证书的内容包括：证书号、注册企业名称和地址、认证和质量体系覆盖产品的范围、评价依据及质量保证模式标准及说明、发证机构、签发人和签发日期。

4.3.4.3　获准认证后的维持与监督管理

企业获准认证的有效期是三年。企业获准认证后应通过经常性的内部审核，维持质量管理体系的有效性，并接受认证机构的监督管理，具体内容包括：

(1) 企业通报

认证合格的企业质量管理体系文件一旦发生较大的变化，需向认证机构通告，认证机构接到通知后视情况进行必要的监督检查。

(2) 监督检查

认证机构对认证合格的企业的维持情况要进行定期和不定期的监督检查，定期检查一般为每年一次，不定期检查视需要临时安排。

(3) 认证注销

认证注销是一种自愿行为，在企业体系发生变化或证书有效期届满时未提出申请的情况下，持证者提出注销的，认证机构予以注销，收回体系认证书。

(4) 认证暂停

认证暂停是认证机构对获证企业质量管理体系不符合认证要求时采取的警告措施，暂停期间企业不得用认证体系证书做宣传。企业采取纠正措施满足规定条件后，认证机构撤销认证暂停，否则将撤销认证注册，收回合格证书。

(5) 认证撤销

当获证企业发生重大不符合规定的情况或在认证暂停期间没有进行整改的，或发生其他构成撤销体系认证资格情况时，认证机构有权做出撤销认证的决定，企业可以提出申诉。撤销认证的企业一年后可重新提出认证申诉。

(6) 复评

认证合格有效期满前，企业如果愿意继续延长，可向认证机构提出复评申请。

(7) 重新换证

在认证有效期内，出现体系认证标准的变更、体系认证范围变更、体系证书持有者变更，可按规定重新换证。

4.4　工程项目质量控制系统

4.4.1　工程项目质量控制系统概述

4.4.1.1　工程项目质量控制系统的概念

质量控制，是指为实现预定的质量目标，根据规定的质量标准对控制对象进行观察和检测，并将观测的实际结果与计划或标准对比，对偏差采取相应调整的方法和措施。工程项目质量控制系统则是针对控制对象(产品或项目)形成的一整套质量控制方法和措施，也指形成的相应的计算机质量控制软件系统。工程项目质量控制系统是面向工程项目而建立的质量控制系统。

4.4.1.2 工程项目质量控制系统与企业质量管理体系的区别

(1) 范围不同

工程项目质量控制系统只用于特定的工程项目质量控制,同一企业不同的工程项目则有不同的质量控制系统;企业的质量管理体系是针对企业整体范围来建立的,适用于整个企业的质量管理。

(2) 主体不同

工程项目质量控制系统涉及工程项目实施中所有的质量责任主体,质量控制系统的各个环节都有质量责任人;企业质量管理体系的主体资格是企业组织本身,是一个整体达到质量管理体系标准的主体概念,它通过质量管理体系中的程序文件、质量记录和规章制度等来约束和控制工程质量。

(3) 目标不同

工程项目质量控制系统的控制目标是工程项目的质量标准,这些标准除建设方(业主)提出的要求外,都属于已颁布的各种国家、行业规范,基本上是量化指标。企业质量管理体系的目标是由企业根据自身情况提出,除引用国家、行业标准外,也可以由企业自己提出。

(4) 时效不同

工程项目质量控制系统与工程项目管理组织是相互依存的,随着工程项目的进展和结束,工程项目质量控制系统的作用也随之发挥和停止,即和项目一样,属于一次性的;质量管理体系是对企业组织而言,只要企业存在,能够持续保证质量管理体系的有效性,就可以使质量管理体系一直保持下去。

(5) 评价不同

工程项目质量控制系统是企业与项目部共同为控制项目的质量而建立的,一般只做自我评价与诊断,根据经验在实践中不断修正,不进行第三方认证;企业质量管理体系是国际通用标准,需由具有专业资质的机构进行认证审核。

4.4.2 工程项目质量控制系统的构成

4.4.2.1 按控制内容分

① 工程项目勘察设计控制子系统。
② 工程项目材料设备质量控制子系统。
③ 工程项目施工安装质量控制子系统。
④ 工程项目竣工验收质量控制子系统。
⑤ 工程项目运行质量控制子系统。

4.4.2.2 按实施主体分

① 建设单位建设项目质量控制子系统。
② 工程项目总承包企业项目质量控制子系统。
③ 勘察设计单位勘察设计质量控制子系统(设计-施工分离式)。
④ 施工企业(含分包商)施工安装质量控制子系统。
⑤ 工程监理企业工程项目质量控制子系统。

4.4.2.3　按控制原理分

① 质量控制计划系统，确定建设项目的建设标准、质量方针、总目标及其分解。

② 质量控制网络系统，明确工程项目质量责任主体构成，合同关系和管理关系，控制的层次和层面。

③ 质量控制措施系统，描述主要技术措施、组织措施、经济措施和管理措施的安排。

④ 质量控制信息系统，进行质量信息的搜集、整理、加工和文档资料的管理。

4.4.3　工程项目质量控制系统的建立

4.4.3.1　建立工程项目质量控制系统的原则

(1) 分层次规划原则

工程项目质量控制系统可分为两个层次，第一层次是建设单位和工程总承包单位，分别对整个建设项目和总承包工程项目进行相关范围的质量控制系统；第二层次是设计单位、施工单位（含分包商和建设监理单位等），在建设单位和总承包工程项目质量管理控制系统的框架内，进行各自责任范围内的质量控制系统设计，使总框架更加丰富、具体和明确。

(2) 总目标分解原则

按照建设标准和工程项目质量总体目标的要求，把总目标分成若干分目标，分解到各个责任主体，并由合同加以确定，由各责任主体制订具体的质量计划，确定控制措施和方法。

(3) 质量责任制原则

与项目经理负责制一样，贯彻质量控制按谁实施谁负责，并使工程项目质量与责任人经济利益挂钩的原则。

(4) 系统有效性原则

系统有效性原则要求做到整体系统和局部系统的组织、人员、资源和措施落实到位。

4.4.3.2　建立工程项目质量控制系统的程序

① 确定控制系统各层面组织的工程质量负责人及其管理职责，形成控制系统网络架构。

② 确定控制系统组织的领导关系、报告审批及信息流转程序。

③ 制订质量控制工作制度，包括质量控制例会制度、协调制度、验收制度和质量责任制度等。

④ 部署各质量主体编制相关质量计划，并按规定程序完成质量计划的审批，形成质量控制依据。

⑤ 研究并确定控制系统内部质量职能交叉衔接的界面划分和管理方式。

4.4.4　工程项目质量控制系统的运行

工程项目质量控制系统建立后将进入运行状态，运行正常与成功的关键是系统的机制设计，成功的机制设计还需要严格的执行和实施。工程项目质量控制系统的运行与其他任何系统的运行一样，都需要在运行过程中，不断地修正和完善，任何特定的工程项目质量控制系统都可能随工程项目本身不同、所处环境条件不同而使控制参数、特征及控制条件有所不同，但系统运行的基本方式、机制是基本相同的。

4.4.4.1 控制系统运行的基本方式

工程项目质量控制系统的基本运行方式是按照 PDCA 循环原理，首先制订详细的项目质量计划，作为系统控制的依据；二是实施质量计划时，包含计划行动方案的交底和按计划规定的方法展开作业技术活动两个环节；三是对质量计划实施过程进行自我检查、相互检查和监督检查；四是针对检查结果进行分析原因，采取纠正措施，保证产品或服务质量的形成并控制系统的正常运行。

4.4.4.2 控制系统运行的机制

(1) 动力机制

工程项目质量控制系统的活力在于它的运行机制，而运行机制的核心是动力机制，动力机制则来源于利益机制，因此利益机制是关键。由于建设工程项目一般是由多个主体参加的，其质量控制的动力是受其利益分配影响的，遵循这一原则来形成工程项目质量控制系统的动力机制是非常重要的。

(2) 约束机制

工程项目质量控制系统的约束机制取决于外部监控效力和自我约束能力，外部监控效力是来自于实施主体外部的推动和检查监督，自我约束能力则指质量责任主体和质量活动主体的经营理念、质量意识、职业道德及技术能力的发挥。这两方面的约束机制是质量控制系统正确运行的保障。自我约束能力要靠提高员工素质，加强质量文化建设等来形成；外部监控效力则需严格执行有关建设法规来保证。

(3) 反馈机制

工程项目质量控制系统的运行状态和运行结果信息，需要及时反馈来对系统的控制能力进行评价，以便使系统控制主体进一步作出处理决策，调整或修改系统控制参数，达到预定的控制目标。对此，质量管理人员应力求系统反馈信息准确、及时和不失真。

4.5 工程项目施工质量控制

4.5.1 施工阶段质量控制的目标

4.5.1.1 施工阶段质量控制的总目标

贯彻执行建设工程质量法规和强制性标准，正确配置施工生产要素并采用科学管理的方法，实现工程项目预期的使用功能和质量标准。这是建设工程参与各方的共同责任。

4.5.1.2 建设单位的质量控制目标

通过施工全过程的全面质量监督管理、协调和决策，保证竣工项目达到投资决策所确定的质量标准。

4.5.1.3 设计单位的质量控制目标

通过对施工质量的验收签证、设计变更控制及纠正施工中所发现的设计问题，采纳变更设计的合理化建议等，保证竣工项目的各项施工结果与设计文件(包括变更文件)所规定的标准相一致。

4.5.1.4 施工单位的质量控制目标

通过施工全过程的全面质量自控，保证交付满足施工合同及设计文件所规定的质量标准（含工程质量创优要求）的建设工程产品。

4.5.1.5 监理单位的质量控制目标

通过审核施工质量文件、报告报表及现场旁站检查、平行检测、施工指令、结算支付控制等手段的应用，监控施工承包单位的质量活动行为，协调施工关系，履行工程质量的监督责任，以保证工程质量达到施工合同和设计文件所规定的质量标准。

4.5.2 施工质量计划的编制方法

4.5.2.1 施工质量计划的编制主体和范围

(1) 施工质量计划的编制主体

施工质量计划应由自控主体即施工承包企业进行编制。在总分包模式下，施工总承包方有责任对各分包施工质量计划的编制进行指导和审核，并承担相应施工质量的连带责任。

(2) 施工质量计划的编制范围

工程项目质量控制的要求，应与建筑安装工程施工任务的实施范围相一致，以此保证整个项目建筑安装工程的施工质量总体受控；对具体施工任务承包单位而言，施工质量计划的编制范围，应能满足其履行工程承包合同质量责任的要求。

4.5.2.2 施工质量计划的方式和内容

① 现行施工质量计划的方式包括：工程项目施工质量计划；工程项目施工组织设计（含施工质量计划）；施工项目管理实施规划（含施工质量计划）。

② 施工质量计划的基本内容包括：工程特点及施工条件分析（合同条件、法规条件和现场条件）；质量总目标及其分解目标；质量管理组织机构和职责、人员及资源配置计划；确定施工工艺与操作方法的技术方案和施工任务的流程组织方案；施工材料、设备物资等的质量管理及控制措施；施工质量检验、检测、试验工作的计划安排及其实施方法与接收准则；施工质量控制点及其跟踪控制的方式与要求；记录的要求等。

4.5.2.3 施工质量计划的审批程序与执行

施工质量计划的审批包括施工企业内部的审批和项目监理机构的审查。在执行审批程序时，必须正确处理施工企业内部审批和监理工程师审批的关系。

4.5.2.4 施工质量控制点的设置与管理

施工质量控制点的设置是施工质量计划的重要组成内容，凡属关键技术、重要部位、控制难度大、影响大、经验欠缺的施工内容以及新材料、新技术、新工艺、新设备等，均可列为质量控制点，并制订质量预控对策。

4.5.3 施工生产要素的质量控制

4.5.3.1 影响施工质量的主要因素

(1) 劳动主体

劳动主体包括人员素质(即作业者、管理者的素质及)其组织效果。

(2) 劳动对象

劳动对象包括材料、半成品、工程用品、设备等的质量。

(3) 劳动方法

劳动方法包括采取的施工工艺及技术措施的水平。

(4) 劳动手段

劳动手段包括工具、模具、施工机械、设备等条件。

(5) 施工环境

施工环境包括现场水文、地质、气象等自然环境,通风、照明、安全等作业环境以及协调配合的管理环境。

4.5.3.2 施工质量的控制内容

(1) 劳动主体的控制

劳动主体的质量包括参与工程各类人员的生产技能、文化素养、生理机能、心理行为等方面的个体素质及经过合理组织充分发挥其潜在能力的群体素质。因此施工企业应该做到:

① 择优录用员工,加强思想教育及技能方面的教育培训。

② 合理组织、严格考核,并辅以必要的激励机制,保证劳动主体在质量控制系统中发挥主体自控作用。

③ 必须坚持对所选派的项目领导者、组织者进行质量意识教育和组织管理能力训练,坚持对分包商的资质考核和施工人员的资格考核,坚持工种按规定持证上岗制度。

(2) 劳动对象的控制

原材料、半成品、设备是工程实体的基础组成部分,其质量是工程项目实体质量的组成部分,其质量的控制不仅是提高工程质量的必要条件,也是实现工程项目投资目标和进度目标的前提。

控制内容包括:控制材料设备性能、标准与设计文件的相符性;控制材料设备各项技术性能指标、检测测试指标与标准要求的相符性;控制材料设备进场验收程序及质量文件资料的齐全程度等。值得注意的是,施工企业应在施工过程中贯彻执行企业质量程序文件中材料设备在封样、采购、进场检验、抽样检测及质保资料提交等一系列明确规定的控制标准。

(3) 施工工艺的控制

施工工艺是否先进合理直接影响工程质量、工程进度及工程造价,还直接影响到工程施工安全。因此,制订和采用先进合理的施工工艺是工程质量控制的重要环节。

控制内容主要包括:

① 全面、正确地分析工程特征、技术关键及环境条件等资料,明确质量目标、验收标准、控制的重点和难点。

② 制订合理有效的施工技术方案(包括施工工艺、施工方法)和组织方案(包括施工区段划分、施工流向及劳动组织等)。

③ 合理选用施工机械设备和施工临时设施,合理布置施工总平面图和各阶段施工平面图。

④ 选用和设计保证质量和安全的模具、脚手架等施工设备。

⑤ 编制工程所采用的新技术、新工艺、新材料的专项技术方案和质量管理方案。

⑥ 为确保工程质量,应根据工程具体情况,编写气象、地质等环境不利因素对施工的影响和应对措施方案。

(4) 施工设备的控制

① 所选用的机械设备,包括起重设备、各项加工机械、专项技术设备、检查测量仪表设备及人货两用电梯等,应根据工程需要从设备选型、主要性能参数及使用操作要求等方面控制。

② 选用的模板、脚手架等施工设备,除按适用的标准定型选用外,一般需按设计及施工要求进行专项设计,对其设计方案及制作质量的控制及验收应重点控制。

按现行施工管理制度要求,施工设备尤其是危险性较大的现场安装的起重机械设备,不仅要对其设计安装方案进行审批,而且安装完毕交付使用前必须经专业管理部门验收,合格后方可使用。同时,使用中要落实相应的管理制度,确保设备安全正常使用。

(5) 施工环境的控制

施工环境控制主要采取预测、预防的控制方法。

① 地质、水文等因素影响的控制。应根据设计要求,分析基地地质资料,预测不利因素,并会同设计单位采取相应的措施,如优化降水、排水、加固等技术方案。

② 天气、气象方面的不利条件。应在施工方案中制订专项施工方案,明确施工措施,落实人员、器材等方面各项准备以紧急应对,从而控制其产生的不利影响。

③ 对环境因素造成的施工中断,必须通过加强管理、调整计划等措施加以控制。

4.5.4 施工过程的作业质量控制

建设施工项目由一系列相互关联、相互制约的作业过程(又叫工序)所构成,要控制好项目施工过程的质量就必须控制好全部作业过程,即每道工序的施工质量。

4.5.4.1 施工作业过程质量控制的基本程序

(1) 进行作业技术交底

作业技术交底包括作业技术要领、质量标准、施工依据、施工工艺选择、与前后工序的关系等。

(2) 检查施工工序及程序的合理性、科学性

检查施工工序及程序的合理性、科学性,防止工序流程错误导致的工序质量失控。检查内容包括:施工总体流程和具体施工作业的先后顺序。在正常的情况下,要坚持先准备后施工、先深后浅、先土建后安装、先验收后交工等原则。

(3) 检查工序施工条件

检查工序施工条件,即每道工序投入的材料,使用的工具、设备及操作工艺,环境条件等是否符合施工组织设计的要求。

(4) 检查工序施工中人员操作程序、操作质量

检查工序施工中人员操作程序、操作质量是否符合质量规程要求。

(5) 检查工序施工中间产品的质量

检查工序施工中间产品的质量,即工序质量、分项工程质量。

(6) 工序验收或隐蔽工程验收

对工序质量符合要求的中间产品(分项工程)及时进行工序验收或隐蔽工程验收。

(7) 质量合格的工序经验收后方可进入下道工序施工

质量合格的工序经验收后方可进入下道工序施工;未经验收合格的工序,不得进入下道工序施工。

4.5.4.2 施工工序质量控制

(1) 贯彻预防为主的基本要求

贯彻预防为主的基本要求,设置工序质量检查点,将材料质量状况、工具设备状况、施工程序、关键操作、安全条件、新材料、新工艺应用、常见质量通病,甚至操作者的行为等影响因素列为控制点,作为重点检查项目进行预控。

(2) 及时掌握施工质量总体状况

落实工序操作质量巡查、抽查及重要部位跟踪检查等方法,及时掌握施工质量总体状况。

(3) 及时做出合格或不合格的判断

对工序产品、分项工程的检查应按标准要求进行目测、实测及抽样试验的程序,做好原始记录,经数据分析后,及时做出合格或不合格的判断。

(4) 及时提交监理进行隐蔽工程验收

对合格工序产品应及时提交监理进行隐蔽工程验收。

(5) 完善管理过程的各项检查记录、检测资料及验收资料

完善管理过程的各项检查记录、检测资料及验收资料,作为工程质量验收的依据,并为工程质量分析提供可追溯的依据。

4.5.5 施工阶段质量控制的主要途径

4.5.5.1 预控途径

预控途径包括:施工条件的调查和分析;施工图纸会审和设计交底;施工组织设计文件的编制与审查;工程测量定位和标高基准点的控制;施工分包单位的选择和资质的审查;材料设备和部件采购质量控制;施工机械设备及工器具的配置与性能控制。

4.5.5.2 事中控制途径

事中控制途径包括:施工技术复核;施工计量管理;见证取样送检;技术核定和设计变更;隐蔽工程验收等。

4.5.5.3 事后控制途径

事后控制途径包括:已完施工成品保护;施工质量检查验收等。

4.6　建设工程竣工验收

4.6.1　竣工验收的主体和条件

4.6.1.1　工程竣工验收的主体

工程竣工验收案例

《建设工程质量管理条例》(国务院令〔2000〕第279号)规定,建设单位收到建设工程竣工报告后,应当组织设计、施工、工程监理等有关单位进行竣工验收。

对工程进行竣工检查和验收,是建设单位法定的权利和义务。在建设工程完工后,承包单位应当向建设单位提供完整的竣工资料和竣工验收报告,提请建设单位组织竣工验收。建设单位收到竣工验收报告后,应及时组织由设计、施工、工程监理等有关单位参加的竣工验收,检查整个工程项目是否已按照设计要求和合同约定全部建设完成,并符合竣工验收条件。

4.6.1.2　竣工验收应当具备的条件

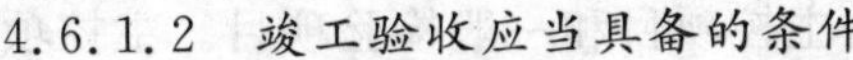

(1) 完成建设工程设计和合同约定的各项内容

建设工程设计和合同约定的内容,主要是指设计文件所确定的以及承包合同"承包人承揽工程项目一览表"中载明的工作范围,也包括监理工程师签发的变更通知单中所确定的工作内容。承包单位必须按合同的约定,按质、按量、按时完成上述工作内容,使工程具有正常的使用功能。

(2) 有完整的技术档案和施工管理资料

工程技术档案和施工管理资料是工程竣工验收和质量保证的重要依据之一,主要包括以下档案和资料:

① 工程项目竣工验收报告。
② 分项工程、分部工程和单位工程技术人员名单。
③ 图纸会审和技术交底记录。
④ 设计变更通知单,技术变更核实单。
⑤ 工程质量事故发生后的调查和处理资料。
⑥ 隐蔽验收记录及分项工程、分部工程验收记录。
⑦ 竣工图。
⑧ 质量检验评定资料。
⑨ 合同约定的其他资料。

(3) 有工程使用的主要建筑材料、建筑构配件和设备的进场试验报告

对建设工程使用的主要建筑材料、建筑构配件和设备,除需具有质量合格证明资料外,还应当有进场试验、检验报告,其质量要求必须符合国家规定的标准。

(4) 有勘察、设计、施工、工程监理等单位分别签署的质量合格文件

勘察、设计、施工、工程监理等有关单位要依据工程设计文件及承包合同所要求的质量标准,对竣工工程进行检查评定;符合规定的,应当签署合格文件。

(5) 有施工单位签署的工程保修书

4.6.2 施工质量的验收

4.6.2.1 施工质量验收的概念

施工质量验收是工程项目在施工单位自行质量检查评定的基础上,参与建设活动的有关单位共同对工程的质量进行抽样复验,根据相关标准以书面形式对工程质量达到合格与否作出确认。施工质量验收有单位工程、分部工程、分项工程和检验批四种层次的验收。其中检验批是指按统一的生产条件或按规定的方式汇总起来供检验用的,由一定数量样本组成的检验体。它是最基本的验收单位。

与检验批有关的另一个概念是主控项目和一般检验项目。主控项目是指对检验批的基本质量起决定性影响的检验项目;一般项目检验是除主控项目以外的其他检验项目。

施工质量验收是对已完工的工程实体的外观质量及内在质量按规定程序检查后,确认其是否符合设计及各项验收标准要求的质量控制过程,也是确认工程是否可交付使用的一个重要环节。正确地进行工程施工质量的检查和验收,是保证工程项目质量的重要手段。

4.6.2.2 施工验收项目的划分

分部工程
质量管理案例

为了便于施工质量的检验和验收,保证施工质量符合设计、合同和技术标准的规定,同时也更有利于衡量承包单位的施工质量水平,全面评价工程项目的综合施工质量,通常在验收时,将施工项目验收按项目构成划分为四个验收层次,即单位工程、分部工程、分项工程、检验批。

4.6.2.3 施工质量验收的依据和要求

(1) 施工质量验收的依据

① 国家和相关部门颁发的工程项目质量验收规范、规程。

② 工程项目承包合同中有关质量的规定和要求。

③ 经批准的勘察设计文件、施工图纸、设计变更文件与图纸。

④ 施工组织设计、施工技术措施和施工说明书等施工文件。

⑤ 设备产品说明书、安装说明书和合格证等设备文件。

⑥ 材料、成品、半成品、构配件的说明书和合格证等质量证明文件。

⑦ 工程项目质量控制各阶段的验收记录。

(2) 施工质量验收的要求

① 工程质量应符合本标准和相关专业验收规范的规定。

② 工程施工应符合工程勘察、设计文件的要求。

③ 参加工程施工质量验收的各方人员应具备规定的资格。

④ 工程质量的验收均应在施工单位自行检查评定的基础上进行。

⑤ 隐蔽工程在隐蔽前应由施工单位通知有关单位进行验收,并应形成验收文件。

⑥ 对涉及结构安全的试块、试件以及有关材料,应按规定进行见证取样检测。

⑦ 检验批的质量应按主控项目和一般项目验收。

⑧ 对涉及结构安全和使用功能的重要分部工程应进行抽样检测。

⑨ 承担见证取样检测及有关结构安全检测的单位应具有相应资质。

⑩ 工程的观感质量应由验收人员通过现场检查,并应共同确认。

4.6.2.4 施工质量验收的组织和程序

(1) 检验批及分项工程施工质量验收

检验批及分项工程应由监理工程师(建设单位项目技术负责人)组织施工单位项目专业质量(技术)负责人等进行验收。

(2) 分部工程施工质量验收

分部工程应由总监理工程师(建设单位项目负责人)组织施工单位项目负责人和技术、质量负责人等进行验收;地基与基础、主体结构分部工程的勘察、设计单位工程项目负责人和施工单位技术、质量部门负责人也应参加相关分部工程验收。

(3) 施工单位自行组织有关人员进行检查评定

单位工程完工后,施工单位应自行组织有关人员进行检查评定,并向建设单位提交工程验收报告。

(4) 建设单位(项目)负责人组织单位(子单位)工程竣工验收

建设单位收到工程报告后,应由建设单位(项目)负责人组织施工(含分包单位)、设计、监理等单位(项目)负责人进行单位(子单位)工程竣工验收。

(5) 分包工程

单位工程有分包单位施工时,分包单位对所承包的工程检查评定,总包单位应派人参加。分包工程完成后,应将工程有关资料交总包单位。

(6) 工程质量验收意见不一致时的协调处理

当参加验收各方对工程质量验收意见不一致时,可请当地建设行政主管部门或工程质量监督机构协调处理。

(7) 竣工验收备案

单位工程质量验收合格后,建设单位应在规定时间内将工程竣工验收报告和有关文件,报建设行政管理部门备案。

4.6.2.5 施工质量验收的内容

(1) 检验批的质量验收

① 主控项目和一般项目的质量经抽样检验合格。

② 具有完整的施工操作依据、质量检查记录。

(2) 分项工程质量验收

① 分项工程所含的检验批均应符合合格质量的规定。

② 分项工程所含的检验批的质量验收记录应完整。

(3) 分部工程质量验收

① 分部工程所含分项工程的质量均应验收合格。

② 质量控制资料应完整。

③ 有关安全及功能的检验和抽样检测结果应符合有关规定。

④ 观感质量验收应符合要求。

(4) 单位工程质量验收

① 单位工程所含分部工程的质量均应验收合格。

② 质量控制资料应完整,包括施工全过程的技术质量管理资料,其中又以原材料、施工检测、测量复核及功能性试验资料为重点检查内容。

③ 单位工程所含分部工程有关安全和功能的检测资料应完整。

④ 主要功能项目的抽查结果应符合相关专业质量验收规范的规定。使用功能的抽查是对建筑工程和设备安装工程最终质量的综合检验,也是用户最为关心的内容。因此,在分项分部工程验收合格的基础上,竣工验收时应再做一定数量的抽样检查,抽查结果应符合相关专业质量验收规范的规定。

⑤ 观感质量验收应符合要求。竣工验收时,需由参加验收的各方人员共同进行外观质量检查,可采用观察、触摸或简单测量的方式对外观质量综合给出评价,最后共同确定是否通过验收。

4.6.2.6 施工质量验收不符合验收标准时的处理

① 经返工或更换设备的工程,应该重新检查验收。在对检验批进行验收时,其主控项目不能达到验收规范要求或一般项目超过偏差限制的子项不符合检验规定的要求时,对其中的严重缺陷应返工重做;对一般缺陷则通过翻修或更换器皿、设备进行处理。通过返工处理的检验批,应重新进行验收。

② 经有资质的检测单位检测鉴定,能达到设计要求的工程,应予以验收。在检验批发现试块强度等指标不能满足验收标准要求,但经具有资质的法定检测单位检测,能够达到设计要求的,应认为检验批合格,准予验收;如检验批经检测达不到设计要求,但经原设计单位核算,能够满足结构安全和使用功能时,可予以验收。

③ 经返修或加固处理的分部分项工程,虽局部尺寸等不符合设计要求,但仍然能满足安全使用要求,可按技术处理方案和协商文件进行验收。严重缺陷或超过检验批的更大范围内的缺陷,可能影响结构的安全性和使用功能。若经有资质的检测单位检测鉴定,确认达不到验收标准的要求,即不能满足最低限度的安全储备和使用功能要求,则必须按一定的技术方案进行加固处理,使之达到能满足安全使用的基本要求。如果可能造成一些永久性的缺陷,只要不影响安全和使用功能,可以按处理技术方案和协商文件进行验收,而责任方要承担经济责任。

④ 经返修和加固后仍不能满足安全使用要求的工程严禁验收。

4.6.3 规划、消防、节能、环保的验收

4.6.3.1 工程竣工规划验收

《中华人民共和国城乡规划法》(后简称《城乡规划法》)规定,县级以上地方人民政府城乡规划

主管部门按照国务院规定对建设工程是否符合规划条件予以核实。未经核实或者经核实不符合规划条件的,建设单位不得组织竣工验收。建设单位应当在竣工验收后6个月内向城乡规划主管部门报送有关竣工验收资料。

建设工程竣工后,建设单位应当依法向城乡规划行政主管部门提出竣工规划验收申请,由城乡规划行政主管部门按照选址意见书、建设用地规划许可证、建设工程规划许可证、乡村建设规划许可证及其有关规划的要求,对建设工程进行规划验收,包括对建设用地范围内的各项工程建设情况、建筑物的使用性质、位置、间距、层数、标高、平面、立面、外墙装饰材料和色彩、各类配套服务设施、临时施工用房、施工场地等进行全面核查,并作出验收记录。对于验收合格的,由城乡规划行政主管部门出具规划认可文件或核发建设工程竣工规划验收合格证。

《城乡规划法》还规定,建设单位未在建设工程竣工验收后6个月内向城乡规划主管部门报送有关竣工验收资料的,由所在地城市、县人民政府城乡规划主管部门责令限期补报;逾期不补报的,处1万元以上5万元以下的罚款。

4.6.3.2 工程竣工消防验收

《中华人民共和国消防法》(后简称《消防法》)规定,按照国家工程建设消防技术标准需要进行消防设计的建设工程竣工,依照下列规定进行消防验收、备案:① 国务院公安部门规定的大型的人员密集场所和其他特殊建设工程,建设单位应当向公安机关消防机构申请消防验收;② 其他建设工程,建设单位在验收后应当报公安机关消防机构备案,公安机关消防机构应当进行抽查。依法应当进行消防验收的建设工程,未经消防验收或者消防验收不合格的,禁止投入使用;其他建设工程经依法抽查不合格的,应当停止使用。

《建设工程消防监督管理规定》进一步规定,建设单位申请消防验收应当提供下列材料:建设工程消防验收申报表;工程竣工验收报告;消防产品质量合格证明文件;有防火性能要求的建筑构件、建筑材料、室内装修装饰材料符合国家标准或者行业标准的证明文件、出厂合格证;消防设施、电气防火技术检测合格证明文件;施工、工程监理、检测单位的合法身份证明和资质等级证明文件,其他依法需要提供的材料。

公安机关消防机构应当自受理消防验收申请之日起20日内组织消防验收,并出具消防验收意见。公安机关消防机构对申报消防验收的建设工程,应当依照建设工程消防验收评定标准,对已经消防设计审核合格的内容组织消防验收。对综合评定结论为合格的建设工程,公安机关消防机构应当出具消防验收合格意见;对综合评定结论为不合格的,应当出具消防验收不合格意见,并说明理由。

《消防法》规定,对于依法应当进行消防验收的建设工程,未经消防验收或者消防验收不合格,擅自投入使用的,由公安机关消防机构责令停止施工、停止使用或者停产停业,并处3万元以上30万元以下罚款。

4.6.3.3 工程竣工环保验收

《建设项目环境保护管理条例》规定,建设项目竣工后,建设单位应当向审批该建设项目环境影响报告书、环境影响报告表或者环境影响登记表的环境保护行政主管部门,申请该建设项目需要配套建设的环境保护设施竣工验收。

环境保护设施竣工验收应当与主体工程竣工验收同时进行。需要进行试生产的建设项目,建设单位应当自建设项目投入试生产之日起3个月内,向审批该建设项目环境影响报告书、环境影响报告表或者环境影响登记表的环境保护行政主管部门,申请该建设项目需要配套建设的环境保护设施竣工验收。分期建设、分期投入生产或者使用的建设项目,其相应的环境保护设施应当分期验收。

环境保护行政主管部门应当自收到环境保护设施竣工验收申请之日起30日内完成验收。建设项目需要配套建设的环境保护设施经验收合格,该建设项目方可正式投入生产或者使用。

建设项目投入试生产超过3个月,建设单位未申请环境保护设施竣工验收的,由审批该建设项目环境影响报告书、环境影响报告表或者环境影响登记表的环境保护行政主管部门责令限期办理环境保护设施竣工验收手续;逾期未办理的,责令停止试生产,可以处5万元以下的罚款。

建设项目需要配套建设的环境保护设施未建成、未经验收或者经验收不合格,主体工程正式投入生产或者使用的,由审批该建设项目环境影响报告书、环境影响报告表或者环境影响登记表的环境保护行政主管部门责令停止生产或者使用,可以处10万元以下的罚款。

4.6.3.4 工程节能验收

《中华人民共和国节约能源法》规定,不符合建筑节能标准的建筑工程,建设主管部门不得批准开工建设;已经开工建设的,应当责令停止施工、限期改正;已经建成的,不得销售或者使用。《民用建筑节能条例》进一步规定,建设单位组织竣工验收,应当对民用建筑是否符合民用建筑节能强制性标准进行查验;对不符合民用建筑节能强制性标准的,不得出具竣工验收合格报告。

建筑节能工程施工质量的验收,主要应按照国家标准《建筑节能工程施工质量验收规范》(GB 50411—2007)以及《建筑工程施工质量验收统一标准》(GB 50300—2001)及各专业工程施工质量验收规范等执行。单位工程竣工验收应在建筑节能分部工程验收合格后进行。

4.6.4 工程竣工验收备案

建设单位应当自建设工程竣工验收合格之日起15日内,将建设工程竣工验收报告和规划,公安消防、环保等部门出具的认可文件或者准许使用文件报建设行政主管部门或者其他有关部门备案。建设行政主管部门或者其他有关部门发现建设单位在竣工验收过程中有违反国家有关建设工程质量管理规定行为的,责令停止使用,重新组织竣工验收。

4.6.4.1 竣工验收备案的时间及需提交的文件

《房屋建筑工程和市政基础设施工程竣工验收备案管理暂行办法》规定,建设单位应当自工程竣工验收合格之日起15日内,依照本办法规定,到工程所在地的县级以上地方人民政府建设主管部门备案。

建设单位办理工程竣工验收备案应当提交下列文件:① 工程竣工验收备案表;② 工程竣工验收报告,应当包括工程报建日期,施工许可证号,施工图设计文件审查意见,勘察、设计、施工、工程监理等单位分别签署的质量合格文件及验收人员签署的竣工验收原始文件,市政基础设施的有关质量检测和功能性试验资料以及备案机关认为需要提供的有关资料;③ 法律、行政法规规定应当由规划、环保等部门出具的认可文件或者准许使用文件;④ 法律规定应当由公安消防部门出具的对大型的人员密集场所和其他特殊建设工程验收合格的证明文件;⑤ 施工单位签署的工程质量保修书;⑥ 法规、规章规定必须提供的其他文件。住宅工程还应当提交"住宅质量保证书"和"住宅使用说明书"。

4.6.4.2 竣工验收备案文件的签收和处理

备案机关收到建设单位报送的竣工验收备案文件，验证文件齐全后，应当在工程竣工验收备案表上签署文件收讫。工程竣工验收备案表一式两份，一份由建设单位保存，一份留备案机关存档。

工程质量监督机构应当在工程竣工验收之日起5日内，向备案机关提交工程质量监督报告。备案机关发现建设单位在竣工验收过程中有违反国家有关建设工程质量管理规定行为的，应当在收讫竣工验收备案文件15日内，责令停止使用，重新组织竣工验收。

4.6.5 工程质量保修

4.6.5.1 质量保修书

《建设工程质量管理条例》规定，建设工程承包单位在向建设单位提交工程竣工验收报告时，应当向建设单位出具质量保修书。质量保修书中应当明确建设工程的保修范围、保修期限和保修责任等。

建设工程承包单位应当依法在向建设单位提交工程竣工验收报告资料时，向建设单位出具工程质量保修书。工程质量保修书包括以下主要内容：

① 质量保修范围。《中华人民共和国建筑法》(后简称《建筑法》)规定，建筑工程的保修范围应当包括地基基础工程、主体结构工程、屋面防水工程和其他土建工程，以及电气管线、上下水管线的安装工程，供热、供冷系统工程等项目。当然，不同类型的建设工程，其保修范围有所不同。

② 质量保修期限。《建筑法》规定，保修的期限应当按照保证建筑物合理寿命年限内正常使用，维护使用者合法权益的原则确定。具体的保修范围和最低保修期限由国务院规定。据此，国务院在《建设工程质量管理条例》中作了明确规定。

③ 承诺质量保修责任。主要是施工单位向建设单位承诺保修范围、保修期限和有关具体实施保修的措施，如保修的方法、人员及联络办法，保修答复和处理时限，不履行保修责任的罚则等。

4.6.5.2 建设工程质量的最低保修期限

《建设工程质量管理条例》规定，在正常使用条件下，建设工程的最低保修期限为：① 基础设施工程、房屋建筑的地基基础工程和主体结构工程，为设计文件规定的该工程的合理使用年限；② 屋面防水工程、有防水要求的卫生间、房间和外墙面的防渗漏，为5年；③ 供热与供冷系统，为两个采暖期、供冷期；④ 电气管线、给排水管道、设备安装和装修工程，为2年。其他项目的保修期限由发包方与承包方约定。

建设工程保修期的起始日是竣工验收合格之日。按照《建设工程质量管理条例》的规定："建设行政主管部门或者其他有关部门发现建设单位在竣工验收过程中有违反国家有关建设工程质量管理规定行为的，责令停止使用，重新组织竣工验收。"对于重新组织竣工验收的工程，其保修期为各方都认可的重新组织竣工验收的日期。

4.7 工程质量问题和质量事故的处理

4.7.1 工程项目质量问题与质量事故概述

4.7.1.1 工程项目质量问题与质量事故的概念

在工程项目中，凡存在工程质量不符合建筑、安装质量检验验收标准，相关施工与验收规范或设计图纸要求，以及合同规定的质量要求，程度轻微的称为工程质量问题；造成人身伤亡或者重大经济损失的，称为工程质量事故。

根据工程质量事故造成的人员伤亡或者直接经济损失，工程质量事故分为如下 4 个等级：

① 特别重大事故。特别重大事故是指造成 30 人以上死亡，或者 100 人以上重伤，或者 1 亿元以上直接经济损失的事故。

② 重大事故。重大事故是指造成 10 人以上 30 人以下死亡，或者 50 人以上 100 人以下重伤，或者 5000 万元以上 1 亿元以下直接经济损失的事故。

③ 较大事故。较大事故是指造成 3 人以上 10 人以下死亡，或者 10 人以上 50 人以下重伤，或者 1000 万元以上 5000 万元以下直接经济损失的事故。

④ 一般事故。一般事故是指造成 3 人以下死亡，或者 10 人以下重伤，或者 100 万元以上 1000 万元以下直接经济损失的事故。

本等级划分所称的“以上”包括本数，所称的“以下”不包括本数。

4.7.1.2 工程项目质量问题的特点

① 复杂性。工程项目质量问题的复杂性主要在于其质量问题的成因可能是单因素、多因素或综合因素起作用，而这些因素可能导致一个相同的质量问题结果，从而使得工程项目质量问题的分析和判断复杂化。

② 隐蔽性。工程项目质量问题的发生，很多情况下是从隐蔽部位开始的，特别是建筑工程地基基础方面出现的质量问题。在问题出现的初期，可能从建筑物外观无法判断和发现，造成此类质量问题具有一定的隐蔽性。

③ 渐变性。工程项目的质量在项目环境的影响下，将是一个渐变的过程。在质量渐变的过程中，微小的质量问题也可能导致工程项目质量由稳定的量变出现不稳定的突变，最终导致工程项目发生质量事故。

④ 严重性。工程项目质量事故的后果一般较为严重，较轻的影响工程项目进度、增加工程费用；严重的使项目成果不能交付使用，或者结构破坏，造成巨大经济损失和人员伤亡。

⑤ 多发性。工程项目中的有些质量问题在施工中很容易发生，难以控制，所以这类质量问题经常性地发生。如卫生间漏水、预制件出现裂缝、现浇混凝土质量不均或强度不足等问题，在大多数工程项目中以上质量问题都有出现，甚至同一项目中还多次出现。

4.7.1.3 工程项目质量事故产生的原因

引起工程项目质量事故的原因很多，重要的是能分析出其中的主要影响因素，以使采取的技术处理措施能有效地纠正问题。这些原因综合起来有如下几个。

(1) 违背建设程序

项目不经可行性论证,不作调查分析就决策;没有工程地质、水文地质资料就仓促开工;无证设计,无图施工,任意修改设计,不按图纸施工;工程竣工不进行试车运行、不经验收就交付使用等现象,致使不少工程项目留有严重隐患。

(2) 工程地质勘察原因

未认真进行地质勘察,提供的地质资料、数据有误;地质勘察时,钻孔间距太大,不能全面反映地基的实际情况;地质勘察钻孔深度不够,没有查清地下软土层、滑坡、墓穴、孔洞等地层结构;地质勘察报告不详细、不准确等,均会导致采用错误的基础方案,造成地基不均匀沉降、失稳,使上部结构及墙体开裂、破坏、倒塌等。

(3) 未加固处理好地基

对软弱土、冲填土、杂填土、湿陷性黄土、膨胀土、岩层出露、熔岩或土洞等不均匀地基未进行加固处理或处理不当,均是导致重大质量问题的原因。必须根据不同地基的工程特性,按照地基处理应与上部结构相结合,使其共同工作的原则,从地基处理、设计措施、结构措施、防水措施和施工措施等方面综合考虑处理。

(4) 设计计算问题

设计考虑不周,结构构造不合理,计算简图不正确,计算载荷取值过小,内力分析有误,沉降缝及伸缩缝设置不当,悬挑结构未进行抗颠覆验算等,都是诱发质量问题的隐患。

(5) 建筑材料及制品不合格

钢筋物理力学性能不符合标准,水泥受潮、过期、结块、安定性不良、砂石级配不合理、有害物含量过多,混凝土配合比不准,外加剂性能、掺量不符合要求时,均会影响混凝土强度、和易性、密实性、抗掺性,导致混凝土结构强度不足、裂缝、渗漏、蜂窝、露筋等质量问题;预制构件断面尺寸不准,支承锚固长度不足,未可靠建立预应力值,钢筋漏放、错位,板面开裂等,必然会出现断裂、垮塌。

(6) 施工和管理问题

许多工程质量问题,往往是由施工和管理所造成。

① 不熟悉图纸,盲目施工;图纸未经会审,仓促施工;未经监理、设计部门同意,擅自修改设计;不按图施工,把铰接做成刚接,把简支梁做成连续梁,抗裂结构用光圆钢筋代替变形钢筋等,致使结构裂缝破坏;挡土墙不按图设滤水层,留排水口,致使土压力增大,造成挡土墙倾覆。

② 不按有关施工规范施工。如现浇混凝土结构不按规定的位置和方法任意留设施工缝;不按规定的强度拆除模板,砌体不按组砌形式砌筑,留直槎不加拉结条,在宽度小于 1 m 的窗间墙上留设脚手眼等。

③ 不按有关操作规程施工。如用插入式振捣器捣实混凝土时,不按插点均布、快插慢拔、上下抽动、层层扣搭的操作方法,致使混凝土振捣不实,整体性差;砖砌体包心砌筑,上下通缝,灰浆不均匀饱满,游丁走缝,不横平竖直等都是导致砖墙、砖柱破坏和倒塌的主要原因。

④ 缺乏基本结构知识。如将钢筋混凝土预制梁倒放安装;将悬臂梁的受拉钢筋放在受压区;结构构件吊点选择不合理,不了解结构使用受力和吊装受力的状态;施工中在楼面超载堆放构件和材料等,均会给质量和安全造成严重的后果。

⑤施工管理紊乱,施工方案考虑不周,施工顺序错误。技术组织措施不当,技术交底不清,违章作业。不重视质量检查和验收工作等,都是导致质量问题的祸根。

(7) 自然条件影响

施工项目周期长、露天作业多,受自然条件影响大,温度、湿度、日照、雷电、洪水、大风和暴雨等都能造成重大的质量事故，施工中应特别重视，采取有效措施予以预防。

(8) 建筑结构使用问题

建筑物使用不当，亦会造成质量问题。如不经校核、验算，就在原有建筑物上任意加层；使用荷载超过原设计的容许荷载；任意开槽、打洞、削弱承重结构的截面等。

4.7.2 工程项目质量事故处理

4.7.2.1 事故调查与分析

对工程质量事故的处理，首先要进行细致的现场调查，观察记录全部实况，充分了解与掌握引发质量事故的现象和特征；及时搜集、保存与事故有关的全部设计和施工资料，分析摸清工程施工环境的异常变化；找出可能产生质量事故的所有因素，并进行分析、比较和综合判断，确定最有可能造成质量事故的原因。必要时，进行科学的计算分析或模拟实验予以论证确认。

进行质量事故原因分析时，采取的基本原理是确定质量事故的初始点(即原点)，它是反映质量事故的直接原因，在分析中具有关键作用；围绕原点对现场各种现象和特征进行分析，区别导致同类质量事故的不同原因，逐步揭示质量事故萌生、发展和最终形成的过程；综合考虑原因复杂性，确定诱发质量事故的起源点，即确定真正原因。

质量事故的调查与分析结果最终形成调查报告。

4.7.2.2 处理方案的确定

① 处理依据。质量事故处理的依据包括施工承包合同、设计委托合同、材料设备订购合同；设计文件，质量事故发生部位的施工图；有关的技术文件，如检验单、试验报告、施工记录、施工组织设计、施工日志等；有关的法规、标准和规定等；质量事故调查分析报告。

② 方案类型。质量事故处理的方案应根据事故的性质、原因、程度而采取不同的方案，主要有封闭保护、结构补强和返工重建等。

③ 方案选择。根据质量事故的具体情况，可先提出几种可行的处理方案对比初选；必要时辅以实验验证，并要结合当地的资源情况，选择具有较高处理效果又便于施工的处理方案；若涉及的技术领域比较广泛、问题较复杂，可请专家论证，按经济、工期、效果等指标综合评判决策。

4.7.2.3 方案实施与鉴定验收

① 实施要求。严格按处理方案的质量要求进行施工，事故处理现场要有相关质量监督人员(政府监督部门、监理工程师或建设方)，处理完后要按有关规定取样检测并验收。检测结果作为质量事故处理报告的附件材料。

② 验收结论。所有质量事故，包括需要不进行技术处理的都需要提出明确的书面结论。书面验收结论一般包括：事故已排除，可以继续施工；隐患已消除，结构安全有保证；经修补处理后，完全能满足使用要求；基本上满足使用要求，但需限制荷载等；其他对耐久性、建筑外观影响的结论等。

③ 责任分析。对责任的分析应慎重。对短期内难以作出结论的，可提出进一步观测检验意见；对某些问题认识不一致，意见暂时不统一的，应继续调查，以便掌握更充分的资料和数据来支持其结论。

4.7.2.4 处理报告

工程项目质量事故报告的内容一般包括：

① 事故的基本情况。

② 事故的性质和类型。

③ 事故原因的初步分析。

④ 事故的评价。

⑤ 事故责任人员情况。

⑥ 事故处理意见。

4.8　统计分析方法在工程质量控制中的应用

4.8.1　分层法

分层法又叫分类法，是指分门别类地对工程质量状况进行调查和对质量问题进行分析，以便准确有效地找出问题及其原因。

下面结合实例加以说明。

【例 4-1】 某工程主体结构竖向钢筋采用电渣压力焊，焊接由A、B、C三个师傅进行，他们焊接的工艺不同，焊剂从甲、乙两个厂家购买，通过试焊，现分析采用哪个师傅的焊接工艺，购买哪家焊剂，工程合格率最高。按操作者与焊剂供应厂家的综合分层如表4-1所示。

表 4-1　　按操作者与焊剂供应厂家的综合分层表

操作者	焊接质量	甲厂		乙厂		合计	
		焊接点	不合格率/%	焊接点	不合格率/%	焊接点	不合格率/%
A	不合格	6	75	0	0	6	32
	合格	2		11		13	
B	不合格	0	0	3	43	3	25
	合格	5		4		9	
C	不合格	3	30	7	78	10	53
	合格	7		2		9	
合计	不合格	9	39	10	37	19	38
	合格	14		17		31	

【解】 由表4-1知操作者B的质量较好，操作者C的质量较差。在使用甲厂的焊剂时，应采用B师傅的操作方法，在使用乙厂的焊剂时，应采用A师傅的操作方法，从而会使合格率大大提高。

根据管理需要和统计目的，通常可以按照以下分层方法取得原始数据：

① 时间：月、日、上午、下午、白天、晚间、季节。

② 地点：地域、城市、乡村、楼层、外墙、内墙。

③ 材料：产地、厂商、规格、品种。

④ 测定：方法、仪器、测定人、取样方式。

⑤ 作业：工法、班组、工长、工人、分包商。

⑥ 工程：住宅、办公楼、道路、桥梁、隧道。

⑦ 合同：总承包、专业分包、劳务分包。

4.8.2 直方图法

4.8.2.1 直方图的概念

直方图又称为质量分布图，是一种几何形式的图表，能一目了然地把质量分布状态进行图表化处理。它是通过对从生产过程中搜集来的看似无序的数据进行处理，再根据质量数据分布情况，画成以组距为底边、以频数为高度的一系列连接起来的直方形矩形图(图 4-3)来反映产品质量的分布情况，以判断和预测产品质量及不合格率。

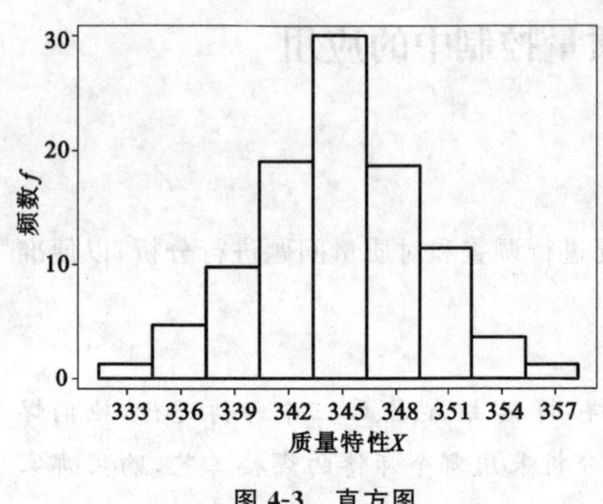

图 4-3 直方图

4.8.2.2 直方图的作用

直方图法是从总体中随机抽取样本，将从样本中获得的数据进行整理，根据这些数据找出数据变化的规律，从而判断生产过程质量的一种常用方法。作直方图的目的就是通过观察图的形状，判断生产过程是否稳定，预测生产过程的质量。具体来说，作直方图的作用有：

① 比较直观地反映出质量特性分布状态，便于及时掌握质量分布状况和判断一批已加工完成的产品的质量。

② 考察过程能力，估计生产过程的不合格率，了解过程能力对产品质量的保证情况。

③ 可以用来提高人们的质量意识。在生产现场挂出直方图，可以给全体人员一个“产品质量第一”的观念，有助于提高全体人员的管理意识和质量意识。

4.8.2.3 直方图的观察和分析

(1) 分布状态的分析

对直方图分布状态进行分析，可判断生产过程是否正常，常见的直方图如下：

① 正态分布，如图 4-4(a)所示，说明生产过程正常、质量稳定。

② 偏态分布，如图 4-4(b)、(c)所示，由于技术或习惯上原因，或由于上(下)限控制过严造成的。

③ 锯齿分布，如图 4-4(d)所示，由于组数或组距不当、测试所用方法和读数有问题所致。

④ 孤岛分布，如图 4-4(e)所示，由于原材料变化(如少量材料不合格)或工人临时替班所致。

⑤ 陡壁分布，如图 4-4(f)所示，往往是剔除不合格品、等外品或超差返修后造成的。

⑥ 双峰分布，如图 4-4(g)所示，把两种不同方法、产品或服务生产的产品数据混淆在一起所致。

⑦ 平峰分布，如图 4-4(h)所示，生产过程中有缓慢变化的因素起主导作用的结果。

(2) 实际分布与标准分布的比较

将正常型直方图与质量标准进行比较，判断实际施工能力。如图 4-5 所示，T 表示质量标准要求的界限，B 代表实际质量特性值分布范围。比较结果一般有以下几种情况：

① B 在 T 中间，两边各有一定余地，这是理想的情况，如图 4-5(a)所示。

② B 虽在 T 之内，但偏向一边，有超差的可能，需要采取纠偏措施，如图 4-5(b)所示。

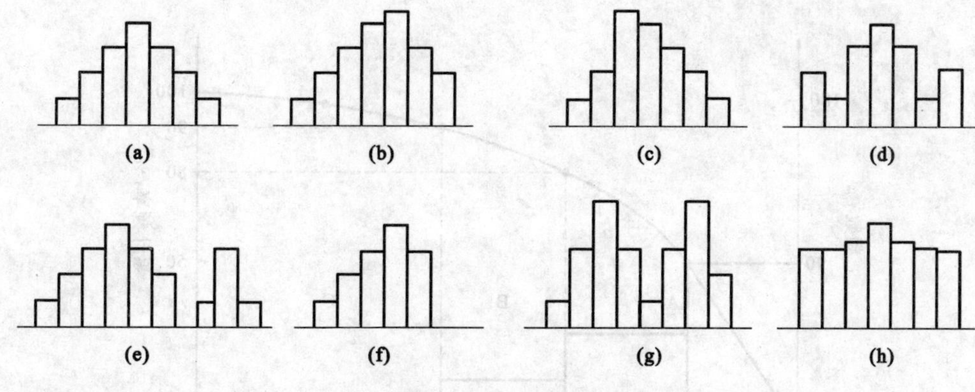

图 4-4　常见直方图

③ B 与 T 相重合，实际分布太宽，易超差，要减少数据的分散，如图 4-5(c)所示。

④ B 过分小于 T，说明加工过于精确，不经济，如图 4-5(d)所示。

⑤ 由于 B 过分偏离 T 的中心，造成很多废品，需要调整，如图 4-5(e)所示。

⑥ 实际分布范围 B 过大，产生大量废品，说明工序能力不能满足技术要求，如图 4-5(f)所示。

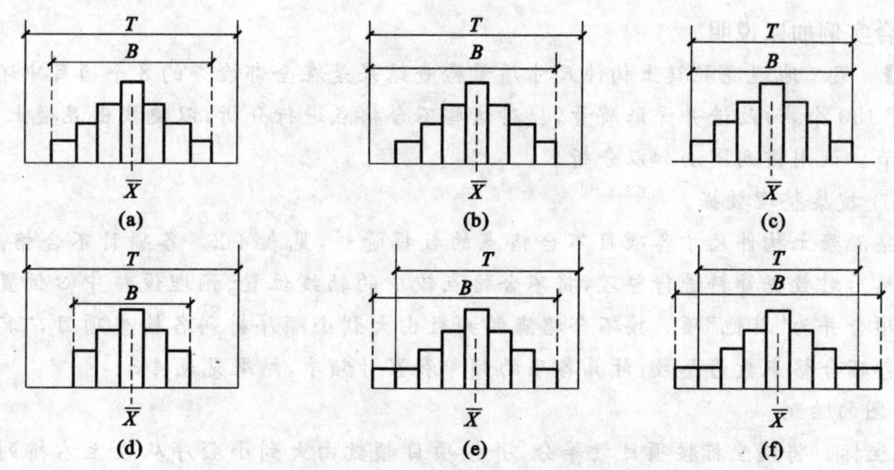

图 4-5　实际质量分布与标准质量分布比较

4.8.3　排列图法

4.8.3.1　排列图法的概念

排列图法是利用排列图寻找影响质量主次因素的一种有效方法。排列图又叫帕累托图或主次因素分析图，它由两个纵坐标、一个横坐标、几个连起来的直方形和一条曲线所组成，如图 4-6 所示。左侧的纵坐标表示频数，右侧的纵坐标表示累计频率，横坐标表示影响质量的各个因素或项目，按影响程度大小从左至右排列，直方形的高度示意某个因素的影响大小。实际应用中，通常按累计频率划分为 0～80%、80%～90%、90%～100% 三部分，与其对应的影响因素分别为 A、B、C 三类。A 类为主要因素，B 类为次要因素，C 类为一般因素。

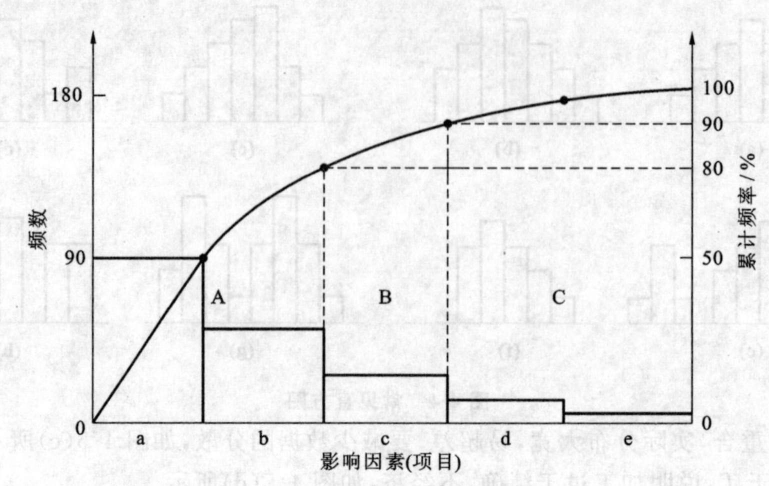

图 4-6 排列图法

4.8.3.2 排列图的绘制

下面结合实例加以说明。

【例 4-2】 某工地现浇混凝土构件尺寸质量检查结果是在全部检查的 8 个项目中不合格点(超偏差限值)有 150 个,为改进并保证质量,应对这些不合格点进行分析,以便找出混凝土构件尺寸质量的薄弱环节。试用排列图法加以分析。

【解】 ① 搜集整理数据。

首先搜集混凝土构件尺寸各项目不合格点的数据资料,见表 4-2。各项目不合格点出现的次数即频数。然后对数据资料进行整理,将不合格点较少的轴线位置、预埋设施中心位置、预留孔洞中心位置三项合并为“其他”项。按不合格点的频数由大到小顺序排列各检查项目,“其他”项排在最后。以全部不合格点数为总数,计算各项的频率和累计频率,结果见表 4-3。

② 排列图的绘制。

a. 画横坐标。将横坐标按项目数等分,并按项目频数由大到小顺序从左至右排列,该例中横坐标分为六等份。

b. 画纵坐标。左侧的纵坐标表示项目不合格点数即频数,右侧纵坐标表示累计频率。要求总频数对应累计频率 100%。该例中 150 应与 100% 在一条水平线上。

表 4-2 不合格点统计表

序号	检查项目	不合格点数	序号	检查项目	不合格点数
1	轴线位置	1	5	平面水平度	15
2	垂直度	8	6	表面平整度	75
3	标高	4	7	预埋设施中心位置	1
4	截面尺寸	45	8	预留孔洞中心位置	1

表 4-3　　不合格点项目频数、频率统计表

序号	项目	频数	频率/%	累计频率/%
1	表面平整度	75	50.0	50.0
2	截面尺寸	45	30.0	80.0
3	平面水平度	15	10.0	90.0
4	垂直度	8	5.3	95.3
5	标高	4	2.7	98.0
6	其他	3	2.0	100.0
合计		150	100	

c. 画频数直方形。以频数为高画出各项目的直方形。

d. 画累计频率曲线。从横坐标左端点开始，依次连接各项目直方形右边线及所对应的累计频率值的交点，所得的曲线即为累计频率曲线。

e. 记录必要的事项。如标题、搜集数据的方法和时间等。

图 4-7 为本例混凝土构件尺寸不合格点排列图。

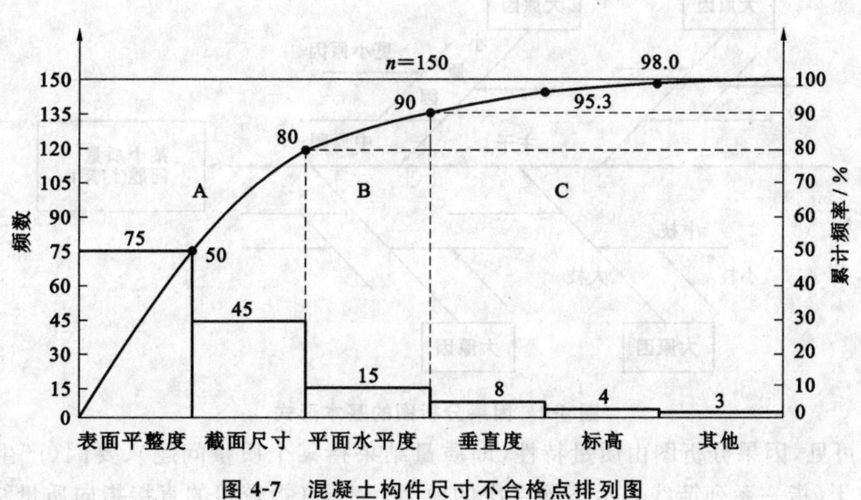

图 4-7　混凝土构件尺寸不合格点排列图

4.8.3.3　排列图的观察与分析

(1) 观察直方形

观察直方形，大致可看出各项目的影响程度。排列图中的每个直方形都表示一个质量问题或影响因素。影响程度与各直方形的高度成正比。

(2) 利用 ABC 分类法，确定主次因素

将累计频率曲线按 0%～80%、80%～90%、90%～100%分为三部分，各曲线下面所对应的影响因素分别为 A、B、C 三类因素。

该例中 A 类即主要因素，为表面平整度(2 m 长度)、截面尺寸(梁、柱、墙板、其他构件)，B 类即次要因素，为平面水平度，C 类即一般因素，为垂直度、标高和其他项目。综上分析结果，下步应重点解决 A 类等质量问题。

4.8.3.4　排列图的应用

排列图可以形象、直观地反映主次因素。其主要应用如下：

① 按不合格点的内容分类，可以分析出造成质量问题的薄弱环节。

② 按生产作业分类，可以找出生产不合格品最多的关键过程。

③ 按生产班组或单位分类，可以分析比较各单位技术水平和质量管理水平。

④ 将采取提高质量措施前后的排列图对比，可以分析措施是否有效。

⑤ 此外，还可以用于成本费用分析、安全问题分析等。

4.8.4　因果分析图法

4.8.4.1　因果分析图法的概念

因果分析图法是利用因果分析图来系统分析某个质量问题（结果）与其产生原因之间关系的有效工具。因果分析图也称特性要因图，又因其形状常被称为树枝图或鱼刺图。因果分析图基本形式如图4-8所示。

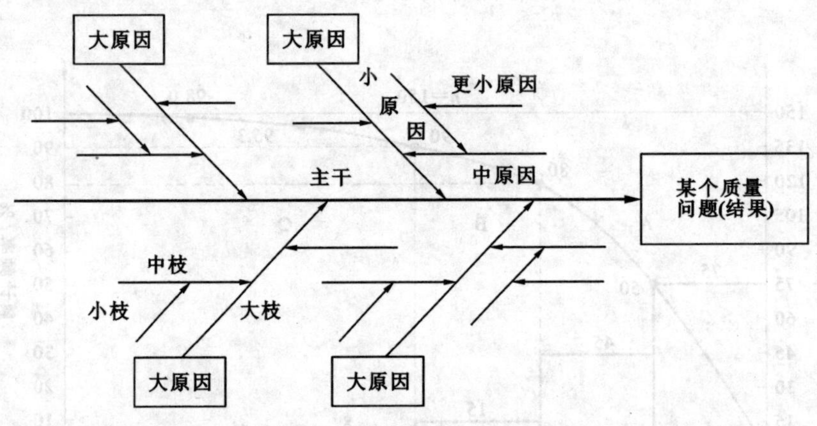

图4-8　因果分析图的基本形式

从图4-8可见，因果分析图由质量特性（即质量结果指某个质量问题）、要因（产生质量问题的主要原因）、枝干（指一系列箭线表示不同层次的原因）、主干（指较粗的直接指向质量结果的水平箭线）等组成。

4.8.4.2　因果分析图的绘制

下面结合实例加以说明。

【例4-3】　绘制混凝土强度不足的因果分析图。

【解】　因果分析图的绘制步骤与图中箭头方向恰恰相反，是从“结果”开始将原因逐层分解的，具体步骤如下：

① 明确质量问题：结果。该例分析的质量问题是“混凝土强度不足”，作图时首先由左至右画出一条水平主干线，箭头指向一个矩形框，框内注明研究的问题，即结果。

② 分析确定影响质量特性大的方面原因。一般来说，影响质量因素有五大方面，即人、机械、材料、方法、环境等。另外，还可以按产品的生产过程进行分析。

③ 将每种大原因进一步分解为中原因、小原因，直至分解的原因可以采取具体措施加以解决为止。

④ 检查图中所列原因是否齐全，可以对初步分析结果广泛征求意见，并作必要的补充及修改。

⑤ 选择出影响大的关键因素，做出标记“Δ”，以便重点采取措施，如图 4-9 所示。

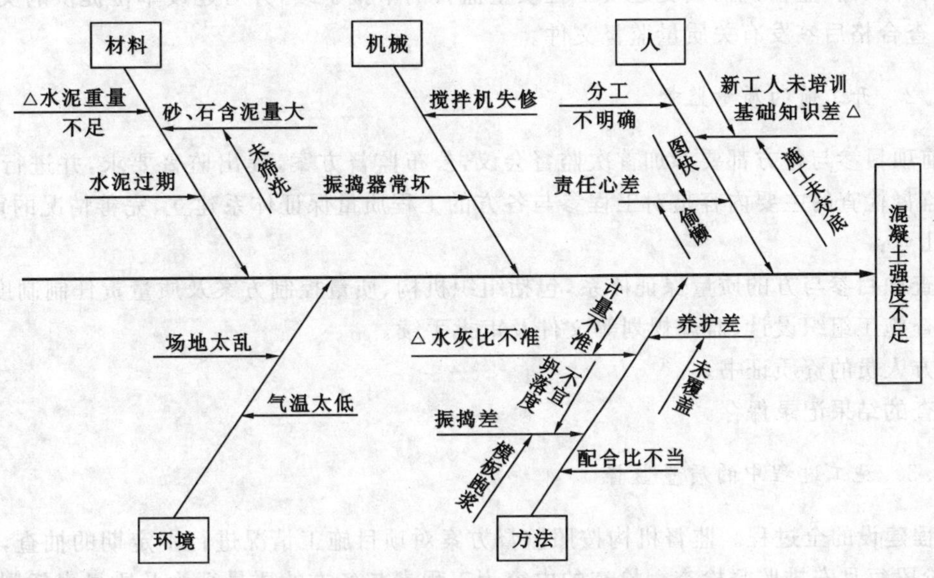

图 4-9　混凝土强度不足的因果分析图

4.9　工程项目质量的政府监督

4.9.1　建设工程项目质量政府监督的职能

4.9.1.1　有关规定

① 我国《建筑法》、《建设工程质量管理条例》明确规定：政府行政主管部门设立专门机构对建设工程质量行使监督职能，目的是保证建设工程质量及建设工程的使用安全和环境质量。

② 国务院建设行政主管部门对全国建设工程质量实行统一监督管理，国务院铁路、交通、水利等有关部门按照规定的职责分工，负责全国有关专业建设工程质量的监督管理。

③ 各级政府质量监督机构对建设工程质量监督的依据是国家、地方和各专业建设管理部门颁发的法律、法规及各类规范和强制性标准。

4.9.1.2　政府监督职能的内容

政府对建设工程质量监督的职能包含两个方面：一是监督工程建设的主体（建设单位、施工单位、材料设备供应单位、设计勘察单位和监理单位等）的质量行为是否符合国家法律规定及各项制度的规定；二是监督检查工程实体的施工质量，尤其是地基基础、主体结构、专业设备安装等涉及结构安全和使用功能的施工质量。

4.9.2 建设工程项目质量政府监督的内容

4.9.2.1 建设工程质量监督申报

在项目开工前,监督机构接受建设工程质量监督的申报手续,并对建设单位提供的文件资料进行审查,审查合格后签发有关质量监督文件。

4.9.2.2 开工前的质量监督

开工前项目参与各方都要参加首次监督会议,公布监督方案,提出监督要求,并进行第一次监督检查。监督检查的主要内容是对工程参与各方的工程质量保证体系建立、完善情况的审查,具体涵盖以下几点:

① 检查项目参与方的质量保证体系,包括组织机构、质量控制方案及质量责任制制度。

② 审查施工组织设计、监理规划等文件及审批手续。

③ 各方人员的资质证书。

④ 检查的结果记录保存。

4.9.2.3 施工过程中的质量监督

① 工程建设的全过程。监督机构按照监督方案对项目施工情况进行不定期的抽查,其中在基础和结构阶段每月安排监督检查。检查的内容为工程参与各方的质量行为及质量责任制的履行情况、工程实体质量和质保资料的检查。

② 对建设工程项目结构主要部位(如桩基、基础、主体结构)除常规检查外,在分部工程验收时进行监督,即建设单位将施工、设计、监理、建设方分别签字的质量验收证明在验收后 3 天内报监督机构备案。

③ 对施工过程中发生的质量问题、质量事故进行查处。根据质量检查状况,对已查实的问题签发"质量问题整改通知单"或"局部暂停施工指令单";对问题严重的也可根据情况发出"临时收缴资质证书通知书"等处理意见。

4.9.2.4 竣工阶段的质量监督

① 竣工验收前,对质量监督检查中提出质量问题的整改情况进行复查,了解其整改情况。

② 参与竣工验收会议,对验收过程进行监督。

③ 编制单位工程质量监督报告,在竣工验收之日起的规定时间内提交竣工验收备案部门;对不符合验收要求的责令改正;对存在的问题进行处理,并向备案部门提出书面报告。

4.9.2.5 建立建设工程质量监督档案

建设工程质量监督档案按单位工程建立,要求归档及时,资料记录等各类资料齐全,由监督机构负责人签字后存档,按规定年限保存。

【知识归纳】

(1) 工程项目的质量总目标由业主提出,是对工程项目质量提出的总要求。

(2) 工程项目质量控制的基本原理主要有 PDCA 循环原理、三阶段原理、三全控制原理。

(3) 企业质量管理体系文件包括:质量方针和质量目标、质量手册、程序性文件、质量记录。

(4) 工程项目质量控制系统是面向工程项目而建立的质量控制系统。

(5) 对设计文件的质量,主要依据其功能性、可信性、安全性、可实施性、适应性、经济性、时间性7个质量特性是否满足要求来衡量。

(6) 达到施工质量控制的总目标是建设工程参与各方的共同责任。

(7) 各级政府质量监督机构对建设工程质量监督的依据是国家、地方和各专业建设管理部门颁发的法律、法规及各类规范和强制性标准。

【独立思考】

4-1　简述全面质量管理的基本工作方法——PDCA 循环。

4-2　工程项目质量控制系统与企业质量管理体系的区别是什么?

4-3　工程项目质量控制系统按控制原理如何划分?

4-4　施工过程的质量控制关键是什么?为什么?

4-5　质量控制点的确定原则是什么?

4-6　施工质量验收不符合验收标准时,应如何进行处理?

4-7　工程项目质量问题与工程项目质量事故的处理区别是什么?

4-8　工程项目质量问题产生的最主要原因是什么?

4-9　建设工程项目质量事故处理报告包括哪些内容?

4-10　试述工程项目质量目标控制的必要性。

4-11　常用的质量控制统计方法有哪些?

【参考文献】

［1］　应试指导专家组.建设工程项目管理.北京:化学工业出版社,2008.

［2］　韩国波.建设工程项目管理.重庆:重庆大学出版社,2011.

［3］　朱祥亮,漆玲玲.建设工程项目管理.南京:东南大学出版社,2010.

［4］　金国辉.建设工程质量与安全控制.北京:清华大学出版社;北京交通大学出版社,2009.

［5］　杨兴荣.工程项目管理.合肥:合肥工业大学出版社,2007.

［6］　中华人民共和国建设部,中华人民共和国国家质量监督检验检疫总局.GB 50300—2001 建筑工程施工质量验收统一标准.北京:中国建筑工业出版社,2001.

［7］　中华人民共和国住房和城乡建设部.关于做好房屋建筑和市政基础设施工程质量事故报告和调查处理工作的通知.2010.

5

建设工程安全与环境管理

课前导读

内容提要

本章主要内容包括建设工程安全控制、工程安全事故与事故处理、文明施工与环境管理、职业健康安全管理体系与环境管理体系。本章的教学重点为工程安全事故的分类与事故处理。本章的教学难点为职业健康安全管理体系与环境管理体系。

能力要求

通过本章的学习，学生应达到施工项目职业健康、安全与环境管理的要求，具备对工程安全事故进行处理的能力和对建筑工程进行施工项目职业健康、安全与环境管理的能力。

数字资源

5分钟看完本章

5.1 建设工程安全控制

5.1.1 安全生产和安全控制的概念

(1) 安全生产的概念

安全管理案例

安全生产是指使生产过程处于避免人身伤害、设备损坏及其他不可接受的损害风险(危险)的状态。不可接受的损害风险(危险)通常是指超出了法律、法规和规章的要求;超出了方针、目标和企业规定的其他要求;超出了人们普遍接受(通常是隐含的)要求。因此,安全与否要对照风险接受程度来判定,安全生产是一个相对性的概念。

(2) 安全控制的概念

安全控制是通过对生产过程中涉及计划、组织、监控、调节和改进等一系列致力于满足生产安全所进行的管理活动。

5.1.2 安全控制的方针与目标

(1) 安全控制的方针

安全控制的目的是安全生产,因此安全控制的方针也应符合安全生产的方针,即:"安全第一,预防为主"。"安全第一"是把人身的安全放在首位,安全为了生产,生产必须保证人身安全,充分体现了"以人为本"的理念。"预防为主"是实现"安全第一"的最重要手段,采取正确的措施和方法进行安全控制,从而减少甚至消除事故隐患,尽量把事故消灭在萌芽状态,这是安全控制最重要的思想。

(2) 安全控制的目标

安全控制的目标是减少和消除生产过程中的事故,保证人员健康安全和财产免受损失。具体可包括:减少或消除人的不安全行为的目标;减少或消除设备、材料的不安全状态的目标;改善生产环境和保护自然环境的目标;安全管理的目标。

5.1.3 安全控制的特点

(1) 控制面广

由于建设工程规模较大,生产工艺复杂、工序多,在建造过程中流动作业多,高处作业多,作业位置多变,故遇到的不确定因素多,安全控制工作涉及范围大,控制面广。

(2) 控制的动态性

由于建设工程项目的单件性,使得每项工程所处的条件不同,所面临的危险因素和防范措施也会有所改变,员工在转移工地后,熟悉一个新的工作环境需要一定的时间,有些工作制度和安全技术措施也会有所调整,员工同样有个熟悉的过程。

控制的动态性还体现在建设工程项目施工的分散性。因为现场施工是分散于施工现场的各个部位，尽管有各种规章制度和安全技术交底的环节，但是面对具体的生产环境时，仍然需要自己的判断和处理，有经验的人员还必须适应不断变化的情况。

(3) 控制系统的交叉性

建设工程项目是开放系统，受自然环境和社会环境影响很大，安全控制需要把工程系统和环境系统及社会系统结合。

(4) 控制的严谨性

安全状态具有触发性，其控制措施必须严谨，一旦失控，就会造成损失和伤害。

5.1.4　安全控制的程序

施工安全控制的程序如图 5-1 所示。

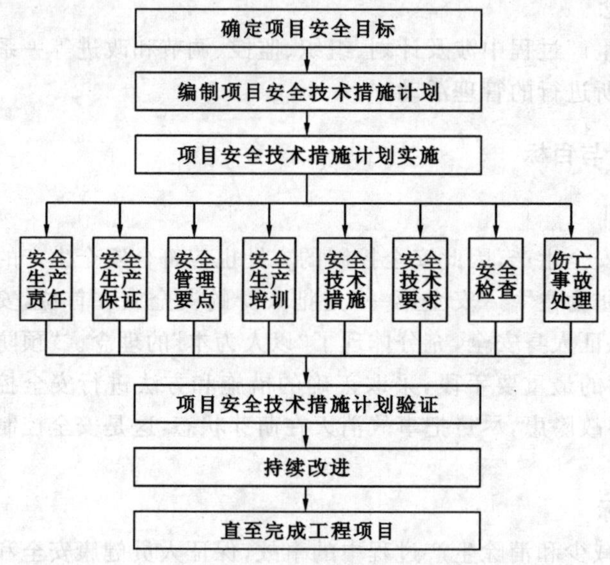

图 5-1　施工安全控制的程序

(1) 确定项目安全目标

按“目标管理”方法在以项目经理为首的项目管理系统内进行分解，从而确定每个岗位的安全目标，实现全员安全控制。

(2) 编制项目安全技术措施计划

对生产过程中的不安全因素，用技术手段加以消除和控制，并用文件化的方式表示，这是落实“预防为主”方针的具体体现，是进行工程项目安全控制的指导性文件。

(3) 安全技术措施计划的落实和实施

安全技术措施计划的落实和实施包括建立健全安全生产责任制、设置安全生产设施、进行安全教育和培训、沟通和交流信息、通过安全控制使生产作业的安全状况处于受控状态。

(4) 安全技术措施计划的验证

安全技术措施计划的验证包括安全检查、纠正不符合情况，并作好检查记录工作。根据实际情况补充和修改安全技术措施。

(5) 持续改进，直至完成建设工程项目的所有工作

5.1.5 安全控制的基本要求

① 必须取得安全行政主管部门颁发的“安全施工许可证”后才可开工。

② 总承包单位和每一个分包单位都应持有“施工企业安全资格审查认可证”。

③ 各类人员必须具备相应的执业资格才能上岗。

④ 所有新员工必须经过三级安全教育，即进厂、进车间和进班组的安全教育。

⑤ 特殊工种作业人员必须持有特种作业操作证，并严格按规定定期进行复查。

⑥ 对查出的安全隐患要做到“五定”，即定整改责任人、定整改措施、定整改完成时间、定整改完成人、定整改验收人。

⑦ 必须把好安全生产“六关”，即措施关、交底关、教育关、防护关、检查关、改进关。

⑧ 施工现场安全设施齐全，并符合国家及地方有关规定。

⑨ 施工机械（特别是现场安设的起重设备等）必须经安全检查合格后方可使用。

5.2 工程安全事故与事故处理

5.2.1 危险源概述

工程安全事故案例

(1) 危险源的定义

危险源是指可能导致人身伤害或疾病、财产损失、工作环境破坏或这些情况组合的危险因素和有害因素。危险因素强调突发性和瞬间作用的因素，有害因素强调在一定时期内的慢性损害和累积作用。危险源是安全控制的主要对象，所以，有人把安全控制也称为危险控制或安全风险控制。

(2) 两类危险源

在实际生活和生产过程中的危险源是以多种多样的形式存在的，危险源导致事故可归结为能量的意外释放或有害物质的泄漏。根据危险源在事故发生、发展中的作用可将其分为两大类。即第一类危险源和第二类危险源。

① 第一类危险源。可能发生意外释放的能量的载体或危险物质称作第一类危险源。如，炸药是能够产生能量的物质；压力容器是拥有能量的载体。能量或危险物质的意外释放是事故发生的物理本质。通常把产生能量的能量源或拥有能量的载体作为第一类危险源来处理。

② 第二类危险源。造成约束、限制能量措施失效或破坏的各种不安全因素称作第二类危险源。如电缆绝缘层、脚手架、起重机钢绳等。在生产、生活中，人们为了利用能源，制造了各种机器设备，让能量按照人们的意图在系统中流动、转换和做功来为人类服务，而这些设备、设施又可看成是限制约束能量的工具。正常情况下，生产过程的能量或危险物质受到约束或限制，不

会发生意外释放，因而不会发生事故。但是，一旦这些约束或限制能量或危险物质的措施受到破坏或失效（故障），则会发生事故。第二类危险源包括人的不安全行为、物的不安全状态和不良环境条件三个方面。

（3）危险源与事故

事故的发生是两类危险源共同作用的结果，第一类危险源是事故发生的前提，第二类危险源的出现是第一类危险源导致事故发生的必要条件。在事故的发生和发展过程中，两类危险源相互依存、相辅相成。第一类危险源是事故的主体，决定事故的严重程度；第二类危险源出现的难易，决定事故发生的可能性大小。

5.2.2 危险源控制的方法

5.2.2.1 危险源辨识与风险评价

（1）危险源辨识的方法

① 专家调查法。

专家调查法是通过向有经验的专家咨询、调查，辨识、分析和评价危险源的一类方法，其优点是简便、易行，其缺点是受专家的知识、经验和占有资料的限制，可能出现遗漏。常用方法的有头脑风暴(Brain Storming)法和德尔菲(Delphi)法。

头脑风暴法是通过专家创造性的思考，从而产生大量的观点、问题和议题的方法。其特点是多人讨论，集思广益，可以弥补个人判断的不足，常采取专家会议的方式来相互启发、交换意见，使危险、危害因素的辨识更加细致、具体。常用于目标比较单纯的议题，如果涉及面较广，包含因素多，可以分解目标，再对单一目标或简单目标使用本方法。

德尔菲法是采用背对背的方式对专家进行调查，其特点是避免了集体讨论中的从众性倾向，更代表专家的真实意见。要求对调查的各种意见进行汇总统计处理，再反馈给专家反复征求意见。

② 安全检查表(SCL)法。

安全检查表(Safety Check List)实际上就是实施安全检查和诊断项目的明细表。运用已编制好的安全检查表，进行系统的安全检查，辨识工程项目存在的危险源。检查表的内容一般包括分类项目、检查内容及要求、检查以后处理意见等。可以用“是”、“否”作回答或“√”、“×”符号作标记，同时注明检查日期，并由检查人员和被检单位同时签字。

安全检查表法的优点是：简单易懂、容易掌握，可以事先组织专家编制检查项目，使安全检查做到系统化、完整化。缺点是一般只能作出定性评价。

（2）风险评价方法

风险评价是评估危险源所带来的风险大小及确定风险是否可容许的全过程。根据评价结果对风险进行分级，按不同级别的风险有针对性地采取风险控制措施。以下介绍两种常用的风险评价方法。

① 方法1。

将安全风险的大小用事故发生的可能性(p)与发生事故后果的严重程度(f)的乘积来衡量，即：

$$R = p \times f \tag{5-1}$$

式中 R——风险大小；

p——事故发生的概率(频率)；

f——事故后果的严重程度。

根据上述的估算结果，可按表 5-1 对风险的大小进行分级。

表 5-1 **风险分级表**

后果(f) / 风险级别(大小) / 可能性(p)	轻度损失（轻微伤害）	中度损失（伤害）	重大损失（严重伤害）
很大	Ⅲ	Ⅳ	Ⅴ
中等	Ⅱ	Ⅲ	Ⅳ
极小	Ⅰ	Ⅱ	Ⅲ

注：Ⅰ—可忽略风险；Ⅱ—可容许风险；Ⅲ—中度风险；Ⅳ—重大风险；Ⅴ—不容许风险。

② 方法 2。

将可能造成安全风险的大小用事故发生的可能性(L)、人员暴露于危险环境中的频繁程度(E)和事故后果(C)3 个自变量的乘积来衡量，即：

$$S = LEC \tag{5-2}$$

式中 S——风险大小；

L——事故发生的可能性，按表 5-2 所给出的定义取值；

E——人员暴露于危险环境中的频繁程度，按表 5-3 所给出的定义取值；

C——事故后果的严重程度，按表 5-4 所给出的定义取值。

此方法因为引用了 L、E、C 3 个自变量，故也称为 LEC 方法。

表 5-2 **事故发生的可能性(L)**

分数值	事故发生的可能性	分数值	事故发生的可能性
10	必然发生的	0.5	很不可能，可以设想
6	相当可能	0.2	极不可能
3	可能，但不经常	0.1	实际不可能
1	可能性极小，完全意外		

表 5-3 **人员暴露于危险环境中的频繁程度(E)**

分数值	人员暴露于危险环境中的频繁程度	分数值	人员暴露于危险环境中的频繁程度
10	连续暴露	2	每月一次暴露
6	每天工作时间暴露	1	每年几次暴露
3	每周一次暴露	0.5	非常罕见的暴露

表 5-4 **发生事故产生的后果(C)**

分数值	事故发生造成的后果	分数值	事故发生造成的后果
100	大灾难，许多人死亡	7	严重，重伤

续表

分数值	事故发生造成的后果	分数值	事故发生造成的后果
40	灾难,多人死亡	3	较严重,受伤较重
15	非常严重,一人死亡	1	引人关注,轻伤

根据经验,危险性(S)的值在20分以下为可忽略风险;危险性的值为20～70时为可容许风险;危险性的值为70～160时为中度风险;危险性的值为160～320时为重大风险。当危险性值大于320时为不容许风险。见表5-5。

表5-5 **危险性等级划分表**

危险性量值(S)	危险程度	危险性量值(S)	危险程度
≥320	不容许风险,不能继续作业	20～70	可容许风险,需要注意
160～320	重大风险,需要立即整改	≤20	可忽略风险,可以接受
70～160	中度风险,需要整改		

5.2.2.2 *危险源的控制方法*

(1) 第一类危险源的控制方法

① 防止事故发生的方法有消除危险源、限制能量或危险物质与危险源隔离。

② 避免或减少事故损失的方法有隔离、个体防护、设置薄弱环节、使能量或危险物质按人们的意图释放、避难与援救措施。

(2) 第二类危险源的控制方法

① 减少故障。增加安全系数、提高可靠性、设置安全监控系统。

② 故障-安全设计:包括故障-消极方案(即故障发生后,设备、系统处于最低能量状态,直到采取校正措施之前不能运转);故障-积极方案(即故障发生后,在没有采取校正措施之前使系统、设备处于安全的能量状态之下);故障-正常方案(即保证在采取校正行动之前,设备、系统正常发挥功能)。

5.2.3 工程安全事故分类等级

按照国家规定建设工程安全事故分为四个等级:

① 特别重大事故,是指造成30人以上死亡,或者100人以上重伤(包括急性工业中毒,下同),或者1亿元以上直接经济损失的事故。

② 重大事故,是指造成10人以上30人以下死亡,或者50人以上100人以下重伤,或者5000万元以上1亿元以下直接经济损失的事故。

③ 较大事故,是指造成3人以上10人以下死亡,或者10人以上50人以下重伤,或者1000万元以上5000万元以下直接经济损失的事故。

④ 一般事故,是指造成3人以下死亡,或者10人以下重伤,或者1000万元以下直接经济损失的事故。

5.2.4 建设工程安全事故的处理

5.2.4.1 安全事故处理的原则(四不放过的原则)

① 事故原因不清楚不放过。

② 事故责任者和员工没有受到教育不放过。

③ 事故责任者没有处理不放过。

④ 没有指定防范措施不放过。

5.2.4.2 安全事故处理程序

施工生产场所发生伤亡事故后,负伤人员或最先发现事故的人应立即报告项目领导。项目安全技术人员根据事故的严重程度及现场情况立即上报上级业务系统,并及时填写伤亡事故表上报企业。

企业发生重伤和重大伤亡事故,必须立即将事故概况(含伤亡人数,发生事故时间、地点、原因等),用最快的办法分别报告企业主管部门、行业安全管理部门、当地劳动部门、公安部门、检察院及工会。发生重大伤亡事故,各有关部门接到报告后应立即转告各自的上级管理部门。其处理程序如下:

(1) 迅速抢救伤亡,保护事故现场

事故发生后,现场人员切不可惊慌失措,要有组织,统一指挥。首先抢救伤亡和排除险情,尽量制止事故蔓延扩大。同时注意,为了事故调查分析的需要,应保护好事故现场。如因抢救伤亡和排除险情而必须移动现场构件时,还应准确作出标记,最好拍出不同角度的照片,为事故调查提供可靠的原始事故现场。

(2) 组织调查组

企业在接到事故报告后,经理、主管经理、业务部门领导和有关人员应立即赶赴现场组织抢救,并迅速组织调查组开展调查。发生人员轻伤、重伤事故,由企业负责人或指定的人员组织施工生产、技术、安全、劳资、工会等有关人员组成事故调查组,进行调查。死亡事故由企业主管部门会同现场所在地区的市(或区)劳动部门、公安部门、人民检察院、工会组成事故调查组进行调查。重大死亡事故应按企业的隶属关系,由省、自治区、直辖市企业主管部门或国务院有关主管部门、公安、监察、检察部门、工会组成事故调查组进行调查,也可邀请有关专家和技术人员参加。调查组成员中与发生事故有直接利害关系的人员不得参加调查工作。

(3) 现场勘察

调查组成立后,应立即对事故现场进行勘察。因现场勘察是项技术性很强的工作,它涉及广泛的科学技术知识和实践经验。因此勘察时必须及时、全面、细致、准确、客观地反映原始面貌。

(4) 编制事故调查报告

事故调查组在完成上述几项工作后,应立即把事故发生的经过、原因、责任分析和处理意见及本次事故的教训、估算和实际发生的损失,对本事故单位提出的改进安全生产工作的意见和建议写成文字报告,经全调查组同志会签后报有关部门审批。如组内意见不统一,应进一步弄清事实,对照政策法规反复研究,统一认识。不可强求一致,但报告上应言明情况,以便上级在必要时进行重点复查。

(5) 事故的审理和结案

事故的审理和处理结案同企业的隶属关系及干部管理权限一致。一般情况下县办企业和县以下企业,由县审批;地、市办的企业由地、市审批;省、直辖市企业发生的重大事故,由直属主管部门提出处理意见,征得劳动部门意见,报主管委、办、厅批复。

建设部对事故的审理和结案的要求有以下几点:

① 事故调查处理结论报出后,需经当地有关有审批权限的机关审批后方能结案。并要求伤亡事故处理工作在 90 天内结案,特殊情况也不得超过 180 天。

② 对事故责任者的处理,应根据事故情节轻重、各种损失大小、责任轻重加以区分,予以严肃处理。

③ 清理资料进行专案存档。事故调查和处理资料是用鲜血和教训换来的,是对职工进行教育的宝贵资料,也是伤亡人员和受到处罚人员的历史资料,因此应完整保存。存档的主要内容有:

5.2.4.3 伤亡事故处理规定

事故调查组提出的事故处理意见和防范措施建议,由发生事故的企业及其主管部门负责处理。

因忽视安全生产、违章指挥、违章作业、玩忽职守或者发现事故隐患、危害情况而不采取有效措施以致造成伤亡事故的,由企业主管部门或者企业按照国家有关规定,对企业负责人和直接责任人员给予行政处分,构成犯罪的,由司法机关依法追究刑事责任。

在伤亡事故发生后隐瞒不报、谎报、故意迟延不报、故意破坏事故现场,或者以不正当理由拒绝接受调查以及拒绝提供有关情况和资料的,由有关部门按照国家有关规定,对有关单位负责人和直接责任人员给予行政处分;构成犯罪的,由司法机关依法追究刑事责任。

伤亡事故处理工作应当在 90 天内结案,特殊情况也不得超过 180 天。伤亡事故处理结案后,应当公开宣布处理结果。

5.2.5 安全检查

工程项目安全检查的目的是消除隐患、防止事故、改善劳动条件及提高员工安全生产意识,是安全控制工作的一项重要内容。通过安全检查可以发现工程中的危险因素,以便有计划地采取措施,保证安全生产。施工项目的安全检查应由项目经理组织,定期进行。

5.2.5.1 安全检查的类型

安全检查可分为日常性检查、专业性检查、季节性检查、节假日前后的检查和不定期检查。

① 日常性检查。日常性检查即经常的、普遍的检查。企业一般每年进行 1～4 次;工程项目组、车间、科室每月至少进行 1 次;班组每周、每班次都应进行检查。专职安全技术人员的日常检查应该有计划,针对重点部位周期性地进行。

② 专业性检查。专业性检查是针对特种作业、特种设备、特殊场所进行的检查,如电焊、气焊、起重设备、运输车辆、锅炉压力容器、易燃易爆场所等。

③ 季节性检查。季节性检查是指根据季节特点,为保障安全生产的特殊要求所进行的检查。如春季风大,要着重防火、防爆;夏季高温多雨雷电,要着重防暑、降温、防汛、防雷击、防触电;冬季着重防寒、防冻等。

④ 节假日前后的检查。节假日前后的检查是针对节假日期间容易产生麻痹思想的特点而进行的安全检查,包括节日前进行安全生产综合检查,节日后要进行遵章守纪的检查等。

⑤ 不定期检查。不定期检查是指在工程或设备开工和停工前,检修中,工程或设备竣工及试运转时进行的安全检查。

5.2.5.2 安全检查的主要内容

① 查思想。查思想主要检查企业的领导和职工对安全生产工作的认识。

② 查管理。查管理主要检查工程的安全生产管理是否有效。主要内容包括:安全生产责任制,安全技术措施计划,安全组织机构,安全保证措施,安全技术交底,安全教育,持证上岗,安全设施,安全标识,操作规程,违规行为,安全记录等。

③ 查隐患。查隐患主要检查作业现场是否符合安全生产、文明生产的要求。

④ 查整改。查整改主要检查对过去提出问题的整改情况。

⑤ 查事故处理。对安全事故的处理应达到查明事故原因、明确责任并对责任者作出处理、明确和落实整改措施等要求。同时还应检查对伤亡事故是否及时报告、认真调查、严肃处理。

安全检查的重点是违章指挥和违章作业。安全检查后应编制安全检查报告,说明已达标项目,未达标项目,存在的问题,原因分析,纠正和预防措施。

5.3 文明施工和环境管理

5.3.1 文明施工与环境管理的概念

文明施工是保持施工现场良好的作业环境、卫生环境和工作秩序。文明施工主要包括以下几个方面的工作:a. 规范施工现场的场容,保持作业环境的整洁卫生。b. 科学组织施工,使生产有序进行。c. 减少施工对周围居民和环境的影响。d. 保证职工的安全和身体健康。

环境管理案例

环境管理是运用计划、组织、协调、控制、监督等手段,为达到预期环境目标而进行的一项综合性活动。环境管理的内容涉及土壤、水、大气、生物等各种环境因素,环境管理的领域涉及经济、社会、政治、自然、科学技术等方面,环境管理的范围涉及国家的各个部门,所以环境管理具有高度的综合性。

5.3.2 现场文明施工的基本要求

① 施工现场必须设置明显的标牌,标明工程项目名称、建设单位、设计单位、施工单位、项目经理和施工现场总代表人的姓名,开、竣工日期,施工许可证批准文号等。施工单位负责施工现场标牌的保护工作。

② 施工现场的管理人员在施工现场应当佩戴证明其身份的证卡。

③ 应当按照施工总平面布置图设置各项临时设施。现场堆放的大宗材料、成品、半成品和机具设备不得侵占场内道路及安全防护等设施。

④ 施工现场的用电线路、用电设施的安装和使用必须符合安装规范和安全操作规程，并按照施工组织设计进行架设，严禁任意拉线接电。施工现场必须设有保证施工安全要求的夜间照明；危险、潮湿场所的照明以及手持照明灯具，必须采用符合安全要求的电压。

⑤ 施工机械应当按照施工总平面布置图规定的位置和线路设置，不得任意侵占场内道路。施工机械进场须经过安全检查，经检查合格的方能使用。施工机械操作人员必须建立机组责任制，并依照有关规定持证上岗，禁止无证人员操作。

⑥ 应保证施工现场道路畅通，排水系统处于良好的使用状态；保持场容、场貌的整洁，随时清理建筑垃圾。在车辆、行人通行的地方施工，应当设置施工标志，并对沟井坎穴进行覆盖。

⑦ 施工现场的各种安全设施和劳动保护器具，必须定期进行检查和维护，及时消除隐患，保证其安全有效。

⑧ 施工现场应当设置各类必要的职工生活设施，并符合卫生、通风、照明等要求。职工的膳食、饮水供应等应当符合卫生要求。

⑨ 应当做好施工现场安全保卫工作，采取必要的防盗措施，在现场周边设立围护设施。

⑩ 应当严格依照《中华人民共和国消防条例》的规定，在施工现场建立和执行防火管理制度，设置符合消防要求的消防设施，并保持完好的备用状态。在容易发生火灾的地区施工，或者储存、使用易燃易爆器材时，应当采取特殊的消防安全措施。

⑪ 施工现场发生工程建设重大事故的处理，依照《工程建设重大事故报告和调查程序规定》执行。

5.3.3 大气污染的防治

5.3.3.1 大气污染物的分类

大气污染物的种类有数千种，已发现有危害作用的有 100 多种，其中大部分是有机物。大气污染物通常以气体状态和粒子状态存在于空气中。

(1) 气体状态污染物

气体状态污染物具有运动速度较大，扩散较快，在周围大气中分布比较均匀的特点。气体状态污染物包括分子状态污染物和蒸气状态污染物。

(2) 粒子状态污染物

粒子状态污染物又称固体颗粒污染物，是分散在大气中的微小液滴和固体颗粒，粒径为0.01～100 μm，是一个复杂的非均匀体。通常根据粒子状态污染物在重力作用下的沉降特性又可分为降尘和飘尘。

5.3.3.2 施工现场空气污染的防治措施

① 施工现场垃圾渣土要及时清理出现场。高大建筑物清理施工垃圾时，要使用封闭式的容器或者采取其他措施处理高空废弃物，严禁凌空随意抛撒。

② 施工现场道路应指定专人定期洒水清扫，形成制度，防止道路扬尘。

③ 对于细颗粒散体材料(如水泥、粉煤灰、白灰等)的运输、储存,要注意遮盖、密封,防止和减少飞扬。

④ 车辆开出工地要做到不带泥沙,基本做到不洒土、不扬尘,减少对周围环境污染。

⑤ 除设有符合规定的装置外,禁止在施工现场焚烧油毡、橡胶、塑料、皮革、树叶、枯草、各种包装物等废弃物品以及其他会产生有毒、有害烟尘和恶臭气体的物质。

⑥ 机动车都要安装减少尾气排放的装置,确保符合国家标准。

⑦ 工地茶炉应尽量采用电热水器,若只能使用烧煤茶炉和锅炉时,应选用消烟除尘型茶炉和锅炉,大灶应选用消烟节能回风炉灶,使烟尘降至允许排放范围。

⑧ 大城市市区的建设工程已不容许搅拌混凝土。在容许设置搅拌站的工地,应将搅拌站封闭严密,并在进料仓上方安装除尘装置,采用可靠措施控制工地粉尘污染。

⑨ 拆除旧建筑物时,应适当洒水,防止扬尘。

5.3.4 水污染的防治

(1) 水污染物的主要来源

① 工业污染源。指各种工业废水向自然水体的排放。

② 生活污染源。主要有食物废渣、食油、粪便、合成洗涤剂、杀虫剂、病原微生物等。

③ 农业污染源。主要有化肥、农药等。

④ 施工现场废水和固体废物随水流流入水体部分,包括泥浆、水泥、油漆及各种油类,还有混凝土外加剂、重金属、酸碱盐、非金属无机毒物等。

(2) 废水处理技术

废水处理的目的是把废水中所含的有害物质清理分离出来。废水处理可分为物理方法、化学法、物理化学方法和生物法。

① 物理法。物理法主要是利用筛滤、沉淀、气浮等方法。

② 化学法。利用化学反应来分离、分解污染物,或使其转化为无害物质。

③ 物理化学方法。物理化学方法主要有吸附法、反渗透法、电渗析法。

④ 生物法。生物法是利用微生物新陈代谢功能,将废水中成溶解和胶体状态的有机污染物降解,并转化为无害物质,使水得到净化。

(3) 施工过程水污染的防治措施

① 禁止将有毒有害废弃物作土方回填。

② 施工现场搅拌站废水,现制水磨石的污水,电石(碳化钙)的污水必须经沉淀池沉淀合格后再排放,最好将沉淀水用于工地洒水降尘或采取措施回收利用。

③ 现场存放油料,必须对库房地面进行防渗处理。如采用防渗混凝土地面、铺油毡等措施。使用时,要采取防止油料跑、冒、滴、漏的措施,以免污染水体。

④ 施工现场 100 人以上的临时食堂,污水排放时可设置简易有效的隔油池,定期清理,防止污染。

⑤ 工地临时厕所、化粪池应采取防渗漏措施。中心城市施工现场的临时厕所可采用水冲式厕所,并有防蝇、灭蛆措施,防止污染水体和环境。

⑥ 化学用品、外加剂等要妥善保管,库内存放,防止污染环境。

5.3.5 施工现场的噪声控制

5.3.5.1 噪声的概念

(1) 声音与噪声

声音是由物体振动产生的，当频率在 20～20000 Hz 时，作用于人的耳鼓膜而产生的感觉称之为声音。由声构成的环境称为声环境。当环境中的声音对人类、动物及自然物没有产生不良影响时，就是一种正常的物理现象。相反，对人的生活和工作造成不良影响的声音就称之为噪声。

(2) 噪声的分类

噪声按照振动性质可分为气体动力噪声、机械噪声、电磁性噪声。

按噪声来源可分为交通噪声(如汽车、火车、飞机等)，工业噪声(如鼓风机、汽轮机、冲压设备等)，建筑施工噪声(如打桩机、推土机、混凝土搅拌机等发出的声音)，社会生活噪声(如高音喇叭、收音机等)。

(3) 噪声的危害

噪声是影响与危害非常广泛的环境污染问题。噪声环境可以干扰人的睡眠与工作，影响人的心理状态与情绪，造成人的听力损失，甚至引起许多疾病，此外噪声对人们的对话干扰也是相当大的。

5.3.5.2 施工现场噪声的控制措施

噪声控制技术可从声源、传播途径、接收者防护、严格控制人为噪声、控制强噪声作业的时间等方面来考虑。

(1) 声源控制

① 从声源上降低噪声，这是防止噪声污染的最根本的措施。

② 尽量采用低噪声设备和工艺代替高噪声设备与加工工艺，如低噪声振捣器、风机、电动空压机、电锯等。

③ 在声源处安装消声器消声，即在通风机、鼓风机、压缩机、燃气机、内燃机及各类排气放空装置等进出风管的适当位置设置消声器。

(2) 传播途径的控制

① 吸声。利用吸声材料(大多由多孔材料制成)或由吸声结构形成的共振结构(金属或木质薄板钻孔制成的空腔体)吸收声能，降低噪声。

② 隔声。应用隔声结构，阻碍噪声向空间传播，将接收者与噪声声源分隔。隔声结构包括隔声室、隔声罩、隔声屏障、隔声墙等。

③ 消声。利用消声器阻止传播。允许气流通过的消声降噪是防治空气动力性噪声的主要装置。

④ 减振降噪。对由振动引起的噪声，通过降低机械振动减小噪声，如将阻尼材料涂在振动源上，或改变振动源与其他刚性结构的连接方式等。

(3) 接收者的防护

让处于噪声环境下的人员使用耳塞、耳罩等防护用品，减少相关人员在噪声环境中的暴露时间，以减轻噪声对人体的危害。

(4) 严格控制人为噪声

进入施工现场不得高声喊叫、无故甩打模板、乱吹哨，限制高音喇叭的使用，最大限度地减少噪声扰民。

(5) 控制强噪声作业的时间

凡在人口稠密区进行强噪声作业时，需严格控制作业时间，一般晚 10 点到次日早 6 点之间停止强噪声作业。确系特殊情况必须昼夜施工时，尽量采取降低噪声措施，并会同建设单位找当地居委会、村委会或当地居民协调，出安民告示，求得群众谅解。

5.3.5.3 施工现场噪声的限值

根据《建筑施工场界环境噪声排放标准》(GB 12523—2011)的要求，对建筑施工过程中场界环境噪声排放限值如表 5-6 所示。

表 5-6 **建筑施工场界噪声限值** (单位：dB)

昼间	夜间
70	55

5.3.6 固体废物的处理

5.3.6.1 建筑工地上常见的固体废物

施工工地常见的固体废物如下：

① 建筑渣土，包括砖瓦、碎石、渣土、混凝土碎块、废钢铁、碎玻璃、废屑、废弃装饰材料等。

② 废弃的散装建筑材料，包括散装水泥、石灰等。

③ 生活垃圾，包括炊厨废物、丢弃食品、废纸、生活用具、玻璃、陶瓷碎片、废电池、废旧日用品、废塑料制品、煤灰渣、废交通工具。

④ 设备、材料等的废弃包装材料。

5.3.6.2 固体废物的处理和处置

① 固体废物处理的基本思想是采取资源化、减量化和无害化的处理，对固体废物产生的全过程进行控制。

② 固体废物的主要处理方法。

a. 回收利用。回收利用是对固体废物进行资源化、减量化的重要手段之一。对建筑渣土可视其情况加以利用；废钢可按需要用作金属原材料；对废电池等废弃物应分散回收，集中处理。

b. 减量化处理。减量化是对已经产生的固体废物进行分选、破碎、压实浓缩、脱水等处理减少其最终处置量，减低处理成本，减少对环境的污染。在减量化处理的过程中，也包括和其他处理技术相关的工艺方法，如焚烧、热解、堆肥等。

c. 焚烧技术。焚烧用于不适合再利用且不宜直接予以填埋处置的废物，尤其是对于受到病菌、病毒污染的物品，可以用焚烧进行无害化处理。焚烧处理应使用符合环境要求的处理装置，注意避免对大气的二次污染。

d. 稳定和固化技术。利用水泥、沥青等胶结材料，将松散的废物包裹起来，减小废物的毒性和可迁移性，使得污染减少。

e. 填埋。填埋是固体废物处理的最终技术，经过无害化、减量化处理的废物残渣集中到填埋场进行处置。填埋场应利用天然或人工屏障。尽量使需处置的废物与周围的生态环境隔离，并注意废物的稳定性和长期安全性。

5.4 职业健康安全管理体系与环境管理体系

5.4.1 建设工程职业健康安全事故的分类

职业伤害事故是指因生产过程及工作原因或与其相关的其他原因造成的伤亡事故。

(1) 按照事故发生的原因分类

按照我国《企业职工伤亡事故分类》(GB 6441—1986)规定，职业伤害事故分为20类：

① 物体打击。物体打击指落物、滚石、锤击、碎裂、崩块、砸伤等造成的人身伤害，不包括因爆炸而引起的物体打击。

② 车辆伤害。车辆伤害指被车辆挤、压、撞和车辆倾覆等造成的人身伤害。

③ 机械伤害。机械伤害指被机械设备或工具绞、碾、碰、割、戳等造成的人身伤害，不包括车辆、起重设备引起的伤害。

④ 起重伤害。起重伤害指从事各种起重作业时发生的机械伤害事故，不包括上下驾驶室时发生的坠落伤害，起重设备引起的触电及检修时制动失灵造成的伤害。

⑤ 触电。触电指由于电流经过人体导致的生理伤害，包括雷击伤害。

⑥ 淹溺。淹溺指由于水或液体大量从口、鼻进入肺内，导致呼吸道阻塞，发生急性缺氧而窒息死亡。

⑦ 灼烫。灼烫指火焰引起的烧伤、高温物体引起的烫伤、强酸或强碱引起的灼伤、放射线引起的皮肤损伤，不包括电烧伤及火灾事故引起的烧伤。

⑧ 火灾。在火灾时造成的人体烧伤、窒息、中毒等。

⑨ 高处坠落。高处坠落指由于危险势能差引起的伤害，包括从架子、屋架上坠落以及平地坠入坑内等。

⑩ 坍塌。坍塌指建筑物、堆置物倒塌以及土石塌方等引起的事故伤害。

⑪ 冒顶片帮。冒顶片帮指矿井作业面、巷道侧壁由于支护不当、压力过大造成的坍塌(片帮)以及顶板垮落(冒顶)事故。

⑫ 透水。透水指进行矿山、地下开采或其他坑道作业时，有压地下水意外大量涌入而造成的伤亡事故。

⑬ 放炮。放炮指由于放炮作业引起的伤亡事故。

⑭ 火药爆炸。火药爆炸指在火药的生产、运输、储藏过程中发生的爆炸事故。

⑮ 瓦斯爆炸。瓦斯爆炸指可燃气体、瓦斯、煤粉与空气混合，接触火源时引起的化学性爆炸事故。

⑯ 锅炉爆炸。锅炉爆炸指锅炉由于内部压力超出炉壁的承受能力而引起的物理性爆炸事故。

⑰ 容器爆炸。容器爆炸指压力容器内部压力超出容器壁所能承受的压力引起的物理爆炸，容器内部可燃气体泄漏与周围空气混合遇火源而发生的化学爆炸。

⑱ 其他爆炸。其他爆炸包括化学爆炸，炉膛、钢水包爆炸等。

⑲ 中毒和窒息。中毒和窒息指煤气、油气、沥青、化学、一氧化碳中毒等。

⑳ 其他伤害。其他伤害包括扭伤、跌伤、冻伤、野兽咬伤等。

(2) 按事故后果严重程度分类

① 轻伤事故。轻伤事故指造成职工肢体或某些器官功能性或器质性轻度损伤,表现为劳动能力轻度或暂时丧失的伤害,一般每个受伤人员休息 1 个工作日以上,105 个工作日以下。

② 重伤事故。重伤事故一般指受伤人员肢体残缺或视觉、听觉等器官受到严重损伤,引起人体长期存在功能障碍或劳动能力有重大损失的伤害,或者造成每个受伤人损失 105 工作日以上的失能伤害。

③ 死亡事故。死亡事故指一次事故中死亡职工 1～2 人的事故。

④ 重大伤亡事故。重大伤亡事故指一次事故中死亡 3 人以上(含 3 人)的事故。

⑤ 特大伤亡事故。特大伤亡事故指一次死亡 10 人以上(含 10 人)的事故。

⑥ 急性中毒事故。急性中毒事故指生产性毒物一次或短期内通过人的呼吸道、皮肤或消化道大量进入体内,使人体在短时间内发生病变,导致职工立即中断工作,并需进行急救或死亡的事故;急性中毒的特点是发病快,一般不超过 1 个工作日,有的毒物因毒性有一定的潜伏期,可在下班后数小时发病。

5.4.2　职业健康安全管理体系的基本结构和模式

5.4.2.1　职业健康安全问题及其解决途径

① 人的不安全行为。从人的心理学和行为学方面研究解决,可通过培训来提高人的安全意识和行为能力,以保证人的可靠性。

② 物的不安全状态。从研究安全技术,采取安全措施来解决,可通过各种有效的安全技术系统保证安全设施的可靠性。

③ 组织管理不力。用系统论的理论和方法,研究工业生产组织如何建立职业健康安全系统化、标准化的管理体系,实行全员、全过程、全方位、以预防为主的整体管理。

职业健康安全管理体系是用系统论的理论和方法来解决依靠人的可靠性和安全技术可靠性所不能解决的生产事故和劳动疾病的问题,即从组织管理上来解决职业健康安全问题。为此,英国标准化协会(BSI)、爱尔兰国家标准局(NASI)、南非标准局(SABS)、挪威船级社(DNV)等 13 个组织联合在 1999 年和 2000 年分别发布了《职业健康安全管理体系　规范》(OHSAS 18001:1999)和《职业健康安全管理体系—指南》(OHSAS 18002:1999)。我国于 2001 年发布了《职业健康安全管理体系　规范》(GB/T 28001—2001),该体系标准覆盖了《职业健康安全管理体系　规范》(OHSAS 18001:1999)的所有技术内容,并考虑了国际上有关职业健康安全管理体系的现有文件的技术内容。

5.4.2.2　职业健康安全管理体系总体结构图

《职业健康安全管理体系　规范》(GB/T 28001—2001)的总体结构如图 5-2 所示。

为适应现代职业健康安全的需要,《职业健康安全管理体系　规范》(GB/T 28001—2001)在确定职业健康安全管理体系模式时,强调按系统理论管理职业健康安全及其相关事务,以达到预防和减少生产事故和劳动疾病的目的。具体采用了系统化的戴明模型,即通过计划(Plan)、执行(Do)、检查(Check)和处理(Action)四个环节构成一个动态循环并螺旋上升的系统化管理模式。职业健康安全管理体系模式如图 5-3 所示。

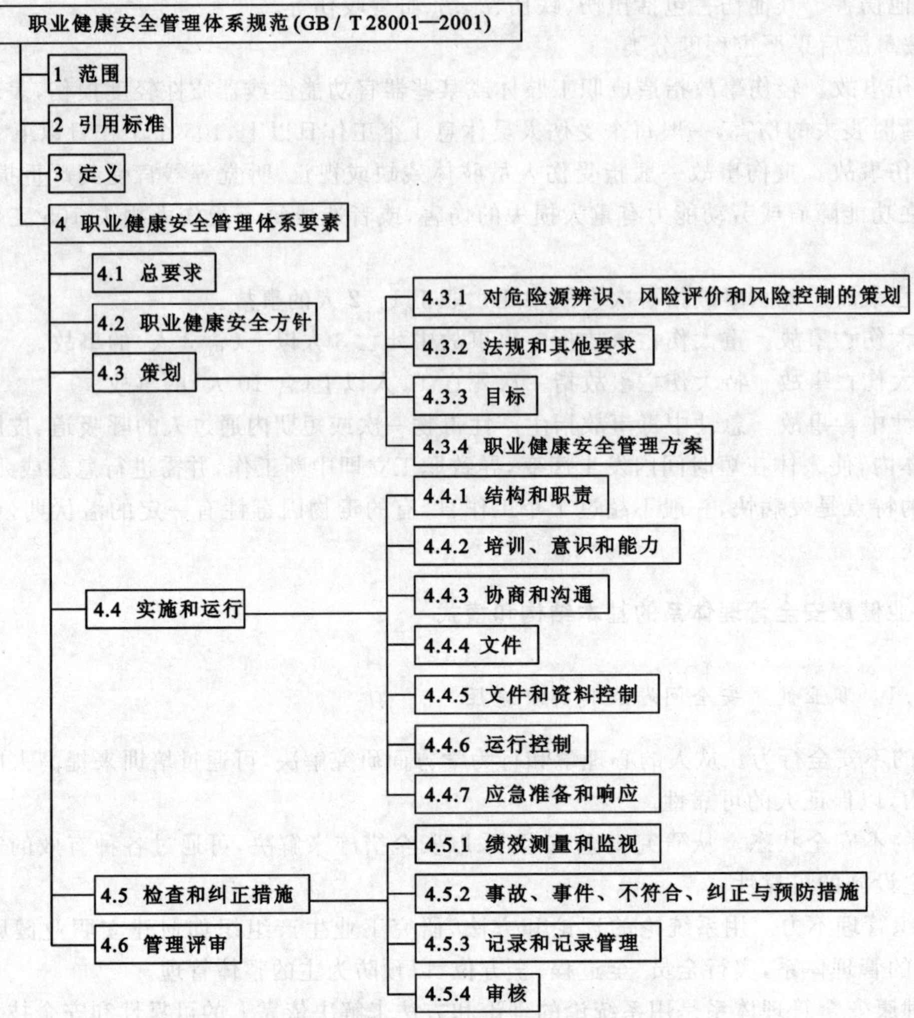

图 5-2 职业健康安全管理体系总体结构图

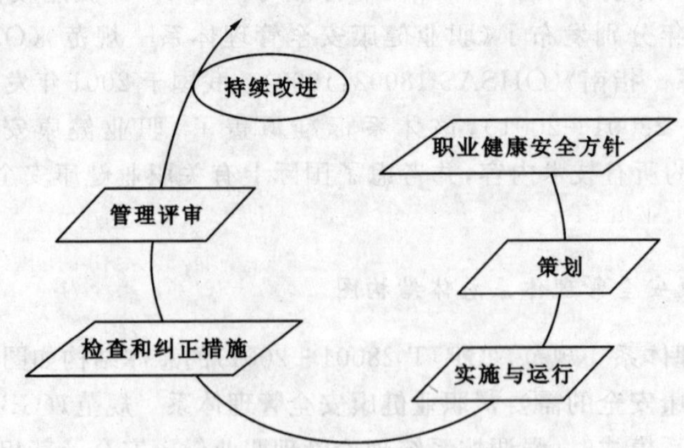

图 5-3 职业健康安全管理体系模式图

5.4.3　职业健康安全管理体系的内容及其相互关系

5.4.3.1　基本内容

职业健康安全管理体系的基本内容由5个一级要素和17个二级要素构成，如表5-7所示。

表5-7　**职业健康安全管理体系一、二级要素表**

	一级要素	二级要素
要素名称	(一) 职业健康安全方针(4.2)	1. 职业健康安全方针(4.2)
	(二) 规划(策划)(4.3)	2. 对危险源辨识、风险评价和风险控制的策划(4.3.1) 3. 法规和其他要求(4.3.2) 4. 目标(4.3.3) 5. 职业健康安全管理方案(4.3.4)
	(三) 实施和运行(4.4)	6. 结构和职责(4.4.1) 7. 培训、意识和能力(4.4.2) 8. 协商和沟通(4.4.3) 9. 文件(4.4.4) 10. 文件和资料控制(4.4.5) 11. 运行控制(4.4.6) 12. 应急准备和响应(4.4.7)
	(四) 检查和纠正措施(4.5)	13. 绩效测量和监视(4.5.1) 14. 事故、事件、不符合、纠正与预防措施(4.5.2) 15. 记录和记录管理(4.5.3) 16. 审核(4.5.4)
	(五) 管理评审(4.6)	17. 管理评审

5.4.3.2　各要素之间的关系

在职业健康安全管理体系中，17个要素相互联系、相互作用，共同有机地构成了职业健康安全管理体系的一个整体，如图5-4所示。

为了更好地理解职业健康安全管理体系要素间的关系，可将其分为两类，一类是体现体系主体框架和基本功能的核心要素，另一类是支持体系主体框架和保证实现基本功能的辅助性要素。

① 核心要素。核心要素包括职业健康安全方针，对危险源辨识、风险评价和风险控制的策划，法规和其他要求，目标，结构和职责，职业健康安全管理方案，运行控制，绩效测量和监视，审核和管理评审10个要素。

② 辅助性要素。辅助要素包括培训、意识和能力，协商和沟通，文件，文件和资料控制，应急准备和响应，事故、事件、不符合、纠正和预防措施，以及记录和记录管理等7个要素。

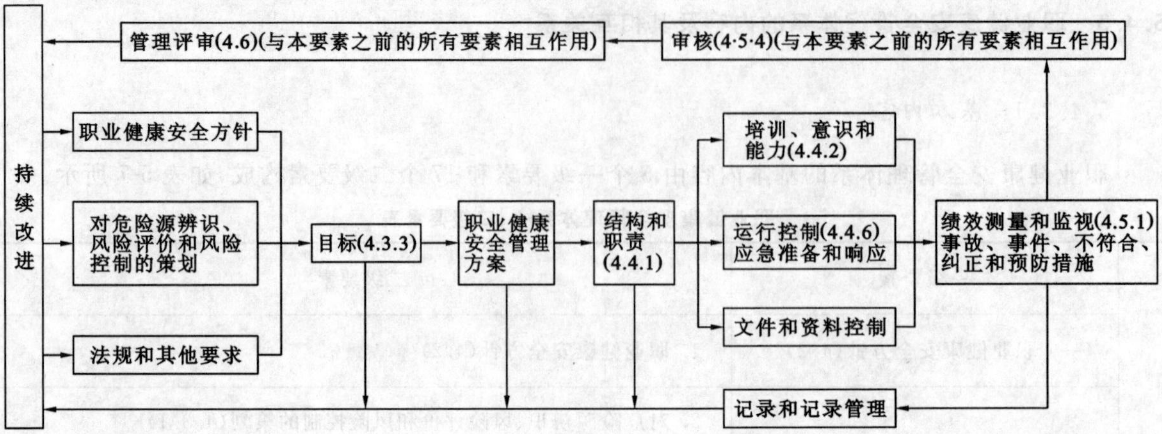

图 5-4 职业健康安全管理体系各要素的关联图

5.4.4 环境管理体系的基本结构和模式

5.4.4.1 环境管理体系的作用和意义

国际标准化化组织(ISO)从 1993 年 6 月正式成立环境管理技术委员会(ISO/TC207)开始,就遵照其宗旨:"通过制订和实施一套环境管理的国际标准,规范企业和社会团体等所有组织的环境表现,使之与社会经济发展相适应,改善生态环境质量,减少人类各项活动所造成的环境污染,节约能源,促进经济的可持续发展"。经过 3 年的努力,国际标准化组织于 1996 年推出了 ISO 14000 系列标准。同年,我国将其等同转换为国家标准 GB/T 24000 系列标准。其作用和意义为:

① 保护人类生存和发展的需要。

② 国民经济可持续发展的需要。

③ 建立市场经济体制的需要。

④ 国内外贸易发展的需要。

⑤ 环境管理现代化的需要。

⑥ 协调各国管理性"指令"和控制文件的需要。

5.4.4.2 环境管理体系规范及使用指南总体结构图

《环境管理体系 规范及使用指南》(GB/T 24001—1996)(ISO14001:1999)的总体结构如图 5-5所示。

图 5-6 给出了环境管理体系的运行模式,该模式的规定为环境管理体系提供了一套系统化的方法,指导其组织合理有效地推行其环境管理工作。该模式环境管理体系建立在一个由"策划、实施、检查、评审和改进"诸环节构成的动态循环过程的基础上。职业健康安全管理体系也完全按此模式建立。

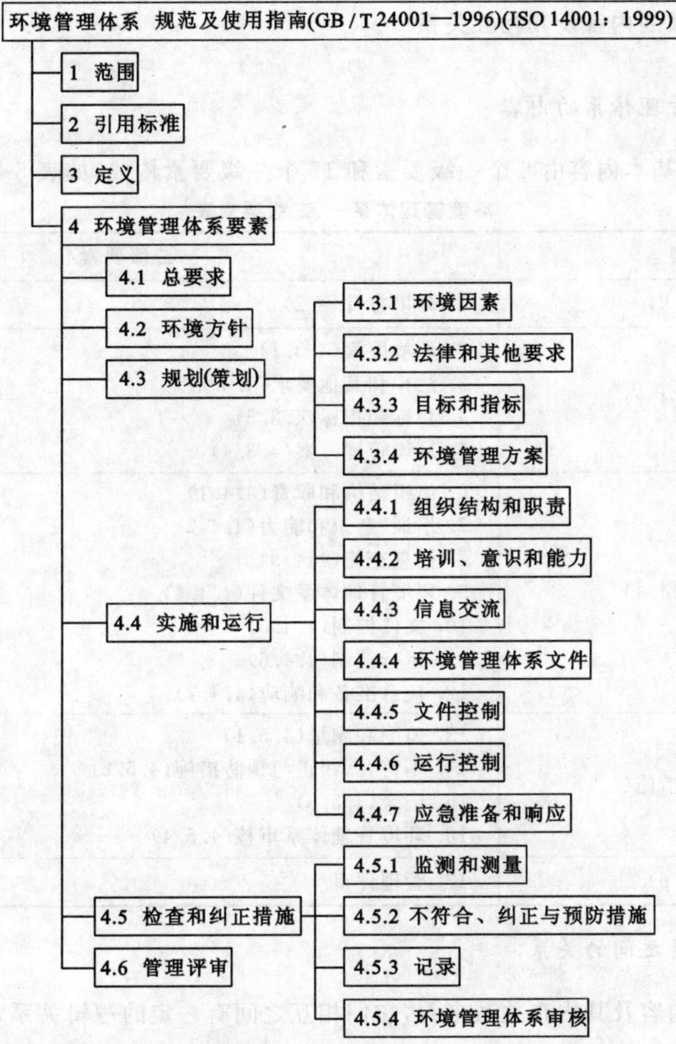

图 5-5　《环境管理体系　规范及使用指南》总体结构图

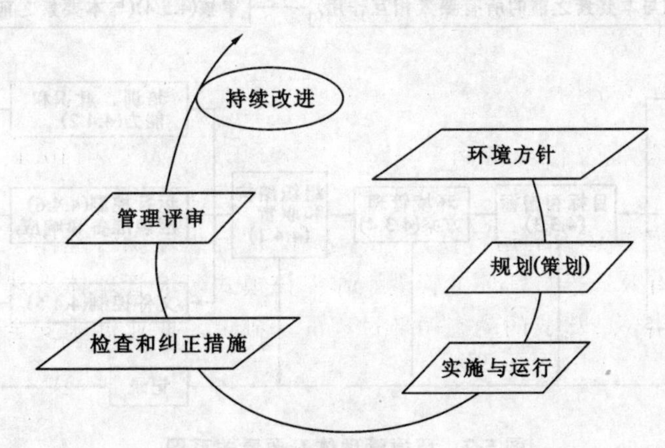

图 5-6　环境管理体系运行模式

5.4.5 环境管理体系的内容及其相互关系

5.4.5.1 环境管理体系的内容

环境管理体系的基本内容由5个一级要素和17个二级要素构成，如表5-8所示。

表5-8 环境管理体系一、二级要素表

	一级要素	二级要素
要素名称	（一）环境方针(4.2)	1. 环境方针(4.2)
	（二）规划(策划)(4.3)	2. 环境因素(4.3.1) 3. 法律和其他要求(4.3.2) 4. 目标和指标(4.3.3) 5. 环境管理方案(4.3.4)
	（三）实施和运行(4.4)	6. 组织结构和职责(4.4.1) 7. 培训、意识和能力(4.4.2) 8. 信息交流(4.4.3) 9. 环境管理体系文件(4.4.4) 10. 文件控制(4.4.5) 11. 运行控制(4.4.6) 12. 应急准备和响应(4.4.7)
	（四）检查和纠正措施(4.5)	13. 监测和测量(4.5.1) 14. 不符合、纠正与预防措施(4.5.2) 15. 记录(4.5.3) 16. 环境管理体系审核(4.5.4)
	（五）管理评审(4.6)	17. 管理评审

5.4.5.2 各要素之间的关系

从17个要素的内容及其内在关系来看，它们相互之间有一定的逻辑关系，如图5-7所示。

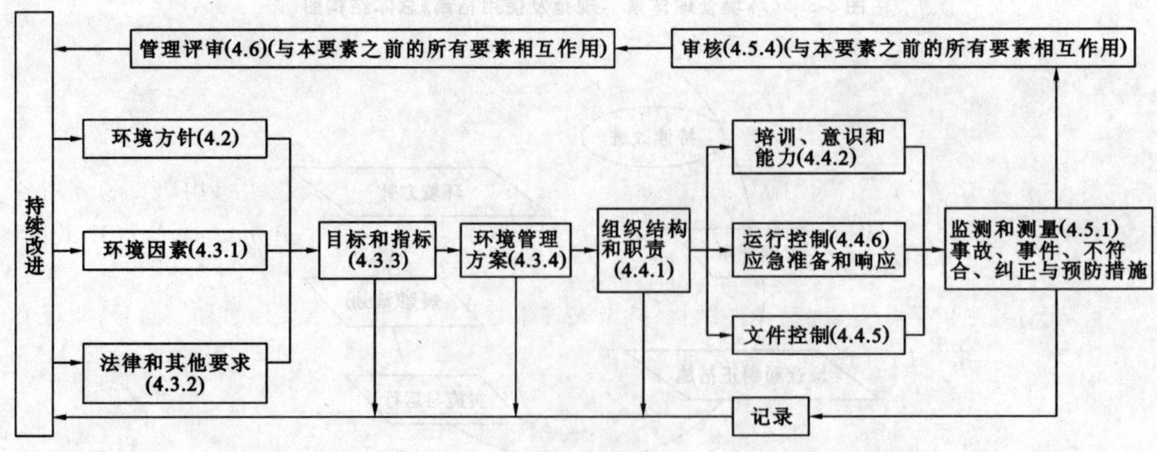

图5-7 环境管理体系要素关系图

5.4.6　职业健康安全管理体系与环境管理体系的建立

5.4.6.1　建立职业健康安全与环境管理体系的步骤

(1) 领导决策

建立职业健康安全与环境管理体系需要最高管理者亲自决策,以便获得各方面的支持并保证建立体系所需资源的供应。

(2) 成立工作组

最高管理者或授权管理者代表成立工作小组负责建立职业健康安全与环境管理体系。工作小组的成员要覆盖组织的主要职能部门,组长最好由管理者代表担任,以保证小组对人力、资金、信息的获取。

(3) 人员培训

人员培训的目的是使组织内的有关人员了解建立职业健康与环境体系的重要性,了解标准的主要思想和内容。根据对不同人员的培训要求,可将参加培训的人员分为四个层次,即最高管理层,中层领导及技术负责人,具体负责建立体系的主要骨干人员和普通员工。

在开展工作之前,参与建立和实施管理体系的有关人员及内审员应接受职业健康安全与环境管理体系标准及相关知识的培训。

(4) 初始状态评审

初始状态评审是对组织过去和现在的职业健康安全与环境的信息、状态进行收集、调查分析、识别和获取现有的适用于组织的健康安全与环境的法律法规和其他要求,进行危险源辨识和风险评价、环境因素识别和重要环境因素评价。评审的结果将作为确定职业健康安全与环境方针、制订管理方案、编制体系文件和建立职业健康安全与环境管理体系的基础。

(5) 制订方针、目标、指标和管理方案

方针是组织对其健康安全与环境行为的原则和意图的声明,也是组织自觉承担其责任和义务的承诺。方针不仅为组织确定了总的指导方向和行动准则,而且是评价一切后续活动的依据,并为更加具体的目标和指标提供一个框架。目标和指标制订的依据和准则为:考虑法律、法规和其他要求;考虑自身潜在的危险和重要环境因素;考虑商业机会和竞争机遇;考虑可实施性;考虑监测考评的现实性;考虑相关方的观点。

管理方案是实现目标、指标的行动方案。

(6) 管理体系策划与设计

管理体系策划与设计是依据制订的方针、目标和指标、管理方案,确定组织机构职责和筹划各种运行程序。建立组织机构应考虑的主要因素有:合理分工;加强协作;明确定位,落实岗位责任;赋予权限。

文件策划的主要工作有:确定文件结构;确定文件编写格式;确定各层文件名称及编号;制订文件编写计划;安排文件的审查、审批和发布工作等。

(7) 管理体系文件的编写

管理体系文件包括管理手册、程序文件、作业文件,在编写中要根据文件的特点考虑编写的原则和方法。

(8) 文件的审查、审批和发布

文件编写完成后应进行审查,经审查、修改、汇总后进行审批,然后发布。

5.4.6.2 职业健康安全与环境管理体系文件的编写

职业健康安全与环境管理体系是系统化、结构化、程序化的管理体系，是遵循 PDCA 管理模式并以文件支持的管理制度和管理办法。体系文件应遵循的原则是：标准要求的要写到，文件写到的要做到，做到的要有有效记录。

(1) 程序文件编写的内容和一般格式

① 程序文件要针对需要编制程序文件体系的管理要素。

② 程序文件的内容可按"5W1H"的顺序和内容来编写。

③ 程序文件一般格式为：目的和适用范围，引用的标准及文件，术语和定义，职责，工作程序，报告和记录的格式以及保存期限，相关文件等。

(2) 作业文件的编制

作业文件是指管理手册、程序文件之外的文件，一般包括作业指导书（操作规程）、管理规定、监测活动准则及程序文件引用的表格。其编写的内容和格式与程序文件的要求基本相同。在编写之前应对原有的作业文件进行清理，摘其有用，删除无关。

5.4.7 职业健康安全管理体系与环境管理体系的运行

5.4.7.1 管理体系运行的概念

体系运行是指按照已建立体系的要求实施，重点围绕培训、意识和能力，信息交流，文件管理，执行控制程序，监测，不符合、纠正和预防措施，记录等活动推进体系的运行工作。上述运行活动简述如下：

(1) 培训、意识和能力

主管培训的部门根据体系文件（培训意识和能力程序文件）的要求，制订详细的培训计划，明确培训的组织部门、时间、内容、方法和考核要求。

(2) 信息交流

信息交流是确保各要素构成一个完整的、动态的、持续改进的体系和基础，应关注信息交流的内容和方式。

(3) 文件管理

① 对现有有效文件进行整理编号，方便查询索引。

② 对适用的规范、规程等行业标准应及时购买补充，对适用的表格要及时发放。

③ 对在内容上有抵触的文件和过期的文件要及时作废并妥善处理。

(4) 执行控制程序文件的规定

体系的运行离不开程序文件的指导，程序文件及其相关的作业文件在组织内部都具有法定效力，必须严格执行，才能保证体系正确运行。

(5) 监测

为保证体系正确有效地运行，必须严格监测体系的运行情况。监测中应明确监测的对象和监测的方法。

(6) 不符合、纠正和预防措施

体系在运行过程中，不符合的出现是不可避免的，关键是相应的纠正与预防措施是否及时有效。

(7) 记录

在体系运行过程中及时按文件要求进行记录,如实反映体系运行情况。

5.4.7.2 管理体系的内部审核

内部审核是组织对其自身的管理体系进行的审核,是对体系是否正常进行以及是否达到了规定的目标所作的独立的检查和评价,是管理体系自我保证和自我监督的一种机制。内部审核要明确策划,提出审核的方式、方法和步骤,形成审核日程计划,并发至相关部门。

5.4.7.3 管理评审

管理评审是由组织的最高管理者对管理体系的系统评价,判断组织的管理体系面对内部情况的变化和外部环境是否充分适应有效,由此决定是否对管理体系作出调整,包括方针、目标、机构和程序等。管理评审中应注意以下问题:

① 信息输入的充分性和有效性。

② 评审过程充分严谨,应明确评审的内容和对相关信息的搜集、整理,并进行充分的讨论和分析。

③ 评审结论应该清楚明了,表述准确。

④ 评审中提出的问题应认真进行整改,不断改进。

【知识归纳】

(1) 安全生产和安全控制的概念、施工安全控制的特点、原则和要点。

(2) 危险源的概念、两大类危险源、危险源控制的方法、工作质量安全事故分类等级、安全检查的内容、方式、安全事故调查程序和内容等。

(3) 文明施工和环境保护的概念、文明施工的要求、组织和管理、大气污染、水污染、噪声和固体废物的处理及控制等。

(4) 职业健康安全事故的分类、职业病和工伤的认定、建立职业健康安全管理体系的基本结构、模式以及相关内容等。

【独立思考】

5-1 简述职业健康安全、环境管理的目的。

5-2 安全管理的范围和基本原则是什么?

5-3 试分析施工中的不安全因素。

5-4 发生安全事故时应如何处理?

5-5 环境分配制度的重点是什么?

5-6 试分析我国质量管理、环境管理和职业健康安全管理三个体系标准的特点。

【参考文献】

[1] 毛小玲,郭晓霞.建筑工程项目管理技术问答.北京:中国电力出版社,2004.

[2] 卜振华.工程项目管理.北京:中国建筑工业出版社,2002.

[3] 王卓甫,杨高升.工程项目管理:原理与案例.北京:中国水利水电出版社,2005.

[4] 孙重.建筑企业经营管理.北京:中国环境科学出版社,2004.

[5] 李绪豪.现代企业管理基础.北京:高等教育出版社,2005.

[6] 余平.企业人力资源开发与管理.武汉:湖北科学技术出版社,1997.

[7] [美]琼·努特森,艾拉·比茨.怎样当好项目经理.黄志强,张小眉,译.上海:上海人民出版社,1995.

[8] 任强,陈乃新.施工项目资源管理.北京:中国建筑工业出版社,2004.

[9] 成虎.工程项目管理.北京:中国建筑工业出版社,1998.

[10] 汪龙滕,陆孝勤.水电施工经营管理.南京:河海大学出版社,1992.

[11] 吴涛,丛培经.建设工程项目管理规范实施手册.北京:中国建筑工业出版社,2006.

[12] 危道军,刘志强.工程项目管理.武汉:武汉理工大学出版社,2004.

[13] 武长玉.水利工程施工组织设计与施工项目管理实务全书.北京:当代中国音像出版社,2004.

[14] 钟汉华.工程建设监理.郑州:黄河水利出版社,2005.

[15] 韦志立.建设监理概论.北京:中国水利水电出版社,1998.

[16] 钟汉华,李志.建筑工程项目管理.北京:人民交通出版社,2007.

[17] 于惠中.建设工程监理概论.北京:机械工业出版社,2008.

6 建设工程合同管理

课前导读

内容提要

本章主要内容包括建设工程招标与投标，建设工程合同管理及合同计价方式，建设工程合同实施管理，建设工程担保的内容和作用，建设工程索赔等。教学的重难点为建设工程招标与投标，建设工程合同管理及合同计价方式，建设工程合同实施管理及建设工程索赔等。

能力要求

通过本章的学习，学生应熟悉建设工程招标与投标和建设工程索赔与反索赔，掌握建设工程合同管理，掌握合同计价方式及每种计价方式的优缺点，掌握建设工程合同的实施与控制，了解建设工程担保的内容和支付担保的有关规定。

数字资源

5分钟看完本章

6.1 建设工程招标与投标

工程招标与投标案例

“标”指发标单位标明的项目的内容、条件、工程量、质量、工期、标准等的要求以及不公开的工程价格(标底)。

招标投标的适用范围包括工程项目的前期阶段(可行性研究项目评估等),以及建设阶段的勘测设计、工程施工、技术培训、试生产等各阶段的工作。由于这两个阶段的工作性质有很大差异,实际工作中往往分别进行招投标,也有实行全过程招投标的。

在进行招投标中应当秉持公开、公平、公正和诚实信用的原则。同时建设工程招投标具有平等性、竞争性和开放性。

对建设工程的发包人来说,最重要的是如何找到理想的、有能力承担建设工程任务的合格单位,用经济合理的价格,获得满意的服务和产品。根据建设工程的通常做法,建设工程的发包人一般都通过招标或其他竞争方式选择建设工程任务的实施单位,包括设计、咨询、施工承包和供货等单位。当然,发包人也可以通过询价采购和直接委托等方式选择建设工程任务的实施单位。而承担建设工程任务的设计、施工等单位也通常以投标竞争方式显示自己的实力和水平,获得想要承担的工程任务。

6.1.1 建设工程招标

建设工程招标,是指项目建设单位(业主)将工程项目的内容和要求以文件形式标明,招引项目承包单位(承包商)来报价(投标),经比较,选择理想承包单位并达成协议的活动。对于业主来说,招标就是择优的过程。由于工程的性质和业主的评价标准不同,择优可能有不同的侧重面,但一般包含如下 4 个主要方面:较低的价格、先进的技术、优良的质量和较短的工期。业主通过招标,从众多的投标商中进行评选,既要从其突出的侧重面进行衡量,又要综合考虑上述 4 个方面的因素,最后确定中标者。

客观来讲,建设工程施工招标应该具备的条件包括以下几项:招标人已经依法成立;初步设计及概算应当履行审批手续的,已经批准;招标范围、招标方式和招标组织形式等应当履行核准手续的,已经核准;有相应资金或资金来源已经落实;有招标所需的设计图纸及技术资料。这些条件和要求,一方面是从法律上保证了项目和项目法人的合法化;另一方面,也从技术和经济上为项目的顺利实施提供了支持和保障。

6.1.1.1 招标投标项目的确定

从理论上讲,在市场经济条件下,建设工程项目是否采用招标投标的方式确定承包人,业主有着完全的决定权;采用何种方式进行招标,业主也有着完全的决定权。但是为了保证公共利益,各国的法律都规定了有政府资金投资的公共项目(包括部分投资的项目或全部投资的项目),涉及公共利益的其他资金投资项目,投资额在一定额度之上时,要采用招标投标方式进行。对此我国也有详细的规定。

按照我国的《招标投标法》，以下项目宜采用招标的方式确定承包人。

① 大型基础设施、公用事业等关系社会公共利益、公众安全的项目。

② 全部或者部分使用国有资金投资或者国家融资的项目。

③ 使用国际组织或者外国政府资金的项目。

上述建设工程项目的具体范围和标准，在原国家发展计划委员会2000年5月1日第3号令《工程建设项目招标范围和规模标准规定》中有明确的规定。除此以外，各地方政府遵照《招标投标法》和有关规定，也对所在地区应该实行招标的建设工程项目的范围和标准作了具体规定。

6.1.1.2 招标方式的确定

世界银行贷款项目中的工程和货物的采购，可以采用国际竞争性招标、有限国际招标、国内竞争性招标、询价采购、直接签订合同、自营工程等采购方式。其中，国际竞争性招标和国内竞争性招标都属于公开招标，而有限国际招标则相当于邀请招标。

《招标投标法》规定，招标分公开招标和邀请招标两种方式。

(1) 公开招标

公开招标亦称无限竞争性招标，招标人在公共媒体上发布招标公告，提出招标项目和要求，符合条件的一切法人或者组织都可以参加投标竞争，都有同等竞争的机会。按规定应该招标的建设工程项目，一般应采用公开招标方式。

公开招标的优点是招标人有较大的选择范围，可在众多的投标人中选择报价合理、工期较短、技术可靠、资信良好的中标人。但是公开招标的资格审查和评标的工作量比较大，耗时长、费用高，且有可能因资格预审把关不严导致鱼目混珠的现象发生。

如果采用公开招标方式，招标人就不得以不合理的条件限制或排斥潜在的投标人。例如，不得限制本地区以外或本系统以外的法人或组织参加投标等。

(2) 邀请招标

邀请招标亦称有限竞争性招标，招标人事先经过考察和筛选，将投标邀请书发给某些特定的法人或者组织，邀请其参加投标。为了保护公共利益，避免邀请招标方式被滥用，各个国家和世界银行等金融组织都有相关规定：按规定应该招标的建设工程项目，一般应采用公开招标，如果要采用邀请招标，需经过批准。

对于有些特殊项目，采用邀请招标方式确实更加有利。根据我国的有关规定，有下列情形之一的，经批准可以进行邀请招标：

① 项目技术复杂或有特殊要求，只有少量几家潜在投标人可供选择的。

② 受自然地域环境限制的。

③ 涉及国家安全、国家秘密或者抢险救灾，适宜招标但不宜公开招标的。

④ 拟公开招标的费用与项目的价值相比，不值得的。

⑤ 法律、法规规定不宜公开招标的。

招标人采用邀请招标方式，应当向3个以上具备承担招标项目的能力、资信良好的特定的法人或者其他组织发出投标邀请书。

6.1.1.3 自行招标与委托招标

招标人可自行办理招标事宜，也可以委托招标代理机构代为办理招标事宜。

招标人自行办理招标事宜，应当具有编制招标文件和组织评标的能力。招标人不具备自行招标能力的，必须委托具备相应资质的招标代理机构代为办理招标事宜。

工程招标代理机构资格分为甲、乙两级。其中乙级工程招标代理机构只能承担工程投资额（不含征地费、大市政配套费与拆迁补偿费）在3000万元以下的工程招标代理业务。工程招标代理机构可以跨省、自治区、直辖市承担工程招标代理业务。

6.1.1.4 招标信息的发布与修正

(1) 招标信息的发布

工程招标是一种公开的经济活动，因此要采用公开的方式发布信息。

招标公告应在国家指定的媒介（报刊和信息网络）上发表，以保证信息发布到必要的范围以及发布的及时与准确，招标公告应该尽可能地发布翔实的项目信息，以保证招标工作的顺利进行。

招标公告应当载明招标人的名称和地址，招标项目的性质、数量、实施地点和时间，投标截止日期以及获取招标文件的办法等事项。招标人或其委托的招标代理机构应当保证招标公告内容的真实、准确和完整。

拟发布的招标公告文本应当由招标人或其委托的招标代理机构的主要负责人签名并加盖公章。招标人或其委托的招标代理机构发布招标公告，应当向指定媒介提供营业执照（或法人证书）、项目批准文件的复印件等证明文件。

招标人或其委托的招标代理机构应至少在一家指定的媒介发布招标公告。指定报刊在发布招标公告的同时，应将招标公告如实抄送指定网络。招标人或其委托的招标代理机构在两个以上媒介发布的同一招标项目的招标公告的内容应当相同。

招标人应当按招标公告或者投标邀请书规定的时间、地点出售招标文件或资格预审文件。自招标文件或者资格预审文件出售之日起至停止出售之日止，最短不得少于5个工作日。

投标人必须自费购买相关招标或资格预审文件，但对招标文件或者资格预审文件的收费应当合理，不得以营利为目的。对于所附的设计文件，招标人可以向投标人酌收押金；对于开标后投标人退还设计文件的，招标人应当向投标人退还押金。招标文件或者资格预审文件售出后，不予退还。招标人在发布招标公告、发出投标邀请书后或者售出招标文件或资格预审文件后不得擅自终止招标。

(2) 招标信息的修正

如果招标人在招标文件已经发布之后，发现有问题需要进一步澄清或修改，必须依据以下原则进行：

① 时限。招标人对已发出的招标文件进行必要的澄清或者修改，应当在招标文件要求提交投标文件截止时间至少15日前发出。

② 形式。所有澄清文件必须以书面形式进行。

③ 全面。所有澄清文件必须直接通知所有招标文件收受人。

由于修正与澄清文件是对于原招标文件的进一步补充或说明，因此该澄清或者修改的内容应为招标文件的有效组成部分。

6.1.1.5 资格预审

招标人可以根据招标项目本身的特点和要求，要求投标申请人提供有关资质、业绩和能力等的证明，并对投标申请人进行资格审查。资格审查分为资格预审和资格后审。资格预审是指招标人在招标开始之前或者开始初期，由招标人对申请参加投标的潜在投标人进行资质条件、业绩、信誉、技术、资金等多方面情况的资格审查；经认定合格的潜在投标人，才可以参加投标。

通过资格预审可以使招标人了解潜在投标人的资信情况，包括财务状况、技术能力以及以往从事类似工程的施工经验，从而选择优秀的潜在投标人参加投标，降低将合同授予不合格的投保人的风险。通过资格预审，可以淘汰不合格的潜在投标人，从而有效地控制投标人的数量，进而减少评审阶段的工作时间，减少评审费用，也为不合格的潜在投标人节约投标的无效成本。通过资格预审，招标人可以了解潜在投标人对项目投标的兴趣，如果潜在投标人的兴趣大大低于招标人的预料，招标人可以修改招标条款，以吸引更多的投标人参加竞争。

6.1.1.6 标前会议

标前会议也称为投标预备会或招标文件交底会，是招标人按投标须知规定的时间和地点召开的会议。标前会议上，招标人除了介绍工程概况以外，还可以对招标文件中的某些内容加以修改或补充说明，以及对投标人书面提出的问题和会议上即兴提出的问题予以解答，会议结束后，招标人应将会议纪要用书面通知的形式发给每一个投标人。

无论是会议纪要还是对个别投标人的问题的解答，都应以书面形式发给每一个获得投标文件的投标人，以保证招标的公平和公正。但对问题的答复不需要说明问题来源。会议纪要和答复函件形成招标文件的补充文件，都是招标文件的有效组成部分，与招标文件具有同等法律效力。当补充文件与招标文件内容不一致时，应以补充文件为准。

为了使竞标单位在编写投标文件时有充分的时间考虑招标人对招标文件的补充或修改内容，招标人可以根据实际情况在标前会议上确定延长投标截止时间。

6.1.1.7 评标

评标分为评标的准备、初步评审、详细评审、编写评标报告等过程。

初步评审主要是进行符合性审查，即重点审查投标书是否实质上响应了招标文件的要求。审查内容包括：投标资格审查、投标文件完整性审查、投标担保的有效性、与招标文件是否有显著的差异和保留等。如果投标文件实质上不响应招标文件的要求，将作无效投标处理，不必进行下一阶段的评审。另外还要对报价计算的正确性进行审查，如果计算有误，通常的处理方法是：大小写不一致的以大写为准，单价与数量的乘积之和与所报的总价不一致的应以单价为准；标书正本和副本不一致的，则以正本为准。这些修改一般应由投标人代表签字确认。

详细评审是评标的核心，是对标书进行实质性审查，包括技术评审和商务评审。技术评审主要是对投标书的技术方案、技术措施、技术手段、技术装备、人员配备、组织结构、进度计划等的先进性、合理性、可靠性、安全性、经济性等进行分析评价。商务评审主要是对投标书的报价高低、报价构成、计价方式、计算方法、支付条件、取费标准、价格调整、税费、保险及优惠条件等进行评审。

评标方法可以采用评议法、综合评分法或评标价法等，可根据不同的招标内容选择确定相应的方法。

评标结束应该推荐中标候选人。评标委员会推荐的中标候选人应当限定在1～3人，并标明排列顺序。

6.1.2 建设工程投标

建设工程投标，是指承包商向招标单位提出承包该工程项目的价格和条件，供招标单位选择以获得承包权的活动。对于承包商来说,参加投标就如同参加一场赛事竞争。因为它关系到企业的兴衰存亡。这场赛事不仅比报价的高低,而且比技术、经验、实力和信誉。特别是当前国际承包市场上,工程越来越多的是技术密集型项目,势必给承包商带来两方面的挑战:一是技术上的挑战,要求承包商具有先进的科学技术,能够完成高、新、尖、难工程;二是管理上的挑战,要求承包商具有现代先进的组织管理水平,能够以较低价中标,靠管理和索赔获利。

6.1.2.1 研究招标文件

投标单位取得投标资格,获得招标文件之后的首要工作就是认真仔细地研究招标文件,充分了解其内容和要求,以便有针对性地安排投标工作。研究招标文件的重点应放在投标者须知、合同条款、设计图纸、工厂范围及工程量表上,还要研究技术规范要求,看是否有特殊的要求。投标人应该重点注意招标文件中以下几个方面的问题。

(1) 投标人须知

"投标人须知"是招标人向投标人传递基础信息的文件,包括工程概况、招标内容、招标文件的组成、投标文件的组成、报价的原则、招标投标时间安排等关键信息。

第一,投标人需要注意招标工程的详细内容和范围,避免遗漏或多报。

第二,投标人还要特别注意投标文件的组成,避免因提供的资料不全而被作为废标处理。

第三,投标人还要注意招标答疑时间、投标截止时间等重要时间安排,避免因遗忘或迟到等原因而失去竞争机会。

(2) 投标书附录与合同条件

投标书附录与合同条件是招标文件的重要组成部分,其中可能标明了招标人的特殊要求,即投标人在中标后应享受的权利及所要承担的义务和责任等,投标人在报价时需要考虑这些因素。

(3) 技术说明

投标人要研究招标文件中的施工技术说明,熟悉所采用的技术规范,了解技术说明中有无特殊施工技术要求和有无特殊材料设备要求,以及有关选择代用材料、设备的规定,以便根据相应的定额和市场确定价格,计算有特殊要求项目的报价。

(4) 永久性工程之外的报价补充文件

永久性工程是指合同的标的物——建设工程项目及其附属设施,但是为了保证工程建设的顺利进行,不同的业主还会对于承包商提出额外的要求。如,对旧有建筑物和设施的拆除,工程师的现场办公室及其各项开支、模型、广告、工程照片和会议费用等。如果有的话,则需要将其列入工程总价中去,弄清一切费用纳入工程总报价的方式,以免产生遗漏从而导致损失。

6.1.2.2 进行各项调查研究

在研究招标文件的同时,投标人需要开展详细的调查研究,即对招标工程的自然、经济和社会条件进行调查,这些都是工程施工的制约因素,必然会影响到工程成本,是投标报价所必须考虑的,所以在报价前必须了解清楚。

(1) 市场宏观经济环境调查

应调查工程所在地的经济形势和经济状况,包括与投标工程实施有关的法律法规、劳动力与材料的供应状况、设备市场的租赁状况、专业施工公司的经营状况与价格水平等。

(2) 工程现场考察和工程所在地区的环境考察

要认真考察施工现场,调查具体工程所在地区的环境,包括一般自然条件、施工条件及环境,如地质地貌、气候、交通、水电等的供应和其他资源情况等。

(3) 工程业主方和竞争对手公司的调查

业主、咨询工程师的情况，尤其是业主的项目资金落实情况，参加竞争的其他公司与工程所在地的工程公司的情况，与其他承包商或分包商的关系。参加现场踏勘与标前会议，可以获得更充分的信息。

6.1.2.3　复核工程量

有的招标文件中提供了工程量清单，尽管如此，投标者还是需要进行复核，因为这直接影响到投标报价以及中标的机会。例如，当投标人大体上确定了工程总报价以后，可适当采用报价技巧(如不平衡报价法)对某些工程量可能增加的项目提高报价，而对某些工程量可能减少的可以降低报价。

对于单价合同，尽管是以实测工程量结算工程款，但投标人仍应根据图纸仔细核算工程量，当发现相差较大时，投标人应向招标人要求澄清。

对于总价固定合同，更要特别引起重视，工程量估算的错误可能带来无法弥补的经济损失，因为总价合同是以总报价为基础进行结算的，如果工程量出现差异，可能对施工方极为不利。对于总价合同，如果业主在投标前对争议工程量不予更正，而且是对投标者不利的情况，投标者在投标时要附上声明：工程量表中某项工程量有错误，施工结算应按实际完成量计算。

承包商在核算工程量时，还要结合招标文件中的技术规范弄清工程量中每一细目的具体内容，避免出现在计算单位、工程量或价格方面的错误与遗漏。

6.1.2.4　选择施工方案

施工方案是报价的基础和前提，也是招标人评标时要考虑的重要因素之一。有什么样的方案，就有什么样的人工、机械与材料消耗，就会有相应的报价。因此，必须弄清分项工程的内容、工程量、所包含的相关工作、工程进度计划的各项要求、机械设备状态、劳动与组织状况等关键环节，据此制订施工方案。

施工方案应由投标人的技术负责人主持制订，主要应考虑施工方法、主要施工机具的配置、各工种劳动力的安排及现场施工人员的平衡、施工进度及分批竣工的安排及安全措施等。施工方案的制订应在技术、工期和质量保证等方面对招标人有吸引力，同时又有利于降低施工成本。

① 要根据分类汇总的工程数量和工程进度计划中该类工程的施工周期、合同技术规范要求以及施工条件和其他情况选择和确定每项工程的施工方法，应根据实际情况和自身的施工能力来确定各类工程的施工方法。对各种不同施工方法应当从保证完成计划目标、保证工程质量、节约设备费用、降低劳务成本等多方面综合比较，选定最适用、经济的施工方案。

② 要根据上述各类工程的施工方法选择相应的机具设备，并计算所需数量和使用周期，研究确定采购新设备、租赁当地设备或调动企业现有设备。

③ 要研究确定工程分包计划。根据概略指标估算劳务数量，考虑其来源及进场时间安排。注意当地是否有限制外籍劳务的规定。另外，从所需劳务的数量，估算所需管理人员和生活性临时设施的数量和标准等。

④ 要用概略指标估算主要的和大宗的建筑材料的需用量，考虑其来源和分批进场的时间安排，从而可以估算现场用于存储、加工的临时设施(例如仓库、露天堆放场、加工场地或工棚等)。

⑤ 根据现场设备、高峰人数和一切生产和生活方面的需要，估算现场用水、用电量，确定临时

供电和排水设施;考虑外部和内部材料供应的运输方式,估计运输和交通车辆的需要和来源;考虑其他临时工程的需要和建设方案;提出某些特殊条件下保证正常施工的措施。例如,排除或降低地下水以保证地面以下工程施工的措施;冬期、雨期施工措施以及其他必需的临时设施安排,例如现场安全保卫设施,包括临时围墙、警卫设施、夜间照明等,现场临时通信联络设施等。

6.1.2.5 投标计算

投标计算是投标人对招标工程施工所要发生的各种费用的计算。在进行投标计算时,必须首先根据招标文件复核或计算工程量。作为投标计算的必要条件,应预先确定施工方案和施工进度。此外,投标计算还必须与采用的合同计价形式相协调。

6.1.2.6 确定投标策略

施工企业为了在竞争的投标活动中取得胜利,获得尽可能多的盈利,必须在弄清内外环境的基础上制订相应的投标策略,以指导其投标全过程的活动。常见的投标策略有以下几种:

① 靠经营管理水平取胜。

② 靠改进设计取胜。

③ 靠缩短建设工期取胜。

④ 靠低利策略取胜。

⑤ 报低价,着眼于施工索赔。

⑥ 掌握某种有发展前途的工程施工技术,宁肯目前少赚钱,如建造核电站反应堆及海洋工程。

6.1.2.7 正式投标

投标人按照招标人的要求完成标书的准备与填报之后,就可以向招标人正式提交投标文件。在投标时需要注意以下几方面。

(1) 投标的截止日期

招标人所规定的投标截止日就是提交标书最后的期限。投标人在投标截止日之前所提交的投标文件是有效的,超过该日期之后就会被视为无效投标。在招标文件要求提交投标文件的截止时间后送达的投标文件,招标人可以拒收。

(2) 投标文件的完备性

投标人应当按照招标文件的要求编制竞标文件。投标文件应当对招标文件提出的实质性要求和条件作出响应。投标不完备或投标没有达到招标人的要求,在招标范围以外提出新的要求,均被视为对于招标文件的否定,不会被招标人所接受。投标人必须为自己所投出的标负责,如果中标,必须按照投标文件中所阐述的方案来完成工程,这其中包括质量标准、工期与进度计划、报价限额等基本指标以及招标人所提出的其他要求。

(3) 标书的标准

标书的提交要有固定的要求,包括签章和密封。如果不密封或密封不满足要求,投标是无效的。投标书还需要按照要求签章,投标书需要盖有投标企业公章以及企业法人的名章(或签字)。如果项目所在地与企业距离较远,由当地项目经理部组织投标,需要提交企业法人对于投标项目经理的授权委托书。

(4) 投标的担保

通常投标需要提交投标担保,投标担保有关事宜见7.5节的有关内容。

6.1.3 合同的谈判与签约

6.1.3.1 合同订立的程序

与其他合同的订立程序相同，建设工程合同的订立也要采取要约和承诺方式。根据《招标投标法》对招标、投标的规定，招标、投标、中标的过程实质就是要约、承诺的一种具体方式。招标人通过媒体发布招标公告，或向符合条件的投标人发出招标文件，为要约邀请；投标人根据招标文件内容在约定的期限内向招标人提交投标文件，为要约；招标人通过评标确定中标人，发出中标通知书，为承诺；招标人和中标人按照中标通知书、招标文件和中标人的投标文件等订立书面合同时，合同成立并生效。

建设工程施工合同的订立往往要经历一个较长的过程。在明确中标人并发出中标通知书后，双方即可就建设工程施工合同的具体内容和有关条款展开谈判，直到最终签订合同。

(1) 建设工程施工承包合同谈判的主要内容

① 关于工程内容和范围的确认。

招标人和中标人可就招标文件中的某些具体工作内容进行讨论，修改、明确或细化，从而确定工程承包的具体内容和范围。在谈判中双方达成一致的内容，包括在谈判讨论中经双方确认的工程内容和范围方面的修改或调整，应以文字方式确定下来，并以“合同补遗”或“会议纪要”方式作为合同附件，并明确它是构成合同的一部分。对于为监理工程师提供的建筑物、家具、车辆以及各项服务，也应逐项详细地予以明确。

② 关于技术要求、技术规范和施工技术方案。

双方尚可对技术要求、技术规范和施工技术方案等进行进一步讨论和确认，必要的情况下甚至可以变更技术要求和施工方案。

③ 关于合同价格条款。

依据计价方式的不同，建设工程施工合同可以分为总价合同、单价合同和成本加酬金合同。一般在招标文件中就会明确规定合同将采用什么计价方式，在合同谈判阶段往往没有讨论的余地。但在可能的情况下，中标人在谈判过程中仍然可以提出降低风险的改进方案。

④ 关于价格调整条款。

对于工期较长的建设工程，容易遭受货币贬值或通货膨胀等因素的影响，可能给承包人造成较大损失。价格调整条款可以比较公正地解决这一承包人无法控制的风险损失。

无论是单价合同还是总价合同，都可以确定价格调整条款，即是否调整以及如何调整等。可以说，合同计价方式以及价格调整方式共同确定了工程承包合同的实际价格，直接影响着承包人的经济利益。在建设工程实践中，由于各种原因导致费用增加的几率远远大于费用减少的几率，有时最终的合同价格调整金额会很大，远远超过原定的合同总价，因此承包人在投标过程中，尤其是在合同谈判阶段，务必对合同的价格调整条款予以充分的重视。

⑤ 关于合同款支付方式的条款。

建设工程施工合同的付款分 4 个阶段进行，即预付款、工程进度款、最终付款和退还保留金。关于支付时间、支付方式、支付条件和支付审批程序等有很多种可能的选择，并且可能对承包人的成本、进度等产生比较大的影响，因此，合同支付方式的有关条款是谈判的重要方面。

⑥ 关于工期和维修期。

中标人与招标人可根据招标文件中要求的工期,或者根据投标人在投标文件中承诺的工期,并考虑工程范围和工程量的变动而产生的影响来商定一个确定的工期。同时,还要明确开工日期、竣工日期等。双方可根据各自的项目准备情况、季节和施工环境因素等条件洽商适当的开工时间。

对于具有较多的单项工程的建设工程项目,可在合同中明确允许分部位或分批提交业主验收(例如,成批的房屋建筑工程应允许分栋验收;分多段的公路维修工程应允许分段验收;分多片的大型灌溉工程应允许分片验收等),并从该批验收时起开始计算该部分的维修期,以缩短承包人的责任期限,最大限度保障自己的利益。

双方应通过谈判明确,由于工程变更(业主在工程实施中增减工程或改变设计等)、恶劣的气候影响,以及种种"作为一个有经验的承包人无法预料的工程施工条件的变化"等原因对工期产生不利影响时的解决办法,通常在上述情况下应该给予承包人要求合理延长工期的权利。

合同文本中应当对维修工程的范围、维修责任及维修期的开始和结束时间有明确的规定,承包人应该只承担由于材料和施工方法及操作工艺等不符合合同规定而产生的缺陷。承包人应力争以维修保函来代替业主扣留的保留金。与保留金相比,维修保函对承包人更有利,主要是因为可提前取回被扣留的现金,而且保函是有时效的,期满将自动作废。

同时,维修保函对业主并无风险,真正发生维修费用时,业主可凭保函向银行索回款项。因此,这一做法是比较公平的。维修期满后,承包人应及时从业主处撤回保函。

(2) 合同条件中其他特殊条款的完善

合同条件中的其他特殊条款主要包括:合同图纸;违约罚金和工期提前奖金;工程量验收以及衔接工序和隐蔽工程施工的验收程序;施工占地;向承包人移交施工现场和基础资料;工程交付;预付款保函的自动减额条款,等等。

6.1.3.2 合同最后文本的确定和合同签订

(1) 合同风险评估

在签订合同之前,承包人应对合同的合法性、完备性、合同双方的责任、权益以及合同风险进行评审、认定和评价。

(2) 合同文件内容

建设工程施工承包合同文件构成:合同协议书;工程量及价格;合同条件,包括合同一般条件和合同特殊条件;投标文件;合同技术条件(含图纸);中标通知书;双方代表共同签署的合同补遗(有时也以合同谈判会议纪要形式);招标文件;其他双方认为应该作为合同组成部分的文件,如,投标阶段业主要求投标人澄清问题的函件和承包人所做的文字答复,双方往来函件等。

对所有在招标投标及谈判前后各方发出的文件、文字说明、解释性资料进行清理。对凡是与上述合同构成内容有矛盾的文件,应宣布作废。可以在双方签署的合同补遗中,对此作出排除性质的声明。

(3) 合同文件的形式

在合同谈判阶段,双方谈判的结果一般以合同补遗的形式,有时也可以以"合同谈判纪要"形式,形成书面文件。

同时应该注意的是，建设工程施工承包合同必须遵守法律。对于违反法律的条款，即使由合同双方达成协议并签了字也不受法律保护。

(4) 签订合同

双方在合同谈判结束后，应按上述内容和形式形成一个完整的合同文本草案，经双方代表认可后形成正式文件。双方核对无误后，由双方代表草签，至此合同谈判阶段即告结束。此时，承包人应及时准备和递交履约保函，准备正式签署施工承包合同。

6.2 建设工程合同管理

合同管理是建设工程项目管理的重要内容之一。在建设工程项目的实施过程中，往往会涉及许多合同，比如设计合同、咨询合同、科研合同、施工承包合同、供货合同，总承包合同、分包合同等。大型建设项目的合同数量可能会有数百上千。所谓合同管理，不仅包括对每个合同的签订、履行、变更和解除等过程的控制和管理，还包括对所有合同进行筹划的过程，因此，合同管理的主要工作内容有：根据项目的特点和要求确定设计任务委托模式和施工任务承包模式(合同结构)、选择合同文本、确定合同计价方法和支付方法、合同履行过程的管理与控制、合同索赔等。

合同条款与合同管理案例

6.2.1 建设工程合同管理概述

6.2.1.1 建设工程合同的概念

我国《合同法》规定，建设工程合同是承包商进行工程建设、发包人支付价款的合同。进行工程建设的行为包括监理、勘察、设计、施工。

6.2.1.2 建设工程合同的特点

建设工程合同除了具备一般合同所具有的特性以外，还具有以下特点：

① 合同标的物的特殊性。工程项目合同标的物是建设项目。

② 合同执行周期长。一般为几个月或一年以上。

③ 合同内容多。由工程项目经济法律关系的多元性，以及工程项目的单件性所决定的每个工程项目的特殊性和建设项目受到的多方面、多条件的约束限制和影响，都要相应地反映在项目合同中。

④ 合同涉及面广。主要表现在合同的签订和实施过程中会涉及多方面的关系，如建设单位可能咨询单位、材料供应单位、构配件生产和设备加工厂家。

⑤ 合同风险大。由于建设工程合同的上述特点及合同金额大、竞争激烈等因素，加剧了建设工程合同的风险性。

6.2.2 建设工程合同的分类

建设工程合同有下列几种分类方法：

(1) 按签约各方的关系分类

① 工程总承包合同。工程总承包合同指业主与承包商之间签订的合同,包括项目建设全过程,如勘察、设计、施工等。

② 工程分包合同。工程分包合同是总承包商将中标工程的部分内容分给分包商,为此总承包商与分包商之间签订的分包合同。允许分包的内容应在总承包合同条款中有规定。

③ 劳务分包合同。劳务分包合同通常称为包工不包料合同,或叫清包合同,常出现在土木工程的劳务分包中。分包同在合同实施过程中,不承担材料涨价风险。

④ 联合承包合同。联合承包合同指两个或两个以上的合作承包单位,以一个承包人的名义,为共同承担某一工程的全部建设任务而与发包方签订的承包合同。

(2) 按计价方式分类

① 总价合同。

② 单价合同。

③ 成本加酬金合同。

6.2.3 施工承包合同的内容

建设工程施工合同分为施工总承包合同和施工分包合同。施工总承包合同的发包人是建设工程的建设单位或取得建设项目总承包资格的项目总承包单位,在合同中一般称为业主或发包人。施工总承包合同的承包人是承包单位,在合同中一般称为承包人。

施工分包合同分为专业工程分包合同和劳务作业分包合同。分包合同的发包人一般是取得施工总承包合同的承包单位,在分包合同中一般仍沿用施工总承包合同中的名称,即仍称为承包人。而分包合同的承包人一般是专业化的专业工程施工单位或劳务作业单位,在分包合同中一般称为分包人或劳务分包人。

在国际工程合同中,业主可以根据施工承包合同的约定,选择某个单位作为指定分包商,指定分包商一般应与承包人签订分包合同,接受承包人的管理和协调。

6.2.3.1 施工承包合同示范文本

为了规范和指导合同当事人双方的行为,国际工程界许多著名组织,如国际咨询工程师联合会(FIDIC)、美国建筑师学会(AIA)、美国总承包商会(AGC)、英国土木工程师学会(ICE)、世界银行等,都编制了指导性的合同示范文本,规定了合同双方的一般权利和义务,对引导和规范建设行为起到非常重要的作用。

中华人民共和国建设部和国家工商行政管理总局于 1999 年 12 月 24 日颁发了修改的《建设工程施工合同(示范文本)》(GF—99—0201) 。此后又在 2013 年颁布了《建设工程施工合同(示范文本)》(GF—2013—0201)该文本适用于各类公用建筑、民用住宅、工业厂房、交通设施及线路、管道的施工和设备安装等工程。各种建设工程项目之间的差异性很大。因此,有关行业管理部门颁布了专门的合同文本。

6.2.3.2 施工承包合同文件

(1)各种施工合同示范文本的组成

① 协议书。

② 通用条款。

③ 专用条款。

构成施工合同文件的组成部分，除了协议书、通用条款和专用条款以外，一般还应该包括：中标通知书、投标书及其附件、有关的标准、规范及技术文件、图纸、工程量 清单、工程报价单或预算书等。

(2)合同文件的优先顺序

作为施工合同文件组成部分的上述各个文件，其优先顺序是不同的，解释合同文件优先顺序的规定一般在合同通用条款内，可以根据项目的具体情况在专用条款内进行调整。以下是合同文件的优先顺序：

① 协议书(包括补充协议)。

② 中标通知书。

③ 投标书及其附件。

④ 专用合同条款。

⑤ 通用合同条款。

⑥ 有关的标准、规范及技术文件。

⑦ 图纸。

⑧ 工程量清单。

⑨ 工程报价单或预算书等。

发包人在编制招标文件时，可以根据具体情况规定优先顺序。

(3)各种施工合同示范文本的内容

① 词语定义与解释。

② 合同双方的一般权利和义务，包括代表业主利益进行监督管理的监理人员的权力和职责。

③ 工程施工的进度控制。

④ 工程施工的质量控制。

⑤ 工程施工的费用控制。

⑥ 施工合同的监督与管理。

⑦ 工程施工的信息管理。

⑧ 工程施工的组织与协调。

⑨ 施工安全管理与风险管理等。

在《建设工程施工合同(示范文本)》(GF—2013—0201)的词语定义与解释中，对工程师做了专门定义，明确为工程监理单位委派的总监理工程师或发包人指定的履行合同的代表，其具体身份和职权由发包人和承包人在专用条款中约定。工程师可以根据需要委派代表，行使合同中约定的部分权力和职责。

6.2.3.3 发包方的责任与义务

发包人的责任与义务有许多，最主要的有：

(1)图纸的提供和交底

发包人应按照专用合同条款约定的期限、数量和内容向承包人免费提供图纸，并组织承包人、监理人和设计人进行图纸会审和设计交底。发包人最迟不得晚于开工通知载明的开工日期前 14 天向承包人提供图纸。

(2)对化石、文物的保护

发包人、监理人和承包人应按有关政府行政管理部门要求对施工现场发掘的所有文物、古迹以及具有地质研究或考古价值的其他遗迹、化石、钱币或物品采取妥善的保护措施，由此增加的费用和(或)延误的工期由发包人承担。

(3)出入现场的权利

除专用合同条款另有约定外，发包人应根据施工需要，负责取得出入施工现场所需的批准手续和全部权利，以及取得因施工所需修建道路、桥梁以及其他基础设施的权利，并承担相关手续费用和建设费用。承包人应协助发包人办理修建场内外道路、桥梁以及其他基础设施的手续。

(4)场外交通

发包人应提供场外交通设施的技术参数和具体条件，承包人应遵守有关交通法规，严格按照道路和桥梁的限制荷载行驶，执行有关道路限速、限行、禁止超载的规定，并配合交通管理部门的监督和检查。场外交通设施无法满足工程施工需要的，由发包人负责完善并承担相关费用。

(5)场内交通

发包人应提供场内交通设施的技术参数和具体条件，并应按照专用合同条款的约定向承包人免费提供满足工程施工所需的场内道路和交通设施。因承包人原因造成上述道路或交通设施损坏的，承包人负责修复并承担由此增加的费用。

(6)许可或批准

发包人应遵守法律，并办理法律规定由其办理的许可、批准或备案，包括但不限于建设用地规划许可证、建设工程规划许可证、建设工程施工许可证、施工所需临时用水、临时用电、中断道路交通、临时占用土地等许可和批准。发包人应协助承包人办理法律规定的有关施工证件和批件。因发包人原因未能及时办理完毕前述许可、批准或备案，由发包人承担由此增加的费用和(或)延误的工期，并支付承包人合理的利润。

(7)提供施工现场

除专用合同条款另有约定外，发包人应最迟于开工日期 7 天前向承包人移交施工现场。

(8)提供施工条件

除专用合同条款另有约定外，发包人应负责提供施工所需要的条件，包括：

①将施工用水、电力、通信线路等施工所必需的条件接至施工现场内；

②保证向承包人提供正常施工所需要的进入施工现场的交通条件；

③协调处理施工现场周围地下管线和邻近建筑物、构筑物、古树名木的保护工作，并承担相关费用；

④按照专用合同条款约定应提供的其他设施和条件。

(9)提供基础资料

发包人应当在移交施工现场前向承包人提供施工现场及工程施工所必需的毗邻区域内供水、排水、供电、供气、供热、通信、广播电视等地下管线资料，气象和水文观测资料，地质勘察资料，相邻建筑物、构筑物和地下工程等有关基础资料，并对所提供资料的真实性、准确性和完整性负责。按照法律规定确需在开工后方能提供的基础资料，发包人应尽其努力及时地在相应工程施工前的合理期限内提供，合理期限应以不影响承包人的正常施工为限。

(10)资金来源证明及支付担保

除专用合同条款另有约定外，发包人应在收到承包人要求提供资金来源证明的书面通知后 28 天内，向承包人提供能够按照合同约定支付合同价款的相应资金来源证明。除专用合同条款另有约定外，发包人要求承包人提供履约担保的，发包人应当向承包人提供支付担保。支付担保可以采用银行保函或担保公司担保等形式，具体由合同当事人在专用合同条款中约定。

(11)支付合同价款

发包人应按合同约定向承包人及时支付合同价款。

(12)组织竣工验收

发包人应按合同约定及时组织竣工验收。

(13)现场统一管理协议

发包人应与承包人、由发包人直接发包的专业工程的承包人签订施工现场统一管理协议，明确各方的权利义务。施工现场统一管理协议作为专用合同条款的附件。

6.2.3.4 承包人的一般义务

承包人在履行合同过程中应遵守法律和工程建设标准规范，并履行以下义务：

① 办理法律规定应由承包人办理的许可和批准，并将办理结果书面报送发包人留存。

② 按法律规定和合同约定完成工程，并在保修期内承担保修义务。

③ 按法律规定和合同约定采取施工安全和环境保护措施，办理工伤保险，确保工程及人员、材料、设备和设施的安全。

④ 按合同约定的工作内容和施工进度要求，编制施工组织设计和施工措施计划，并对所有施工作业和施工方法的完备性和安全可靠性负责。

⑤ 在进行合同约定的各项工作时，不得侵害发包人与他人使用公用道路、水源、市政管网等公共设施的权利，避免对邻近的公共设施产生干扰。承包人占用或使用他人的施工场地，影响他人作业或生活的，应承担相应责任。

⑥ 按照第 6.3 款“环境保护”约定负责施工场地及其周边环境与生态的保护工作。

备注：“第 6.3 款”是指《建设工程施工合同(示范文本)》(GF—2013—0201)第 6.3 款，后文中的类似地方均出自该合同示范文本。

⑦ 按第 6.1 款“安全文明施工”约定采取施工安全措施，确保工程及其人员、材料、设备和设施的安全，防止因工程施工造成的人身伤害和财产损失。

⑧ 将发包人按合同约定支付的各项价款专用于合同工程，且应及时支付其雇用人员工资，并及时向分包人支付合同价款。

⑨ 按照法律规定和合同约定编制竣工资料，完成竣工资料立卷及归档，并按专用合同条款约定的竣工资料的套数、内容、时间等要求移交发包人。

⑩ 应履行的其他义务。

6.2.3.5 进度控制的主要条款内容

(1)施工进度计划

① 施工进度计划的编制。

承包人应按照第 7.1 款“施工组织设计”约定提交详细的施工进度计划，施工进度计划的编制应当符合国家法律规定和一般工程实践惯例，施工进度计划经发包人批准后实施。施工进度计划是控制工程进度的依据，发包人和监理人有权按照施工进度计划检查工程进度情况。

发包人和监理人对承包人提交的施工进度计划的确认，不能减轻或免除承包人根据法律规定和合同约定应承担的任何责任或义务。

② 开工通知。

发包人应按照法律规定获得工程施工所需的许可。经发包人同意后，监理人发出的开工通知应符合法律规定。监理人应在计划开工日期7天前向承包人发出开工通知，工期自开工通知中载明的开工日期起计算。

除专用合同条款另有约定外，因发包人原因造成监理人未能在计划开工日期之日起90天内发出开工通知的，承包人有权提出价格调整要求，或者解除合同。发包人应当承担由此增加的费用和(或)延误的工期，并向承包人支付合理利润。

(2)工期延误

① 因发包人原因导致工期延误。

在合同履行过程中，因下列情况导致工期延误和(或)费用增加的，由发包人承担由此延误的工期和(或)增加的费用，且发包人应支付承包人合理的利润：

a. 发包人未能按合同约定提供图纸或所提供图纸不符合合同约定的；

b. 发包人未能按合同约定提供施工现场、施工条件、基础资料、许可、批准等开工条件的；

c. 发包人提供的测量基准点、基准线和水准点及其书面资料存在错误或疏漏的；

d. 发包人未能在计划开工日期之日起7天内同意下达开工通知的；

e. 发包人未能按合同约定日期支付工程预付款、进度款或竣工结算款的；

f. 监理人未按合同约定发出指示、批准等文件的；

g. 专用合同条款中约定的其他情形。

因发包人原因未按计划开工日期开工的，发包人应按实际开工日期顺延竣工日期，确保实际工期不低于合同约定的工期总日历天数。

② 因承包人原因导致工期延误。

因承包人原因造成工期延误的，可以在专用合同条款中约定逾期竣工违约金的计算方法和逾期竣工违约金的上限。承包人支付逾期竣工违约金后，不免除承包人继续完成工程及修补缺陷的义务。

(3)暂停施工

① 发包人原因引起的暂停施工。

因发包人原因引起暂停施工的，监理人经发包人同意后，应及时下达暂停施工指示。情况紧急且监理人未及时下达暂停施工指示的，按照第7.8.4项“紧急情况下的暂停施工”执行。

因发包人原因引起的暂停施工，发包人应承担由此增加的费用和(或)延误的工期，并支付承包人合理的利润。

② 承包人原因引起的暂停施工。

因承包人原因引起的暂停施工，承包人应承担由此增加的费用和(或)延误的工期，且承包人在收到监理人复工指示后84天内仍未复工的，视为第16.2.1项“承包人违约的情形”第(7)目约定的承包人无法继续履行合同的情形。

③ 指示暂停施工。

监理人认为有必要时，并经发包人批准后，可向承包人作出暂停施工的指示，承包人应按监理人指示暂停施工。

④ 紧急情况下的暂停施工。

因紧急情况需暂停施工，且监理人未及时下达暂停施工指示的，承包人可先暂停施工，并及时通知监理人。监理人应在接到通知后24小时内发出指示，逾期未发出指示，视为同意承包人暂停施工。监理人不同意承包人暂停施工的，应说明理由，承包人对监理人的答复有异议，按照第20条

"争议解决"约定处理。

(4)提前竣工

发包人要求承包人提前竣工的,发包人应通过监理人向承包人下达提前竣工指示,承包人应向发包人和监理人提交提前竣工建议书,提前竣工建议书应包括实施的方案、缩短的时间、增加的合同价格等内容。发包人接受该提前竣工建议书的,监理人应与发包人和承包人协商采取加快工程进度的措施,并修订施工进度计划,由此增加的费用由发包人承担。承包人认为提前竣工指示无法执行的,应向监理人和发包人提出书面异议,发包人和监理人应在收到异议后7天内予以答复。任何情况下,发包人不得压缩合理工期。

发包人要求承包人提前竣工,或承包人提出提前竣工的建议能够给发包人带来效益的,合同当事人可以在专用合同条款中约定提前竣工的奖励。

(5)竣工日期

工程经竣工验收合格的,以承包人提交竣工验收申请报告之日为实际竣工日期,并在工程接收证书中载明;因发包人原因,未在监理人收到承包人提交的竣工验收申请报告42天内完成竣工验收,或完成竣工验收不予签发工程接收证书的,以提交竣工验收申请报告的日期为实际竣工日期;工程未经竣工验收,发包人擅自使用的,以转移占有工程之日为实际竣工日期。

6.2.3.6 质量控制的主要条款内容

(1)承包人的质量管理

承包人按照第7.1款"施工组织设计"约定向发包人和监理人提交工程质量保证体系及措施文件,建立完善的质量检查制度,并提交相应的工程质量文件。对于发包人和监理人违反法律规定和合同约定的错误指示,承包人有权拒绝实施。

承包人应对施工人员进行质量教育和技术培训,定期考核施工人员的劳动技能,严格执行施工规范和操作规程。

承包人应按照法律规定和发包人的要求,对材料、工程设备以及工程的所有部位及其施工工艺进行全过程的质量检查和检验,并作详细记录,编制工程质量报表,报送监理人审查。此外,承包人还应按照法律规定和发包人的要求,进行施工现场取样试验、工程复核测量和设备性能检测,提供试验样品、提交试验报告和测量成果以及其他工作。

(2)监理人的质量检查和检验

监理人按照法律规定和发包人授权对工程的所有部位及其施工工艺、材料和工程设备进行检查和检验。承包人应为监理人的检查和检验提供方便。包括监理人到施工现场或合同约定的其他地方进行察看和查阅施工原始记录。监理人为此进行的检查和检验,不免除或减轻承包人按照合同约定应当承担的责任。

监理人的检查和检验不应影响施工正常进行。监理人的检查和检验影响施工正常进行的,且经检查和检验不合格的,影响正常施工的费用由承包人承担,工期不予顺延;经检查和检验合格的,由此增加的费用和(或)延误的工期由发包人承担。

(3)隐蔽工程检查

① 承包人自检。

承包人应当对工程隐蔽部位进行自检,并经自检确认是否具备覆盖条件。

② 检查程序。

除专用合同条款另有约定外,工程隐蔽部位经承包人自检确认具备覆盖条件的,承包人应在共同检查前48小时书面通知监理人检查，通知中应载明隐蔽检查的内容、时间和地点，并应附有自检记录和必要的检查资料。

监理人应按时到场并对隐蔽工程及其施工工艺、材料和工程设备进行检查。经监理人检查确认质量符合隐蔽要求，并在验收记录上签字后，承包人才能进行覆盖。经监理人检查质量不合格的，承包人应在监理人指示的时间内完成修复.并由监理人重新检查，由此增加的费用和(或)延误的工期由承包人承担。

除专用合同条款另有约定外，监理人不能按时进行检查的，应在检查前24小时向承包人提交书面延期要求，但延期不能超过48小时，由此导致工期延误的，工期应予以顺延。监理人未按时进行检查，也未提出延期要求的，视为隐蔽工程检查合格，承包人可自行完成覆盖工作，并作相应记录报送监理人，监理人应签字确认。监理人事后对检查记录有疑问的，可按第5.3.3项"重新检查"的约定重新检查。

③ 重新检查。

承包人覆盖工程隐蔽部位后，发包人或监理人对质量有疑问的，可要求承包人对已覆盖的部位进行钻孔探测或揭开重新检查，承包人应遵照执行，并在检查后重新覆盖恢复原状。经检查证明工程质量符合合同要求的，由发包人承担由此增加的费用和(或)延误的工期，并支付承包人合理的利润；经检查证明工程质量不符合合同要求的，由此增加的费用和(或)延误的工期由承包人承担。

④ 承包人私自覆盖。

承包人未通知监理人到场检查，私自将工程隐蔽部位覆盖的，监理人有权指示承包人钻孔探测或揭开检查，无论工程隐蔽部位质量是否合格，由此增加的费用和(或)延误的工期均由承包人承担。

(4)分部分项工程验收

除专用合同条款另有约定外，分部分项工程经承包人自检合格并具备验收条件的，承包人应提前48小时通知监理人进行验收。监理人不能按时进行验收的，应在验收前24小时向承包人提交书面延期要求，但延期不能超过48小时。监理人未按时进行验收，也未提出延期要求的，承包人有权自行验收，监理人应认可验收结果。分部分项工程未经验收的，不得进入下一道工序施工。分部分项工程的验收资料应当作为竣工资料的组成部分。

(5)缺陷责任与保修

① 缺陷责任期自实际竣工日期起计算，合同当事人应在专用合同条款约定缺陷责任期的具体期限，但该期限最长不超过24个月。单位工程先于全部工程进行验收，经验收合格并交付使用的，该单位工程缺陷责任期自单位工程验收合格之日起算。因发包人原因导致工程无法按合同约定期限进行竣工验收的，缺陷责任期自承包人提交竣工验收申请报告之日起开始计算；发包人未经竣工验收擅自使用工程的，缺陷责任期自工程转移占有之日起开始计算。

② 工程竣工验收合格后，因承包人原因导致的缺陷或损坏致使工程、单位工程或某项主要设备不能按原定目的使用的，则发包人有权要求承包人延长缺陷责任期，并应在原缺陷责任期届满前发出延长通知，但缺陷责任期最长不能超过24个月。

③ 除专用合同条款另有约定外，承包人应于缺陷责任期届满后7天内向发包人发出缺陷责任期届满通知，发包人应在收到缺陷责任期满通知后14天内核实承包人是否履行缺陷修复义务，承包人未能履行缺陷修复义务的，发包人有权扣除相应金额的维修费用。发包人应在收到缺陷责任期届满通知后14天内，向承包人颁发缺陷责任期终止证书。

④ 保修责任。

工程保修期从工程竣工验收合格之日起计算，具体分部分项工程的保修期由合同当事人在专用合同条款中约定，但不得低于法定最低保修年限。在工程保修期内，承包人应当根据有关法律规定以及合同约定承担保修责任。发包人未经竣工验收擅自使用工程的，保修期自转移占有之日起计算。

6.2.3.7 费用控制的主要条款内容

(1)预付款

① 预付款的支付。

预付款的支付按照专用合同条款约定执行，但最迟应在开工通知载明的开工日期7天前支付。预付款应当用于材料、工程设备、施工设备的采购及修建临时工程、组织施工队伍进场等。

除专用合同条款另有约定外，预付款在进度付款中同比例扣回。在颁发工程接收证书前，提前解除合同的，尚未扣完的预付款应与合同价款一并结算。

发包人逾期支付预付款超过7天的，承包人有权向发包人发出要求预付的催告通知，发包人收到通知后7天内仍未支付的，承包人有权暂停施工，并按第16.1.1项"发包人违约的情形"执行。

② 预付款担保。

发包人要求承包人提供预付款担保的，承包人应在发包人支付预付款7天前提供预付款担保，专用合同条款另有约定除外。预付款担保可采用银行保函、担保公司担保等形式，具体由合同当事人在专用合同条款中约定。在预付款完全扣回之前，承包人应保证预付款担保持续有效。

发包人在工程款中逐期扣回预付款后，预付款担保额度应相应减少，但剩余的预付款担保金额不得低于未被扣回的预付款金额。

(2)工程进度款支付

① 除专用合同条款另有约定外，监理人应在收到承包人进度付款申请单以及相关资料后7天内完成审查并报送发包人，发包人应在收到后7天内完成审批并签发进度款支付证书。发包人逾期未完成审批且未提出异议的，视为已签发进度款支付证书。

发包人和监理人对承包人的进度付款申请单有异议的，有权要求承包人修正和提供补充资料，承包人应提交修正后的进度付款申请单。监理人应在收到承包人修正后的进度付款申请单及相关资料后7天内完成审查并报送发包人，发包人应在收到监理人报送的进度付款申请单及相关资料后7天内，向承包人签发无异议部分的临时进度款支付证书。存在争议的部分，按照第20条"争议解决"的约定处理。

② 除专用合同条款另有约定外，发包人应在进度款支付证书或临时进度款支付证书签发后14天内完成支付，发包人逾期支付进度款的，应按照中国人民银行发布的同期同类贷款基准利率支付违约金。

③ 发包人签发进度款支付证书或临时进度款支付证书，不表明发包人已同意、批准或接受了承包人完成的相应部分的工作。

6.2.4 施工专业分包合同的内容

专业工程分包，是指施工总承包单位将其所承包工程中的专业工程发包给具有相应资质的其他建筑业企业完成的活动。

针对各种工程中普遍存在专业工程分包的实际情况，为了规范管理，减少或避免纠纷，原建设部和国家工商行政管理总局于2003年又发布了《建设工程施工专业分包合同(示范文本)》(GF—2003—0213)和《建设工程施工劳务分包合同(示范文本)》(GF—2003—0214)。

《建设工程施工专业分包合同(示范文本)》(GF—2003—0213)与《建设工程施工合同(示范文本)》(GF—2013—0201)在合同条款的内容和结构上是非常接近的,所不同的主要是,原来应由施工总承包单位(合同中仍称为承包人)承担的权利、责任和义务依据分包合同部分地转移给了分包人,但对发包人来讲,不能解除施工总承包单位(承包人)的义务和责任。

(1) 专业工程承包单位的资质

2001 年 7 月 1 日起施行的、由原建设部颁布的《建筑业企业资质管理规定》,规定了专业承包序列企业的资质设 2～3 个等级,60 个资质类别。

(2) 专业工程分包合同的主要内容

专业工程分包合同示范文本的结构、主要条款和内容与施工承包合同相似,包括词语定义与解释,双方的一般权利和义务,分包工程的施工进度控制、质量控制、费用控制,分包合同的监督与管理,信息管理,组织与协调,施工安全管理与风险管理等。

分包合同内容的特点是,既要保持与主合同条件中相关分包工程部分的规定的一致性,又要区分负责实施分包工程的当事人变更后的两个合同之间的差异。分包合同所采用的语言文字和适用的法律、行政法规及工程建设标准一般应与主合同相同。

(3) 工程承包人(总承包单位)的主要责任和义务

① 承包人应提供总包合同(有关承包工程的价格内容除外)供分包人查阅。分包人应全面了解总包合同的各项规定(有关承包工程的价格内容除外)。

② 项目经理应按分包合同的约定,及时向分包人提供所需的指令、批准、图纸并履行其他约定的义务,否则分包人应在约定时间后 24 小时内将具体要求、需要的理由及延误的后果通知承包人,项目经理在收到通知后 48 小时内不予答复,应承担因延误造成的损失。

(4) 承包人的工作

① 向分包人提供与分包工程相关的各种证件、批件和各种相关资料,向分包人提供具备施工条件的施工场地。

② 组织分包人参加发包人组织的图纸会审,向分包人进行设计图纸交底。

③ 提供合同专用条款中约定的设备和设施,并承担因此发生的费用。

④ 随时为分包人提供确保分包工程的施工所要求的施工场地和通道等,满足施工运输的需要,保证施工期间的畅通。

⑤ 负责整个施工场地的管理工作,协调分包人与同一施工场地的其他分包人之间的交叉配合,确保分包人按照经批准的施工组织设计进行施工。

6.2.4.1 专业工程分包人的主要责任和义务

(1) 分包人对有关分包工程的责任

除合同条款另有约定,分包人应履行并承担总包合同中与分包工程有关的承包人的所有义务与责任,同时应避免因分包人自身行为或疏漏造成承包人违反总包合同中约定的承包人义务的情况发生。

(2) 分包人与发包人的关系

分包人需服从承包人转发的发包人或工程师对分包工程有关的指令。未经承包人允许,分包人不得以任何理由与发包人或工程师产生直接工作联系,分包人不得直接致函发包人或工程师,也不得直接接受发包人或工程师的指令。如分包人与发包人或工程师产生直接工作联系,将被视为违约,并承担违约责任。

(3) 承包人指令

就分包工程范围内的有关工作，承包人随时可以向分包人发出指令，分包人应执行承包人根据分包合同所发出的所有指令。分包人拒不执行指令，承包人可委托其他施工单位完成该指令事项，产生的费用从应付给分包人的相应款项中扣除。

(4) 分包人的工作

① 按照分包合同的约定，对分包工程进行设计(分包合同有约定时)、施工、竣工和保修。

② 按照合同约定的时间，完成规定的设计内容，报承包人确认后在分包工程中使用。承包人承担由此产生的费用。

③ 在合同约定的时间内，向承包人提供年、季、月度工程进度计划及相应进度统计报表。

④ 在合同约定的时间内，向承包人提交详细的施工组织设计，承包人应在专用条款约定的时间内批准，分包人方可执行。

⑤ 遵守政府有关主管部门对施工场地交通、施工噪声以及环境保护和安全文明生产等的管理规定，按规定办理有关手续，并以书面形式通知承包人，承包人承担由此发生的费用，因分包人责任造成的罚款除外。

⑥ 分包人应允许承包人、发包人、工程师及其三方中任何一方授权的人员在工作时间内，合理进入分包工程施工场地或材料存放的地点，以及施工场地以外与分包合同有关的分包人的任何工作或准备的地点，分包人应提供方便。

⑦ 已竣工工程未交付承包人之前，分包人应负责已完分包工程的成品保护工作，保护期间发生损坏，分包人自费予以修复；承包人要求分包人采取特殊措施保护的工程部位和相应的追加合同价款，双方在合同专用条款内约定。

6.2.4.2 合同价款及支付

(1) 分包工程合同价款

分包工程合同价款可以采用以下 3 种中的一种(应与总包合同约定的方式一致)：

① 固定价格。在约定的风险范围内合同价款不再调整。

② 可调价格。合同价款可根据双方的约定而调整，应在专用条款内约定合同价款调整方法。

③ 成本加酬金。合同价款包括成本和酬金两部分，双方在合同专用条款内约定成本构成和酬金的计算方法。

(2) 分包合同价款与总包合同相应部分价款无任何连带关系

(3) 合同价款的支付

① 实行工程预付款的，双方应在合同专用条款内约定承包人向分包人预付工程款的时间和数额，开工后按约定的时间和比例逐次扣回。

② 承包人应按专用条款约定的时间和方式，向分包人支付工程款(进度款)，按约定时间承包人应扣回的预付款，与工程款(进度款)同期结算。

③ 分包合同约定的工程变更调整的合同价款、合同价款的调整、索赔的价款或费用以及其他约定的追加合同价款，应与工程进度款同期调整支付。

④ 承包人超过约定的支付时间不支付工程款(预付款、进度款)，分包人可向承包人发出要求付款的通知，承包人不按分包合同约定支付工程款(预付款、进度款)，导致施工无法进行，分包人可停止施工，由承包人承担违约责任。

⑤ 承包人应在收到分包工程竣工结算报告及结算资料后 28 天内支付工程竣工结算价款，在

发包人不拖延工程价款的情况下无正当理由不按时支付，从第29天起按分包人同期向银行贷款利率支付拖欠工程价款的利息，并承担违约责任。

6.2.4.3 禁止转包或再分包

① 分包人不得将其承包的分包工程转包给他人，也不得将其承包的分包工程的全部或部分再分包给他人，否则将被视为违约，并承担违约责任。

② 分包人经承包人同意可以将劳务作业再分包给具有相应劳务分包资质的劳务分包企业。

③ 分包人应对再分包的劳务作业的质量等相关事宜进行督促和检查，并承担相关连带责任。

6.2.5 施工劳务分包合同的内容

劳务作业分包，是指施工承包单位或者专业分包单位（均可作为劳务作业的发包人）将其承包工程中的劳务作业发包给劳务分包单位（即劳务作业承包人）完成的活动。

(1) 劳务分包单位的资质

根据《建筑业企业资质管理规定》（建设部令〔2006〕159号）的有关规定，劳务分包序列企业资质设1～2个等级，13个资质类别。如同时发生多类作业可划分为结构劳务作业和装修劳务作业和综合劳务作业等。

(2) 劳务分包合同的重要条款

劳务分包合同不同于专业分包合同，《建设工程施工劳务分包合同（示范文本）》（GF—2003—0214）的重要条款有：

① 劳务分包人资质情况。

② 劳务分包工作对象及提供劳务内容。

③ 分包工作期限。

④ 质量标准。

⑤ 工程承包人义务。

⑥ 劳务分包人义务。

⑦ 材料、设备供应。

⑧ 保险。

⑨ 劳务报酬及支付。

⑩ 工时及工程量的确认。

⑪ 施工配合。

⑫ 禁止转包或再分包等。

(3) 承包人的主要义务

① 组建与工程相适应的项目管理班子，全面履行总（分）包合同，组织实施项目管理的各项工作，对工程的工期和质量向发包人负责。

② 完成劳务分包人施工前期的下列工作：向劳务分包人交付具备本合同项下劳务作业开工条件的施工场地；满足劳务作业所需的能源供应、通信及施工道路畅通；向劳务分包人提供相应的工程资料；向劳务分包人提供生产、生活临时设施。

③ 负责编制施工组织设计，统一制订各项管理目标，组织编制年、季、月施工计划，物资需用量计划表，实施对工程质量、工期、安全生产、文明施工、计量检测、实验化验的控制、监督、检查和验收。

④ 负责工程测量定位、沉降观测、技术交底，组织图纸会审，统一安排技术档案资料的搜集整理及交工验收。

⑤ 按时提供图纸，及时交付材料、设备，所提供的施工机械设备、周转材料、安全设施，必须保证施工需要。

⑥ 按合同约定，向劳务分包人支付劳动报酬。

⑦ 负责与发包人、监理、设计及有关部门联系，协调现场工作关系。

(4) 劳务分包人的主要义务

劳务分包合同条款中规定的劳务分包人的主要义务如下：

① 对劳务分包范围内的工程质量向承包人负责，组织具有相应资格证书的熟练工人投入工作；未经承包人授权或允许，不得擅自与发包人及有关部门建立工作联系；自觉遵守法律法规及有关规章制度。

② 严格按照设计图纸、施工验收规范、有关技术要求及施工组织设计精心组织施工，确保工程质量达到约定的标准。

③ 科学安排作业计划，投入足够的人力、物力，保证工期。

④ 加强安全教育，认真执行安全技术规范，严格遵守安全制度，落实安全措施，确保施工安全。

⑤ 加强现场管理，严格执行建设主管部门及环保、消防、环卫等有关部门对施工现场的管理规定，做到文明施工。

⑥ 承担由于自身责任造成的质量修改、返工、工期拖延、安全事故、现场脏乱造成的损失及各种罚款。

⑦ 自觉接受承包人及有关部门的管理、监督和检查；接受承包人随时检查其设备、材料保管、使用情况，及其操作人员的有效证件、持证上岗情况；与现场其他单位协调配合，照顾全局。

⑧ 劳务分包人需服从承包人转发的发包人及工程师的指令。

⑨ 除非合同另有约定，劳务分包人应对其作业内容的实施、完工负责，劳务分包人应承担并履行总(分)包合同约定的、与劳务作业有关的所有义务及工作程序。

(5) 保险

① 劳务分包人施工开始前，承包人应获得发包人为施工场地内的自有人员及第三方人员生命财产办理的保险，且不需劳务分包人支付保险费用。

② 运至施工场地用于劳务施工的材料和待安装设备，由承包人办理或获得保险，且不需劳务分包人支付保险费用。

③ 承包人必须为租赁或提供给劳务分包人使用的施工机械设备办理保险，并支付保险费用。

④ 劳务分包人必须为从事危险作业的职工办理意外伤害保险，并为施工场地内自有人员生命财产和施工机械设备办理保险，支付保险费用。

⑤ 保险事故发生时，劳务分包人和承包人有责任采取必要的措施，防止或减少损失。

(6) 劳务报酬

① 劳务报酬可以采用以下方式：

a. 固定劳务报酬(含管理费)。

b. 约定不同工种劳务的计时单价(含管理费)，按确认的工时计算。

c. 约定不同工作成果的计件单价(含管理费)，按确认的工程量计算。

② 劳务报酬可以采用固定价格或变动价格。

采用固定价格，则除合同约定或法律政策变化导致劳务价格变化以外，均为一次包死，不再调整。

③ 在合同中可以约定。下列情况下,固定劳务报酬或单价可以调整。

a. 以本合同约定价格为基准,市场人工价格的变化幅度超过一定百分比时,按变化前后价格的差额予以调整。

b. 后续法律及政策变化,导致劳务价格变化的,按变化前后价格的差额予以调整。

c. 双方约定的其他情形。

(7) 工时及工程量的确认

① 采用固定劳务报酬方式的,施工过程中不计算工时和工程量。

② 采用按确定的工时计算劳务报酬的,由劳务分包人每日将提供劳务人数报承包人,由承包人确认。

③ 采用按确认的工程量计算劳务报酬的,由劳务分包人按月(或旬、日)将完成的工程量报承包人,由承包人确认。对劳务分包人未经承包人认可,超出设计图纸范围和因劳务分包人原因造成返工的工程量,承包人不予计量。

(8) 劳务报酬最终支付

① 全部工作完成,经承包人认可后 14 天内,劳务分包人向承包人递交完整的结算资料,双方按照本合同约定的计价方式,进行劳务报酬的最终支付。

② 承包人收到劳务分包人递交的结算资料后 14 天内进行核实,给予确认或者提出修改意见。承包人确认结算资料后 14 天内向劳务分包人支付劳务报酬尾款。

③ 劳务分包人和承包人对劳务报酬结算价款发生争议时,按合同约定处理。

(9) 禁止转包或再分包

劳务分包人不得将合同项下的劳务作业转包或再分包给他人。

6.3 建设工程合同计价方式

工程合同计价案例

建设工程施工承包合同的计价方式主要有 3 种,即总价合同、单价合同和成本补偿合同。

6.3.1 单价合同的运用

当施工发包的工程内容和工程量一时尚不能十分明确、具体地予以规定时,则可以采用单价合同(Unit Price Contract)形式,即根据计划工程内容和估算工程量,在合同中明确每项工程内容的单位价格(如每米、每平方米或者每立方米的价格),实际支付时则根据每一个子项的实际完成工程量乘以该子项的合同单价计算该项工作的应付工程款。

单价合同的特点是单价优先,例如,FIDIC 土木工程施工合同中,业主给出的工程量清单表中的数字是参考数字,而实际工程款则按实际完成的工程量和合同中确定的单价计算。虽然在投标报价、评标以及签订合同中,人们常常注重总价格，但在工程款结算中单价优先，对于投标书中明显的数字计算错误，业主有权力先作修改再评标，当总价和单价的计算结果不一致时，以单价为准调整总价。例如，某单价合同的投标报价单中，投标人报价如表 6-1 所示。

表 6-1 **投标人报价**

序号	工程分项	单位	数量	单价/元	合价/元
1					
2					
…					
X	钢筋混凝土	m^3	1000	300	30000
…					
总报价					8100000

根据投标人的投标单价，钢筋混凝土的合价应该是 300000 元，而实际只写了 30000 元，在评标时应根据单价优先原则对总报价进行修正，所以正确的报价应该是 8100000＋(300000－30000)＝8370000 元。

在实际施工时，如果实际工程量是 1500 m^3，则钢筋混凝土工程的价款金额应该是 300×1500＝450000 元。

由于单价合同允许随工程量变化而调整工程总价，业主和承包商都不存在工程量方面的风险，因此对合同双方都比较公平。另外，在招标前，发包单位无需对工程范围作出完整的、详尽的规定，从而可以缩短招标准备时间，投标人也只需对所列工程内容报出自己的单价，从而缩短投标时间。

采用单价合同对业主的不足之处是，业主需要安排专门力量来核实已经完成的工程量，需要在施工过程中花费不少精力，协调工作量大。另外，用于计算应付工程款的实际工程量可能超过预测的工程量，即实际投资容易超过计划投资，对投资控制不利。

单价合同又分为固定单价合同和变动单价合同。固定单价合同条件下，无论发生哪些影响价格的因素都不对单价进行调整，因而对承包商而言就存在一定的风险。当采用变动单价合同时，合同双方可以约定一个估计的工程量，当实际工程量发生较大变化时可以对单价进行调整，同时还应该约定如何对单价进行调整；当然也可以约定，当通货膨胀达到一定水平或者国家政策发生变化时，可以对哪些工程内容的单价进行调整以及如何调整等。因此，承包商的风险就相对较小。

固定单价合同适用于工期较短、工程量变化幅度不会太大的项目。在工程实践中，采用单价合同有时也会根据估算的工程量计算一个初步的合同总价，作为投标报价和签订合同之用。但是，当上述初步的合同总价与各项单价乘以实际完成的工程量之和发生矛盾时，则肯定以后者为准，即单价优先。实际工程款的支付也将以实际完成工程量乘以合同单价进行计算。

6.3.2 总价合同的运用

6.3.2.1 总价合同的含义

所谓总价合同(Lump Sum Contract)，是指根据合同规定的工程施工内容和有关条件，业主应付给承包商的款额是一个规定的金额，即明确的总价。总价合同也称作总价包干合同，即根据施工招标时的要求和条件，当施工内容和有关条件不发生变化时，业主付给承包商的价款总额就不发生变化。

总价合同又分为固定总价合同和变动总价合同两种。

6.3.2.2 固定总价合同

固定总价合同的价格计算是以图纸及规定、规范为基础，工程任务和内容明确，业主的要求和条件清楚，合同总价一次包死，固定不变，即不再因为环境的变化和工程量的增减而变化。在这类合同中，承包商承担了全部的工作量和价格的风险，因此，承包商在报价时应对一切费用的价格变动因素以及不可预见因素都做充分的估计，并将其包含在合同价格之中。

在国际上，这种合同被广泛接受和采用，因为有比较成熟的法规和先例的经验。对业主而言，在合同签订时就可以基本确定项目的总投资额，对投资控制有利；在双方都无法预测的风险条件下和可能有工程变更的情况下，承包商承担了较大的风险，业主的风险较小。但是，工程变更和不可预见的困难也常常引起合同双方的纠纷或者评讼，最终导致其他费用的增加。

当然，在固定总价合同中还可以约定，在发生重大工程变更、累计工程变更超过一定幅度或者其他特殊条件下可以对合同价格进行调整。因此，需要定义重大工程变更的含义，累计工程变更的幅度，什么样的特殊条件才能调整合同价格，以及如何调整合同价格等。

采用固定总价合同，双方结算比较简单，但是由于承包商承担了较大的风险，因此报价中不可避免地要增加一笔较高的不可预见风险费。承包商的风险主要有两个方面：一是价格风险，二是工作量风险。价格风险有报价计算错误、漏报项目、物价和人工费上涨等；工作量风险有工程量计算错误、工程范围不确定、工程变更或者由于设计深度不够所造成的误差等。

固定总价合同适用于以下情况：

① 工程量小、工期短，估计在施工过程中环境因素变化小，工程条件稳定并合理。

② 工程设计详细，图纸完整、清楚，工程任务和范围明确。

③ 工程结构和技术简单，风险小。

④ 投标期相对宽裕，承包商可以有充足的时间详细考察现场、复核工程量，分析招标文件，拟订施工计划。

6.3.2.3 变动总价合同

变动总价合同又称为可调总价合同，合同价格是以图纸及规定、规范为基础，按照时价(Current Price)进行计算，得到包括全部工程任务和内容的暂定合同价格。它是一种相对固定的价格，在合同执行过程中，由于通货膨胀等原因而使所使用的工、料成本增加时，可以按照合同约定对合同总价进行相应的调整。当然，一般由于设计变更、工程量变化和其他工程条件变化所引起的费用变化也可以进行调整。因此，通货膨胀等不可预见因素的风险由业主承担，对承包商而言，其风险相对较小，但对业主而言，不利于其进行投资控制，突破投资的风险就增大了。

根据《建设工程施工合同(示范文本)》(GF—2013—0201)，合同双方可约定，在以下条件下可对合同价款进行调整：

① 法律、行政法规和国家有关政策变化影响合同价款。

② 工程造价管理部门公布的价格调整。

③ 一周内非承包人原因停水、停电、停气造成的停工累计超过 8 小时。

④ 双方约定的其他因素。在工程施工承包招标时，施工期限一年左右的项目一般实行固定总

价合同，通常不考虑价格调整问题，以签订合同时的单价和总价为准，物价上涨的风险全部由承包商承担。但是对建设周期一年半以上的工程项目，则应考虑下列因素引起的价格变化问题：

a. 劳务工资以及材料费用的上涨。

b. 其他影响工程造价的因素，如运输费、燃料费、电力等价格的变化。

c. 外汇汇率的不稳定。

d. 国家或者省、市立法的改变引起的工程费用的上涨。

6.3.2.4　总价合同的特点和应用

显然，采用总价合同时，对承发包工程的内容及其各种条件都应基本清楚、明确，否则，承发包双方都有蒙受损失的风险。因此，一般是在施工图设计完成，施工任务和范围比较明确，业主的目标、要求和条件都清楚的情况下才采用总价合同。对业主来说，由于设计花费时间长，因而开工时间较晚，开工后的变更容易带来索赔，而且在设计过程中也难以吸收承包商的建议。

总价合同的特点是：

① 发包单位可以在报价竞争状态下确定项目的总造价，可以较早确定或者预测工程成本。

② 业主的风险较小，承包人将承担较多的风险。

③ 评标时易于迅速确定最低报价的投标人。

④ 在施工进度上能极大地调动承包人的积极性。

⑤ 发包单位能更容易、更有把握地对项目进行控制。

⑥ 必须完整而明确地规定承包人的工作。

⑦ 必须将设计和施工方面的变化控制在最小限度内。

总价合同和单价合同有时在形式上很相似，例如，在有的总价合同的招标文件中也有工程量表，也要求承包商提出各分项工程的报价，但两者在性质上是完全不同的。总价合同是总价优先，承包商报总价，双方商讨并确定合同总价，最终也按总价结算。

6.3.3　成本加酬金合同的运用

6.3.3.1　成本加酬金合同的含义

成本加酬金合同也称为成本补偿合同，这是与固定总价合同正好相反的合同，工程施工的最终合同价格将按照工程的实际成本再加上一定的酬金进行计算。在合同签订时，工程实际成本往往不能确定，只能确定酬金的取值比例或者计算原则。

采用这种合同，承包商不承担任何价格变化或工程量变化的风险，这些风险主要由业主承担，对业主的投资控制很不利。而承包商则往往缺乏控制成本的积极性，常常不仅不愿意控制成本，甚至还会期望提高成本以提高自己的经济效益，因此这种合同容易被那些不道德或不称职的承包商滥用，从而损害工程的整体效益。所以，应该尽量避免采用这种合同。

6.3.3.2　成本加酬金合同的特点和适用条件

成本加酬金合同通常用于如下情况：

① 工程特别复杂，工程技术、结构方案不能预先确定，或者尽管可以确定工程技术和结构方案，但是不可能进行竞争性的招标活动并以总价合同或单价合同的形式确定承包商，如研究开发性质的工程项目。

② 时间特别紧迫，如抢险、救灾工程，来不及进行详细的计划和商谈。对业主而言，这种合同形式也有一定优点，如，可以通过分段施工缩短工期，而不必等待所有施工图完成才开始招标和施工；可以减少承包商的对立情绪，承包商对工程变更和不可预见条件的反应会比较积极和快捷。

③ 利用承包商的施工技术专家，帮助改进或弥补设计中的不足。

④ 业主根据自身力量和需要，较深入地介入和控制工程施工和管理。

⑤ 通过确定最大保证价格约束工程成本不超过某一限值，从而转移一部分风险。

对承包商来说，这种合同比固定总价的风险低，利润比较有保证，因而比较有积极性。其缺点是合同的不确定性，由于设计未完成，无法准确确定合同的工程内容、工程量以及合同的终止时间，有时难以对工程计划进行合理安排。

6.3.3.3 成本加酬金合同的形式

(1) 成本加固定费用合同

根据双方讨论同意的工程规模、估计工期、技术要求、工作性质及复杂性、所涉及的风险等来考虑确定一笔固定数目的报酬金额作为管理费及利润，对人工、材料、机械台班等直接成本则实报实销。如果设计变更或增加新项目，当直接费超过原估算成本的一定比例(如 10%)时，固定的报酬也要增加。在工程总成本一开始估计不准，可能变化不大的情况下，可采用此合同形式，有时可分几个阶段谈判付给固定报酬。这种方式虽然不能鼓励承包商降低成本，但为了尽快得到酬金，承包商会尽力缩短工期。有时也可在固定费用之外根据工程质量、工期和节约成本等因素，给承包商另加奖金，以鼓励承包商积极工作。

(2) 成本加固定比例费用合同

工程成本中直接费加一定比例的报酬费，报酬部分的比例在签订合同时由双方确定。

这种方式的报酬费用总额随成本加大而增加，不利于缩短工期和降低成本。一般在工程初期很难描述工作范围和性质，或工期紧迫，无法按常规编制招标文件招标时采用。

(3) 成本加奖金合同

奖金是根据报价书中的成本估算指标制订的，在合同中对这个估算指标规定一个底点和顶点，分别为工程成本估算的 60%～75%和 110%～135%。承包商在估算指标的顶点以下完成工程则可得到奖金，超过顶点则要对超出部分支付罚款。如果成本在底点之下，则可加大酬金值或酬金百分比。采用这种方式通常规定，当实际成本超过顶点对承包商罚款时，最大罚款限额不超过原先商定的最高酬金值。在招标时，当图纸、规范等准备不充分，不能据以确定合同价格，而仅能制订一个估算指标时可采用这种形式。

(4) 最大成本加费用合同

在工程成本总价合同基础上加固定酬金费用的方式，即当设计深度达到可以报总价的深度，投标人报一个工程成本总价和一个固定的酬金(包括各项管理费、风险费和利润)，如果实际成本超过合同中规定的工程成本总价，由承包商承担所有的额外费用。若实施过程中节约了成本，节约的部分归业主。或者由业主与承包商分享，在合同中要确定节约分成比例。在非代理型(风险型)CM模式的合同中就采用这种方式。

6.3.3.4 成本加酬金合同的应用

当实行施工总承包管理模式或 CM 模式时，业主与施工总承包管理单位或 CM 单位的合同一般采用成本加酬金合同。

在国际上，许多项目管理合同、咨询服务合同等也多采用成本加酬金合同方式。在施工承包合同中采用成本加酬金计价方式时，业主与承包商应该注意以下问题：

① 必须有一个明确的如何向承包商支付酬金的条款，包括支付时间和金额百分比。如果发生变更和其他变化，酬金支付如何调整。

② 应该列出工程费用清单，要规定一套详细的工程现场有关的数据记录、信息存储甚至记账的格式和方法，以便对工地实际发生的人工、机械和材料消耗等数据认真而及时地记录。应该保留有关工程实际成本的发票或付款的账单、表明款额已经支付的记录或证明等，以便业主进行审核和结算。

6.4　建设工程合同实施管理

6.4.1　建设工程合同分析

(1) 合同分析的含义

合同分析是从合同执行的角度去分析、补充和解释合同的具体内容和要求，将合同目标和合同规定落实到合同实施的具体问题和具体时间上，用以指导具体工作，使合同能符合日常工程管理的需要，使工程按合同要求实施，为合同执行和控制确定依据。

合同分析不同于招标投标过程中对招标文件的分析，其目的和侧重点都不同。合同分析往往由企业的合同管理部门或项目中的合同管理人员负责。

(2) 合同分析的目的和作用

① 合同分析的必要性。

由于以下诸多因素的存在，承包人在签订合同后、履行和实施合同前有必要进行合同分析：

a. 许多合同条文采用法律用语，往往不够直观明了，不容易理解，通过补充和解释，可以使之简单、明确、清晰。

b. 同一个工程中的不同合同形成一个复杂的体系，十几份、几十份甚至上百份合同之间有十分复杂的关系。

c. 合同事件和工程活动的具体要求(如工期、质量、费用等)，合同各方的责任关系，事件和活动之间的逻辑关系等极为复杂。

d. 许多工程小组，项目管理职能人员所涉及的活动和问题不是合同文件的全部，而仅为合同的部分内容，全面理解合同对合同的实施将会产生重大影响。

e. 在合同中依然存在问题和风险，包括合同审查时已经发现的风险和还可能隐藏着的尚未发现的风险。

f. 合同中的任务需要分解和落实。

g. 在合同实施过程中，合同双方会有许多争执，在分析时就可以预测和预防。

② 合同分析的作用。

a. 分析合同中的漏洞。在合同起草和谈判过程中，双方都会力争完善合同内容，但仍然难免会有所疏漏，通过合同分析，找出漏洞，可以作为履行合同的依据。在合同执行过程中，合同双方有时也会发生争议，往往是由于对合同条款的理解不一致所造成的，通过分析，就合同条文达成一致理解，从而解决争议。在遇到索赔事件后，合同分析也可以为索赔提供理由和根据。

b. 分析合同风险，制订风险对策。不同的工程合同，其风险的来源和风险量的大小都不同，要根据合同进行分析，并采取相应的对策。

c. 合同任务的分解和落实。合同任务需要分解落实到具体的工程小组或部门、人员，要将合同中的任务进行分解，将合同中与各部分任务相对应的具体要求明确，然后落实到具体的工程小组或部门、人员身上，以便于实施与检查。

(3) 合同分析的内容

在不同的时期，为了不同的目的，合同分析有不同的内容，通常有以下几个方面。

① 合同的法律基础。

合同的法律基础即合同签订和实施的法律背景。通过分析，承包人了解适用于合同的法律的基本情况（范围、特点等），用以指导整个合同实施和索赔工作。对合同中明示的法律应重点分析。

② 承包人的主要任务。

承包人的总任务，即合同标的。承包人在设计、采购、制作、试验、运输、土建施工、安装、验收、试生产、缺陷责任期维修等方面的主要责任，施工现场的管理，给业主的管理人员提供生活和工作条件等责任。

③ 工作范围。

工作范围通常由合同中的工程量清单、图纸、工程说明、技术规范所定义。工程范围的界限应很清楚，否则会影响工程变更和索赔，特别对固定总价合同。

在合同实施中，如果工程师指令的工程变更属于合同规定的工程范围，则承包人必须无条件执行；如果工程变更超过承包人应承担的风险范围，则可向业主提出工程变更的补偿要求。

关于工程变更的规定。在合同实施过程中，变更程序非常重要，通常要作工程变更工作流程图，并交付相关的职能人员。

工程变更的补偿范围，一般以合同金额一定的百分比表示。通常这个百分比越大，承包人的风险越大。

工程变更的索赔有效期，据合同具体规定，一般为 28 天，也有 14 天的。一般这个时间越短，对承包人管理水平的要求越高，对承包人越不利。

④ 发包人的责任。

a. 业主雇用工程师并委托其在授权范围内履行业主的部分合同责任。

b. 业主和工程师有责任对平行的各承包人和供应商之间的责任界限作出划分，对这方面的争执作出裁决，对他们的工作进行协调，并承担管理和协调失误造成的损失。

c. 发包人需及时作出承包人履行合同所必需的决策，如下达指令、履行各种批准手续、作出认可、答复请示，完成各种检查和验收手续等。

d. 发包人需提供施工条件，如及时提供设计资料、图纸、施工场地、道路等。

e. 发包人需按合同规定及时支付工程款，及时接收已完工程等。

⑤ 合同价格。

对合同的价格，应重点分析以下几个方面：

a. 合同所采用的计价方法及合同价格所包括的范围。

b. 工程量计量程序，工程款结算（包括进度付款、竣工结算、最终结算）方法和程序。

c. 合同价格的调整，即费用索赔的条件，价格调整方法，计价依据，索赔有效期规定。

d. 拖欠工程款的合同责任。

⑥ 施工工期。

在实际工程中，工期拖延极为常见和频繁，而且对合同实施和索赔的影响很大，所以要特别重视。

⑦ 违约责任。

如果合同一方未遵守合同规定，造成对方损失，则应受到相应的合同处罚。通常分析以下条款和处理规定：

a. 承包人不能按合同规定工期完成工程的违约金或承担业主损失的条款。

b. 由于管理上的疏忽造成对方人员和财产损失的赔偿条款。

c. 由于预谋或故意行为造成对方损失的处罚和赔偿条款等。

d. 由于承包人不履行或不能正确地履行合同责任，或出现严重违约时的处理规定。

e. 由于业主不履行或不能正确地履行合同责任，或出现严重违约时的处理规定，特别是对业主不及时支付工程款的处理规定。

⑧ 验收、移交和保修。

验收包括许多内容，如材料和机械设备的现场验收，隐蔽工程验收，单项工程验收，全部工程竣工验收等。在合同分析中，应对重要的验收要求、时间、程序以及验收所带来的法律后果作出说明，竣工验收合格即办理移交。移交作为一个重要的合同事件，同时又是一个重要的法律概念。它表示：

a. 业主认可并接收工程，承包人工程施工任务的完结。

b. 工程所有权的转让。

c. 承包人工程照管责任的结束和业主工程照管责任的开始。

d. 保修责任的开始。

e. 合同规定的工程款支付条款有效。

⑨ 索赔程序和争执的解决。

索赔程序决定着索赔的解决方法。这里主要分析：

a. 索赔的程序。

b. 争议的解决方式和程序。

c. 仲裁条款，包括仲裁所依据的法律、仲裁地点、方式和程序、仲裁结果的约束力等。

6.4.2 施工合同交底的任务

合同和合同分析的资料是工程实施管理的依据。合同分析后，应向各层次管理者作“合同交底”，即由合同管理人员在对合同的主要内容进行分析、解释和说明的基础上，通过组织项目管理人员和各个工程小组学习合同条文和合同总体分析结果，使大家熟悉合同中的主要内容、规定、管理程序，了解合同双方的合同责任和工作范围，各种行为的法律后果等，使大家都树立全局观念，使各项工作协调一致，避免执行中的违约行为。

在传统的施工项目管理系统中，人们十分重视图纸交底工作，却不重视合同分析和合同交底工作，导致各个项目组和各个工程小组对项目的合同体系、合同基本内容不甚了解，影响了合同的履行。

项目经理或合同管理人员应将各种任务或事件的责任分解，落实到具体的工作小组、人员或分包单位。合同交底的目的和任务如下：

① 对合同的主要内容达成一致理解。

② 将各种合同事件的责任分解落实到各工程小组或分包人。

③ 将工程项目和任务分解，明确其质量和技术要求以及实施的注意要点等。

④ 明确各项工作或各个工程的工期要求。

⑤ 明确成本目标和消耗标准。

⑥ 明确相关事件之间的逻辑关系。

⑦ 明确各个工程小组(分包人)之间的责任界限。

⑧ 明确完不成任务的影响和法律后果。

⑨ 明确合同有关各方(如业主、监理工程师)的责任和义务。

6.4.3 合同实施的控制

在工程实施的过程中要对合同的履行情况进行跟踪与控制，并加强工程变更管理，保证合同的顺利履行。

6.4.3.1 施工合同跟踪

合同签订以后，合同中各项任务的执行要落实到具体的项目经理部或具体的项目参与人员身上，承包单位作为履行合同义务的主体，必须对合同执行者(项目经理部或项目参与人)的履行情况进行跟踪、监督和控制，确保合同义务的完全履行。

施工合同跟踪有两个方面的含义：一是承包单位的合同管理职能部门对合同执行者(项目经理部或项目参与人)的履行情况进行的跟踪、监督和检查；二是合同执行者(项目经理部或项目参与人)本身对合同计划的执行情况进行的跟踪、检查与对比。在合同实施过程中两者缺一不可。

对合同执行者而言，应该掌握合同跟踪的以下方面：

(1) 合同跟踪的依据

合同跟踪的重要依据是合同以及依据合同而编制的各种计划文件；其次，还要依据各种实际工程文件，如原始记录、报表、验收报告等；另外，还要依据管理人员对现场情况的直观了解，如现场巡视、交谈、会议、质量检查等。

(2) 合同跟踪的对象

① 承包人的任务。

a. 工程施工的质量，包括材料、构件、制品和设备等的质量，以及施工或安装质量，是否符合合同要求等；

b. 工程进度，是否在预定期限内施工，工期有无延长，延长的原因是什么等；

c. 工程数量，是否按合同要求完成全部施工任务，有无合同规定以外的施工任务等；

d. 成本的增加和减少。

② 工程小组或分包人的工程和工作。

可以将工程施工任务分解交由不同的工程小组或发包给专业分包完成，工程承包人必须对这些工程小组或分包人及其所负责的工程进行跟踪检查、协调关系，提出意见、建议或警告，保证工程总体质量和进度。对专业分包人的工作和负责的工程，总承包商负有协调和管理的责任，并承担由此造成的损失，所以专业分包人的工作和负责的工程必须纳入总承包工程的计划和控制中，防止因分包人工程管理失误而影响全局。

③ 业主和其委托的工程师的工作。

a. 业主是否及时、完整地提供了工程施工的实施条件，如场地、图纸、资料等；

b. 业主和工程师是否及时给予了指令、答复和确认等；

c. 业主是否及时并足额地支付了应付的工程款项。

6.4.3.2 合同实施的偏差分析

通过合同跟踪，可能会发现合同实施中存在着偏差，即工程实施实际情况偏离了工程计划和工程目标，应该及时分析原因，采取措施，纠正偏差，避免损失。

合同实施偏差分析的内容包括以下几个方面。

(1) 产生偏差的原因分析

通过对合同执行实际情况与实施计划的对比分析，不仅可以发现合同实施的偏差，而且可以探索引起差异的原因。原因分析可以采用鱼刺图、因果关系分析图(表)、成本量差、价差、效率差分析等方法定性或定量地进行。

(2) 合同实施偏差的责任分析

合同实施偏差的责任分析即分析发生合同偏差的原因是由谁引起的，应该由谁承担责任。责任分析必须以合同为依据，按合同规定落实双方的责任。

(3) 合同实施趋势分析

针对合同实施偏差情况，可以采取不同的措施，应分析在不同措施下合同执行的结果与趋势，包括：

① 最终的工程状况，包括总工期的延误、总成本的超支、质量标准、所能达到的生产能力(或功能要求)等。

② 承包商将承担什么样的后果，如被罚款、被清算，甚至被起诉，对承包商资信、企业形象、经营战略的影响等。

③ 最终工程经济效益(利润)水平。

6.4.3.3 合同实施偏差处理

根据合同实施偏差分析的结果，承包商应该采取相应的调整措施，调整措施可以分为：

① 组织措施。如增加人员投入，调整人员安排，调整工作流程和工作计划等。

② 技术措施。如变更技术方案，采用新的高效率的施工方案等。

③ 经济措施。如增加投入，采取经济激励措施等。

④ 合同措施。如进行合同变更，签订附加协议，采取索赔手段等。

6.4.3.4 工程变更管理

工程变更一般是指在工程施工过程中，根据合同约定对施工的程序，工程的内容、数量、质量要求及标准等作出的变更。

(1) 工程变更的原因

① 业主新的变更指令，对建筑的新要求，如业主有新的意图、修改项目计划、削减项目预算等。

② 由于设计人员、监理方人员、承包商事先没有很好地理解业主的意图，或设计的错误，导致图纸的修改。

③ 工程环境的变化，预定的工程条件不准确，要求实施方案或实施计划变更。

④ 由于产生新技术和知识，有必要改变原设计、原实施方案或实施计划，或由于业主指令及业主责任的原因造成承包商施工方案的改变。

⑤ 政府部门对工程新的要求，如国家计划变化、环境保护要求、城市规划变动等。

⑥ 由于合同实施出现问题，必须调整合同目标或修改合同条款。

(2)工程变更的范围

① 改变合同中所包括的任何工作的数量。

② 改变任何工作的质量和性质。

③ 改变工程任何部分的标高、基线、位置和尺寸。

④ 删减任何工作，但要交他人实施的工作除外。

⑤ 任何永久工程需要的任何附加工作、工程设备、材料或服务。

⑥ 改动工程的施工顺序或时间安排。根据我国《建设工程施工合同(示范文本)》(GF—2013—0201)，工程变更包括设计变更和工程质量标准等其他实质性内容的变更，其中设计变更包括：

a. 更改工程有关部分的标高、基线、位置和尺寸。

b. 增减合同中约定的工程量。

c. 改变有关工程的施工时间和顺序。

d. 其他有关工程变更需要的附加工作。

(3) 工程变更的程序

根据统计，工程变更是索赔的主要起因。由于工程变更对工程施工过程影响很大，会造成工期的拖延和费用的增加，容易引起双方的争执，所以要十分重视工程变更管理问题。一般工程施工承包合同中都有关于工程变更的具体规定。工程变更一般按照如下程序进行。

① 提出工程变更。

根据工程实施的实际情况，承包商、业主方和设计方都可以根据需要提出工程变更。

② 工程变更的批准。

承包商提出的工程变更，应该交予工程师审查并批准；由设计方提出的工程变更应该与业主协商或经业主审查并批准；由业主方提出的工程变更，涉及设计修改的应该与设计单位协商，并一般通过工程师发出。工程师发出工程变更的权力，一般会在施工合同中明确约定，通常在发出变更通知前应征得业主批准。

(4) 工程变更指令的发出及执行

为了避免耽误工程，工程师和承包人就变更价格和工期补偿达成一致意见之前有必要先行发布变更指示，先执行工程变更工作，然后再就变更价格和工期补偿进行协商和确定。工程变更指示的发出有两种形式：书面形式和口头形式。一般情况下要求用书面形式发布变更指示，如果由于情况紧急而来不及发出书面指示，承包人应该根据合同规定要求工程师书面认可。

根据工程惯例，除非工程师明显超越合同权限，承包人应该无条件地执行工程变更的指示。即使工程变更价款没有确定，或者承包人对工程师答应给予付款的金额不满意，承包人也必须一边进行变更工作，一边根据合同寻求解决办法。

(5) 工程变更的责任分析与补偿要求

根据工程变更的具体情况可以分析确定工程变更的责任和费用补偿。

① 由于业主要求、政府部门要求、环境变化、不可抗力、原设计错误等导致的设计修改，应该由业主承担责任。由此所造成的施工方案的变更以及工期的延长和费用的增加，应该向业主索赔。

② 由于承包人的施工过程、施工方案出现错误、疏忽而导致设计的修改，应该由承包人承担责任。

③ 施工方案变更要经过工程师的批准，不论这种变更是否会对业主带来好处(如工期缩短、节约费用)。

④ 由于承包人的施工过程、施工方案本身的缺陷而导致了施工方案的变更，由此所引起的费用增加和工期延长应该由承包人承担责任。

⑤ 业主向承包人授标前(或签订合同前)，可以要求承包人对施工方案进行补充、修改或作出说明，以便符合业主的要求。在授标后(或签订合同后)，业主为了加快工期、提高质量等目的而要求变更施工方案，由此所引起的费用增加可以向业主索赔。

6.5 建设工程担保

担保是为了保证债务的履行，确保债权的实现，在债务人的信用或特定的财产之上设定的特殊的民事法律关系。其法律关系的特殊性表现在，一般的民事法律关系的内容(即权利和义务)基本处于一种确定的状态，而担保的内容处于一种不确定的状态，即当债务人不按主合同之约定履行债务导致债权无法实现时，担保的权利和义务才能确定并成为现实。

我国《担保法》规定的担保方式有五种：保证、抵押、质押、留置和定金。建设工程中经常采用的担保种类有：投标担保、履约担保、支付担保、预付款担保、工程保修担保等。

6.5.1 投标担保的内容

6.5.1.1 投标担保的含义

投标担保，或投标保证金，是指投标人保证中标后履行签订承发包合同的义务，否则，招标人将对投标保证金予以没收。

根据《工程建设项目施工招标投标办法》规定，施工投标保证金的数额一般不得超过投标总价的2%，且最高不得超过80万元人民币。投标保证金有效期应当超出投标有效期30天。投标人不按招标文件要求提交投标保证金的，该投标文件将被拒绝，作废标处理。根据《工程建设项目勘察设计招标投标办法》规定，招标文件要求投标人提交投标保证金的，保证金数额一般不超过勘察设计费投标报价的2%，最多不超过10万元人民币。国际上常见的投标担保的保证金数额为2%～5%。

6.5.1.2 投标担保的形式

投标担保可以采用保证担保、抵押担保等方式，其具体的形式有很多种，通常有如下几类：

① 现金。

② 保兑支票。

③ 银行汇票。

④ 现金支票。

⑤ 不可撤销信用证。

⑥ 银行保函。

⑦ 由保险公司或者担保公司出具投标保证书。

6.5.1.3 投标担保的作用

投标担保的主要作用是保护招标人不因中标人不签约而蒙受经济损失。投标担保要确保投标人在投标有效期内不要撤回投标书,以及投标人在中标后保证与业主签订合同并提供业主所要求的履约担保、预付款担保等。投标担保的另一个作用是,在一定程度上可以筛选投标人。

世界银行的《采购指南》关于投标保证金有如下规定:"投标保证金应当根据投标人的意愿采用保付支票、信用证或者由信用好的银行出具保函等形式。应允许投标人提交由其选择的任何合格国家的银行直接出具的银行保函。投标保证金应当在投标有效期满后28天内一直有效,其目的是给招标人在需要索取保证金时,有足够的时间采取行动。一旦确定不能对其授予合同,应及时将投标保证金退还给落选的投标人。"

6.5.2 履约担保的内容

6.5.2.1 履约担保的含义

所谓履约担保,是指招标人在招标文件中规定的要求中标的投标人提交的保证履行合同义务和责任的担保。履约担保的有效期始于工程开工之日,终止日期则可以约定为工程竣工交付之日或者保修期满之日。由于合同履行期限应该包括保修期,履约担保的时间范围也应该覆盖保修期,如果确定履约担保的终止日期为工程竣工交付之日,则需要另外提供工程保修担保。

6.5.2.2 履约担保的形式

(1) 银行履约保函

银行履约保函是由商业银行开具的担保证明,通常为合同金额的10%左右。银行保函分为有条件的银行保函和无条件的银行保函。

① 有条件的保函是指下述情形:在承包人没有实施合同或者未履行合同义务时,由发包人或工程师出具证明说明情况,并由担保人对已执行合同部分和未执行部分加以鉴定,确认后才能收兑银行保函,由发包人得到保函中的款项。建筑行业通常倾向于采用有条件的保函。

② 无条件的保函是指下述情形:在承包人没有实施合同或者未履行合同义务时,发包人只要看到承包人违约,不需要出具任何证明和理由就可对银行保函进行收兑。

(2) 履约担保书

由担保公司或者保险公司开具履约担保书,当承包人在执行合同过程中违约时,开出担保书的担保公司或者保险公司用该项担保金去完成施工任务或者向发包人支付完成该项目所实际花费的金额,但该金额必须在保证金的担保金额之内。

(3) 保留金

保留金是指在发包人(工程师)根据合同的约定,每次支付工程进度款时扣除一定数目的款项,作为承包人完成其修补缺陷义务的保证。保留金一般为每次工程进度款的10%,但总额一般应限制在合同总价款的5%(通常最高不得超过10%)。一般在工程移交时,业主(工程师)将保留金的一半支付给承包人;质量保修期(或"缺陷责任期满时")满时,将剩下的一半支付给承包人。

6.5.2.3 履约担保的作用

履约担保将在很大程度上促使承包商履行合同约定,完成工程建设任务,从而有利于保护业主的合法权益。一旦承包人违约,担保人要代为履约或者赔偿经济损失。

履约保证金额的大小取决于招标项目的类型与规模,但必须保证承包人违约时,发包人不受损失。在投标须知中,发包人要规定使用哪一种形式的履约担保。中标人应当按照招标文件中的规定提交履约担保。

6.5.2.4 世界银行《采购指南》对履约担保的规定

工程的招标文件要求一定金额的保证金,其金额足以抵偿借款人(发包人)在承包人违约时所遭受的损失。该保证金应当按照借款人在招标文件中的规定以适当的格式和金额采用履约担保书或者银行保函形式提供。担保书或者银行保函的金额将根据提供保证金的类型和工程的性质和规模有所不同。该保证金的一部分应展期至工程竣工日之后,以覆盖截至借款人最终验收的缺陷责任期或维修期;另一种做法是,在合同规定从每次定期付款中扣留一定百分比作为保留金,直到最终验收为止。可允许承包人在临时验收后用等额保证金来代替保留金。

6.5.2.5 《土木工程施工合同条件》对履约担保的规定

如果合同要求承包人为其正确履行合同取得担保时,承包人应在收到中标函之后28天内,按投标书附件中注明的金额取得担保,并将此保函提交给业主。该保函应与投标书附件中规定的货币种类及其比例相一致。当向业主提交此保函时,承包人应将这一情况通知工程师。该保函采取本条件附件中的格式或由业主和承包人双方同意的格式。提供担保的机构需经业主同意。除非合同另有规定,执行本款时所发生的费用应由承包人负担。

在承包人根据合同完成施工和竣工,并修补了任何缺陷之前,履约担保将一直有效。在发出缺陷责任证书之后,即不应对该担保提出索赔,并应在上述缺陷责任证书发出后14天内将该保函退还给承包人。

在任何情况下,业主在按照履约担保提出索赔之前,皆应通知承包人,说明导致索赔的违约性质。

6.5.3 预付款担保的内容

6.5.3.1 预付款担保的含义

预付款担保是指承包人与发包人签订合同后领取预付款之前,为保证正确、合理使用发包人支付的预付款而提供的担保。建设工程合同签订以后,发包人往往会支付给承包人一定比例的预付款,一般为合同金额的10%,如果发包人有要求,承包人应该向发包人提供预付款担保。

6.5.3.2 预付款担保的形式

(1) 银行保函

预付款担保的主要形式是银行保函。预付款担保的担保金额通常与发包人的预付款是等值的。预付款一般逐月从工程付款中扣除,预付款担保的担保金额也相应逐月减少。承包人在施工期间,应当定期从发包人处取得同意此保函减值的文件,并送交银行确认。承包人还清全部预付款后,发包人应退还预付款担保,承包人将其退回银行注销,解除担保责任。

(2) 发包人与承包人约定的其他形式

预付款担保也可由担保公司提供保证担保,或采取抵押等担保形式。

6.5.3.3 预付款担保的作用

预付款担保的主要作用在于保证承包人能够按合同规定进行施工，偿还发包人已支付的全部预付金额。如果承包人中途毁约，中止工程，使发包人不能在规定期限内从应付工程款中扣除全部预付款，则发包人作为保函的受益人有权凭预付款担保向银行索赔该保函的担保金额作为补偿。

6.5.4 支付担保的内容

支付担保是中标人要求招标人提供的保证履行合同中约定的工程款支付义务的担保。

在国际上还有一种特殊的担保——付款担保，即在有分包人的情况下，业主要求承包人提供的保证向分包人付款的担保，即承包商向业主保证，将把业主支付的用于实施分包工程的工程款及时、足额地支付给分包人。在美国等许多国家的公共投资领域，付款担保是一种法定担保。付款担保在私人项目中也有所应用。

6.5.4.1 支付担保的形式

支付担保通常采用如下的几种形式：

① 银行保函。

② 履约保证金。

③ 担保公司担保。

发包人的支付担保应是金额担保。实行履约金分段滚动担保。支付担保的额度为工程合同总额的20%～25%。本段清算后进入下段。已完成担保额度，发包人未能按时支付，承包人可依据担保合同暂停施工，并要求担保人承担支付责任和相应的经济损失。

6.5.4.2 支付担保的作用

工程款支付担保的作用在于，通过对业主资信状况进行严格审查并落实各项担保措施，确保工程费用及时支付到位；一旦业主违约，付款担保人将代为履约。

发包人要求承包人提供保证向分包人付款的付款担保，可以保证工程款真正支付给实施工程的单位或个人，如果承包人不能及时、足额地将分包工程款支付给分包人，业主可以向担保人索赔，并可以直接向分包人付款。

上述对工程款支付担保的规定，对解决我国建筑市场工程款拖欠现象具有特殊重要的意义。

6.5.4.3 支付担保的有关规定

(1)《建设工程施工合同(示范文本)》(GF—2013—0201)第41条规定了关于发包人工程款支付担保的内容

① 发包人和承包人为了全面履行合同，应互相提供以下担保：发包人向承包人提供履约担保，按合同约定支付工程价款及履行合同约定的其他义务；承包人向发包人提供履约担保，按合同约定履行自己的各项义务。

② 一方违约后，另一方可要求提供担保的第三人承担相应责任。

③ 提供担保的内容、方式和相关责任，发包人和承包人除在专用条款中约定外，被担保方与担保方还应签订担保合同，作为本合同附件。

(2)《房屋建筑和市政基础设施工程施工招标投标管理办法》(建设部令〔2004〕124 号)关于发包人工程款支付担保的内容

招标文件要求中标人提交履约担保的,中标人应当提交。招标人应当同时向中标人提供工程款支付担保。

6.6 建设工程索赔

6.6.1 索赔的概念

工程变更与索赔案例

在国际工程承包市场上,工程索赔是承包人和发包人保护自身正当权益、弥补工程损失的重要而有效的手段。

建设工程索赔通常是指在工程合同履行过程中,合同当事人一方因对方不履行或未能正确履行合同或者由于其他非自身因素而受到经济损失或权利损害,通过合同规定的程序向对方提出经济或时间补偿要求的行为。索赔是一种正当的权利要求,它是合同当事人之间一项正常的而且普遍存在的合同管理业务,是一种以法律和合同为依据的合情合理的行为。

6.6.2 索赔的意义

(1) 索赔是合同管理的重要环节

索赔和合同管理有直接的联系,合同是索赔的依据。整个索赔处理的过程就是执行合同的过程。从项目开工后,合同人员就必须将每日实施合同的情况与原合同进行对比分析,若出现索赔事件,就应当研究是否提出索赔。

(2) 索赔有利于提高工程项目管理水平

工程项目索赔直接关系到建设单位和施工单位的双方利益,索赔和处理索赔的过程实质上是双方管理水平的综合体现。作为建设单位,为使工程顺利进行,如期完成,早日投产取得收益,就必须加强自身管理,做好资金、技术等各相关工作,保证工程中各项问题及时解决;作为施工单位,要实现合同目标,取得索赔,争取自己的应得利益,就必须加强各项基础管理工作,对工程的质量、进度、变更等进行更严格、更细致的管理。

(3) 索赔是合同双方利益的体现

从某种意义上讲,索赔是一种风险费用的转移或再分配,如果施工单位利用索赔的方法使自己的损失尽可能地得到补偿,就会降低工程报价中的风险费用,从而使建设单位得到相对较低的报价,当工程施工中发生这种费用时可以按实际支出给予补偿,也使工程造价更趋于合理。作为施工单位,要取得索赔,保证自己应得的利益,就必须做到不应约,全力保证工程质量和进度,实现合同目标。同样,作为建设单位,要通过索赔的处理和解决,保证工程质量和进度,实现合同目标。

(4) 索赔是挽回成本损失的重要手段

在合同履行过程中,由于建设项目的主客观条件发生了与原合同不一致的情况,使施工单位的实际工程成本增加,施工单位为了挽回损失,就可以通过索赔加以解决。显然，索赔是以赔偿实际损失为原则的，施工单位必须准确地提供整个工程成本的分析和管理数据，以便确定挽回损失的数量。

(5) 索赔有利于同内工程建设管理与国际惯例接轨

索赔是国际工程建设中非常普遍的做法，尽快学习、掌握运用国际上工程建设管理的通行做法，不仅有利于我国企业工程建设管理水平的提高，而且对我国企业顺利参与国际工程承包、国外工程建设也有着重要的意义。

6.6.3　索赔的起因

与其他行业相比，建筑业是一个索赔多发的行业，这是由建筑产品、建筑生产过程、建筑产品市场经营方式决定的。在现代承包工程中，特别在国际承包工程中，索赔经常发生，而且索赔额很大。这主要是由以下几方面原因造成的。

① 现代承包工程的特点是工程量大、投资多、结构复杂、技术和质量要求高、工期长。工程本身和工程的环境有许多不确定性。它们在工程实施中会有很大变化，其中最常见的有地质条件的变化，建筑市场和建材市场的变化，货币的贬值，城建和环保部门对工程新的建议、要求或干涉及自然条件的变化等。它们形成对工程实施的内外部干扰，直接影响工程设计和计划，进而影响工期和成本。

② 承包合同在工程开始前签订，是基于对未来情况预测的基础上。对如此复杂的工程和环境，合同不可能对所有的问题作出预见和规定，也不可能对所有的工程进行准确地说明。工程承包合同条件越来越复杂，合同中难免有考虑不周的条款、缺陷和不足之处，如措词不当、说明不清楚、有歧义，技术设计也可能有许多错误。这会导致在合同实施中双方对责任、义务和权力的争执。而这一切往往都与工期、成本、价格相联系。

③ 业主要求的变化导致大量的工程变更。如建筑的功能、形式、质量标准、实施方式和过程、工程量、工程质量的变化；业主管理的疏忽、未履行或未正确履行其合同责任。而合同工期和价格是以业主招标文件确定的要求为依据，同时以业主不干扰承包商实施过程、业主圆满履行其合同责任为前提的。

④ 工程参加单位多，各方面技术和经济关系错综复杂，互相联系又互相影响。各方面技术和经济责任的界定常常很难明确分清。在实际工作中，管理上的失误是不可避免的。但一方失误不仅会造成自己的损失，而且会殃及其他合作者，影响整个工程的实施。当然，在总体上，应按合同原则平等对待各方利益，坚持“谁过失，谁赔偿”。索赔是受损失者的正当权利。

⑤ 合同双方对合同理解的差异造成工程实施中行为的失调，造成工程管理失误。由于合同文件十分复杂、数量多、分析困难，再加上双方的立场、角度不同，会造成对合同权利和义务的范围、界限的划定理解不一致，造成合同争执。

⑥ 合同确定的工期和价格是相对于投标时的合同条件、工程环境和实施方案，即“合同状态”的，由于上述这些内部和外部的干扰因素引起“合同状态”中某些因素的变化，打破了“合同状态”，造成工期延长和额外费用的增加，由于这些增量没有包括在原合同工期和价格中，或承包商不能通过合同价格获得补偿，则产生索赔要求。上述这些原因在任何工程承包合同的实施过程中都不可避免，所以无论采用什么合同类型，也无论合同多么完善，索赔是不可避免的，承包商为了取得工程经济效益，不能不重视研究索赔问题。

6.6.4 索赔的分类

(1) 按索赔有关当事人分类

① 承包人与发包人之间的索赔。

② 承包人与分包人之间的索赔。

③ 承包人或发包人与供货人之间的索赔。

④ 承包人或发包人与保险人之间的索赔。

(2) 按照索赔目的和要求分类

① 工期索赔。工期索赔一般指承包人向业主或者分包人向承包人要求延长工期。

② 费用索赔。费用索赔即要求补偿经济损失,调整合同价格。

(3) 按照索赔事件的性质分类

① 工程延期索赔。因为发包人未按合同要求提供施工条件,发包人指令工程暂停或不可抗力事件等原因造成工期拖延的,承包人向发包人提出的索赔;如果由于承包人原因导致工期拖延,发包人可以向承包人提出的索赔;由于非分包人的原因导致工期拖延,分包人可以向承包人提出的索赔,都统称为工程延期索赔。

② 工程加速索赔。工程加速索赔通常是由于发包人或工程师指令承包人加快施工进度,缩短工期,引起承包人的人力、物力、财力的额外开支,承包人提出的索赔;承包人指令分包人加快进度,分包人向承包人提出的索赔。

③ 工程变更索赔。工程变更索赔是由于发包人或工程师指令增加或减少工程量或增加附加工程、修改设计、变更施工顺序等,造成工期延长和费用增加,承包人对此向发包人提出的索赔,分包人也可以对此向承包人提出索赔。

④ 工程终止索赔。工程终止索赔是由于发包人违约或发生了不可抗力事件等造成工程非正常终止,承包人和分包人因蒙受经济损失而提出的索赔;如果由于承包人或者分包人的原因导致工程非正常终止,或者合同无法继续履行,发包人可以对此提出索赔。

⑤ 不可预见的外部障碍或条件索赔。不可预见的外部障碍或条件索赔即施工期间在现场遇到一个有经验的承包商通常不能预见的外界障碍或条件,例如,地质条件与预计的(业主提供的资料)不同,出现未预见的岩石、淤泥或地下水等,导致承包人损失,这类风险通常应该由发包人承担,即承包人可以据此提出索赔。

⑥ 不可抗力事件引起的索赔。在施工合同条件中,不可抗力通常是满足以下条件的特殊事件或情况:一方无法控制的、该方在签订合同前不能对之进行合理防备的、发生后该方不能合理避免或克服的、主要归因于他方的、不可抗力事件发生导致承包人损失的,通常应该由发包人承担责任,即承包人可以据此提出索赔。

⑦ 其他索赔。其他索赔,如货币贬值、汇率变化、物价变化、政策法令变化等原因引起的索赔。

6.6.5 反索赔

6.6.5.1 *反索赔的概念*

反索赔是反驳索赔和预防索赔的总称。因此,反索赔工作应该包括反驳索赔和预防索赔两个方面。

6.6.5.2 反驳索赔

被索赔方在接到对方的索赔报告后，就应着手进行反驳索赔工作。反驳索赔的过程与索赔的处理过程相似。通常对重大的或一揽子索赔的反驳处理过程，可按照图 6-1 所示的程序进行处理。

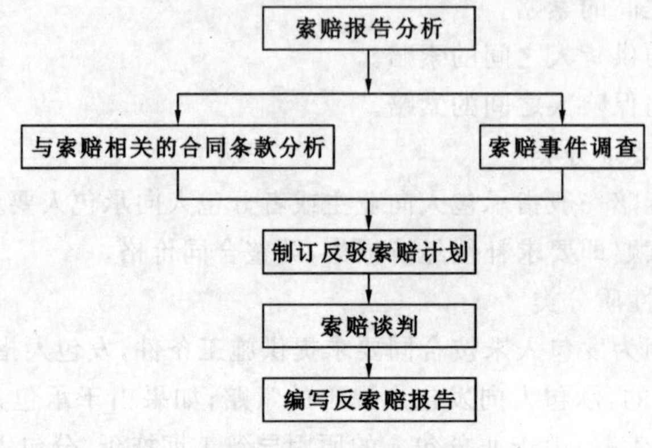

图 6-1 反驳索赔的程序

反驳索赔的具体过程如下：

(1) 索赔报告分析

反驳索赔首先要对索赔报告进行全面分析，认真分析对方的索赔要求、理由和证据。

(2) 与索赔相关的合同条款分析

反索赔应该以合同作为法律依据。因此，反驳索赔之前应该认真分析合同中与索赔相关的条款，在合同中寻找反驳索赔的理由和根据。

(3) 索赔事件调查

反索赔要以事实为依据。因此，反驳索赔之前必须认真调查确定干扰事件的起因、经过和影响范围等真实情况，搜集整理所有与反索赔相关的实际工程资料作为证据。

(4) 制订反索赔计划

根据以上反索赔工作的结果，考虑如何对待对方提出的索赔，采用什么样的基本策略，并对索赔的处理作出总体安排。

(5) 索赔谈判

根据反索赔计划就索赔的处理与对方进行谈判。谈判过程中应该全面地分析合同的实施情况，对对方的失误和风险范围进行具体指认，寻找反驳索赔的机会。

(6) 编写反索赔报告

索赔谈判结束后，反索赔方应该编写反索赔报告。特别是在索赔谈判失败、索赔处理进入司法程序后，反索赔报告应作为正规的法律文件递交给法院或仲裁机构。

反索赔报告中应该对以下问题进行重点论述。

① 索赔事件的真实性。

不真实、不确定和没有根据的事件是不能提出索赔的。事件的真实性可以从两个方面进行论证：

a. 对方索赔报告中证据的充分性和可靠性。不管事实怎样，只要对方在索赔报告中未能提出充分、有力的证据，被索赔方即可要求对方补充证据，或驳回对方的索赔要求。

b. 提出对对方不利的有力证据。

② 干扰事件责任分析。

通常对于责任不在被索赔方,或在干扰事件发生后对方未采取有效的降低损失措施而扩大的损失不应由被索赔方赔偿。双方都有责任,则应按各自的责任分担损失。

③ 索赔理由分析。

首先,要分析索赔事件和损失之间是否存在因果关系,对于与索赔事件之间不存在因果关系的损失,被索赔方不应进行赔偿。其次,要尽量从合同中寻找对自己有利的合同条文,推卸自己的合同责任;寻找对对方不利的合同条文,使对方不能推卸或不能完全推卸自己的合同责任。这样可以从根本上否定对方的索赔要求。

④ 索赔的时效性。

对方未能在合同规定的索赔有效期内提出索赔,被索赔方不应进行赔偿。

⑤ 索赔值计算的准确性。

如果经过上面的各种分析、评价后仍不能从根本上否定该索赔要求,则必须对索赔值进行认真的、细致的审核。索赔值计算的准确性主要从基础数据的准确性和计算方法的合理性两个方面进行审核。

6.6.5.3 预防索赔

预防索赔工作主要有两个方面:

① 认真履行合同,尽可能避免给对方留下索赔的机会。

② 做好合同履行过程中的信息管理工作,为反驳索赔积累充分、有力的证据。

6.6.6 索赔成立的条件

(1) 索赔事件

构成施工项目索赔条件的事件叫索赔事件,又称为干扰事件,是指那些使实际情况与合同规定不符合,最终引起工期和费用变化的各类事件。在工程实施过程中,要不断地跟踪、监督索赔事件,就可以不断地发现索赔机会。通常,承包商可以提起索赔的事件有:

① 发包人违反合同给承包人造成时间、费用的损失。

② 因工程变更(含设计变更、发包人提出的工程变更、监理工程师提出的工程变更,以及承包人提出并经监理工程师批准的变更)造成的时间、费用损失。

③ 由于监理工程师对合同文件的歧义解释、技术资料不确切,或由于不可抗力导致施工条件的改变,造成了时间、费用的增加。

④ 发包人提出提前完成项目或缩短工期而造成承包人的费用增加。

⑤ 发包人延误支付期限造成承包人的损失。

⑥ 对合同规定以外的项目进行检验,且检验合格,或非承包人的原因导致项目缺陷的修复所发生的损失或费用。

⑦ 非承包人的原因导致工程暂时停工。

⑧ 物价上涨,法规变化及其他。

(2) 索赔成立的前提条件

索赔的成立,应该同时具备以下 3 个前提条件:

① 与合同对照，事件已造成了承包人工程项目成本的额外支出，或直接工期损失。

② 造成费用增加或工期损失的原因，按合同约定不属于承包人的行为责任或风险责任。

③ 承包人按合同规定的程序和时间提交索赔意向通知和索赔报告。

以上 3 个条件必须同时具备，缺一不可。

6.6.7 索赔的依据

总体而言，索赔的依据主要是三个方面：

① 合同文件。

② 法律、法规。

③ 工程建设惯例。

针对具体的索赔要求(工期或费用)，索赔的具体依据也不相同，例如，有关工期的索赔就要依据有关的进度计划、变更指令等。

(1) 合同文件

合同文件是索赔的最主要依据，包括：

① 合同协议书。

② 中标通知书。

③ 投标书及其附件。

④ 合同专用条款。

⑤ 合同通用条款。

⑥ 标准、规范及有关技术文件。

⑦ 图纸。

⑧ 工程量清单。

⑨ 工程报价单或预算书。

合同履行中，发包人与承包人有关工程的洽商、变更等书面协议或文件应视为合同文件的组成部分。

在《建设工程施工合同(示范文本)》(GF—2013—0201)中列举了发包人可以向承包人提出索赔的依据条款，也列举了承包人在哪些条件下可以向发包人提出索赔；《建设工程施工专业分包合同(示范文本)》(GF—2003—0213)中列举了承包人与分包人之间索赔的诸多依据条款。

(2) 订立合同所依据的法律法规

① 适用法律和法规。

建设工程合同文件适用国家的法律和行政法规。需要明示的法律、行政法规，由双方在专用条款中约定。

② 适用标准、规范。

双方在专用条款内约定适用国家标准、规范的名称。

6.6.8 索赔的证据

(1) 索赔证据的含义

索赔证据是当事人用来支持其索赔成立或和索赔有关的证明文件和资料。索赔证据作为索赔文件的组成部分，在很大程度上关系到索赔的成功与否。证据不全、不足或没有证据，索赔是很难获得成功的。

在工程项目实施过程中，会产生大量的工程信息和资料，这些信息和资料是开展索赔的重要证据。因此，在施工过程中应该自始至终做好资料积累工作，建立完善的资料记录和科学管理制度，认真系统地积累和管理合同、质量、进度以及财务收支等方面的资料。

（2）可以作为证据使用的材料

可以作为证据使用的材料有以下8种：

① 书证。书证是指以其文字或数字记载的内容起证明作用的文字材料。

② 文书和其他载体。文书和其他载体，如合同文本、财务账册、欠据、收据、往来信函以及确定有关权利的判决书、法律文件等。

③ 物证。物证是指以其存在、存放的地点外部特征及物质特性来证明案件事实真相的证据。如购销过程中封存的样品被损坏的机械、设备，有质量问题的产品等。

④ 证人证言。证人证言是指知道、了解事实真相的人所提供的证词，或向司法机关所作的陈述。

⑤ 视听材料。视听材料是指能够证明案件真实情况的音像资料，如录音带、录像带等。

⑥ 被告人供述和有关当事人陈述。被告人供述和有关当事人陈述包括：犯罪嫌疑人、被告人向司法机关所作的承认犯罪并交代犯罪事实的陈述或否认犯罪或具有从轻、减轻、免除处罚的辩解、申诉。被害人、当事人就案件事实向司法机关所作的陈述。

⑦ 鉴定结论。鉴定结论是指专业人员就案件有关情况向司法机关提供的专门性的书面鉴定意见，如损伤鉴定、痕迹鉴定、质量责任鉴定等。

⑧ 勘验、检验笔录。勘验、检验笔录是指司法人员或行政执法人员对与案件有关的现场物品、人身等进行勘察、试验、实验或检查的文字记载。这项证据也具有专门性。

（3）常见的工程索赔证据

① 各种合同文件，包括施工合同协议书及其附件、中标通知书、投标书、标准和技术规范、图纸、工程量清单、工程报价单或者预算书、有关技术资料和要求、施工过程中的补充协议等。

② 工程各种往来函件、通知、答复等。

③ 各种会谈纪要。

④ 经过发包人或者工程师批准的承包人的施工进度计划、施工方案、施工组织设计和现场实施情况记录。

⑤ 工程各项会议纪要。

⑥ 气象报告和资料，如有关温度、风力、雨雪的资料。

⑦ 施工现场记录，包括有关设计交底、设计变更、施工变更指令，工程材料和机械设备的采购、验收与使用等方面的凭证及材料供应清单、合格证书，工程现场水、电、道路等开通、封闭的记录，停水、停电等各种干扰事件的时间和影响记录等。

⑧ 工程有关照片和录像等。

⑨ 施工日记、备忘录等。

⑩ 发包人或者工程师签认的签证。

⑪ 发包人或者工程师发布的各种书面指令和确认书，以及承包人的要求、请求、通知书等。

⑫ 工程中的各种检查验收报告和各种技术鉴定报告。

⑬ 工地的交接记录(应注明交接日期,场地平整情况,水、电、路情况等),图纸和各种资料交接记录。

⑭ 建筑材料和设备的采购、订货、运输、进场、使用方面的记录、凭证和报表等。

⑮ 市场行情资料,包括市场价格、官方的物价指数、工资指数、中央银行的外汇比率等公布材料。

⑯ 投标前发包人提供的参考资料和现场资料。

⑰ 工程结算资料、财务报告、财务凭证等。

⑱ 各种会计核算资料。

⑲ 国家法律、法令、政策文件。

(4) 索赔证据的基本要求

① 真实性。

② 及时性。

③ 全面性。

④ 关联性。

⑤ 有效性。

6.6.9 索赔的程序

建设工程项目索赔处理程序从承包商提出索赔申请开始,到索赔事件的最终处理,大致可划分为五个阶段。

① 第一阶段,承包商提出索赔申请。合同实施过程中,凡不属于承包商责任导致项目拖期和成本增加事件发生后的 28 天内,必须以正式函件通知监理工程师,声明对此事项要求索赔,同时仍需遵照监理工程师的指令继续施工。逾期申报时,监理工程师有权拒绝承包商的索赔要求。正式提出索赔之日起,承包商应抓紧准备索赔的证据资料,包括事件的原因、对其权益影响的证据资料、索赔的依据,以及其他计算出的持续影响所要求的索赔额和申请展延工期天数,并在索赔申请发出的 28 天内报出。

② 第二阶段,监理工程师审核承包商的索赔申请。正式接到承包商的索赔信件后,监理工程师应立即研究承包商的索赔资料,在不确认责任归属的情况下,依据自己的同期记录资料客观分析事故发生的原因,重温有关合同条款,研究承包商提出的索赔证据。必要时还可以要求承包商进一步提交补充资料,包括索赔的更详细说明材料或索赔计算的依据。

③ 第三阶段,监理工程师与承包商谈判。双方各自依据对这一事件的处理方案进行友好协商,若能通过谈判达成一致意见,则该事件较容易解决。如果双方对该事件的责任、索赔款额或工期展延天数分歧较大,通过谈判达不成共识的话,按照条款规定,监理工程师有权确定一个他认为合理的单价或价格作为最终的处理意见报送业主并通知相应承包商。

④ 第四阶段,业主审批监理工程师的索赔处理证明。业主首先根据事件发生的原因、责任范围、合同条款审核承包商的索赔申请和监理工程师的处理报告,再根据项目的目的、投资控制、竣工验收要求,以及针对承包商在实施合同过程中的缺陷或不符合合同要求的地方提出反索赔方面的考虑,决定是否批准监理工程师的索赔报告。

⑤ 第五阶段，承包商是否接受最终的索赔决定。承包商同意了最终的索赔决定，这一索赔事件即告结束。若承包商不接受监理工程师的单方面决定或业主删减索赔或工期展延天数，就会导致合同纠纷。通过谈判和协调双方达成互让的解决方案是处理纠纷的理想方式。如果双方不能达成谅解就只能诉诸仲裁。

直观的建设工程项目索赔程序以流程图形式表示，如图 6-2 所示。

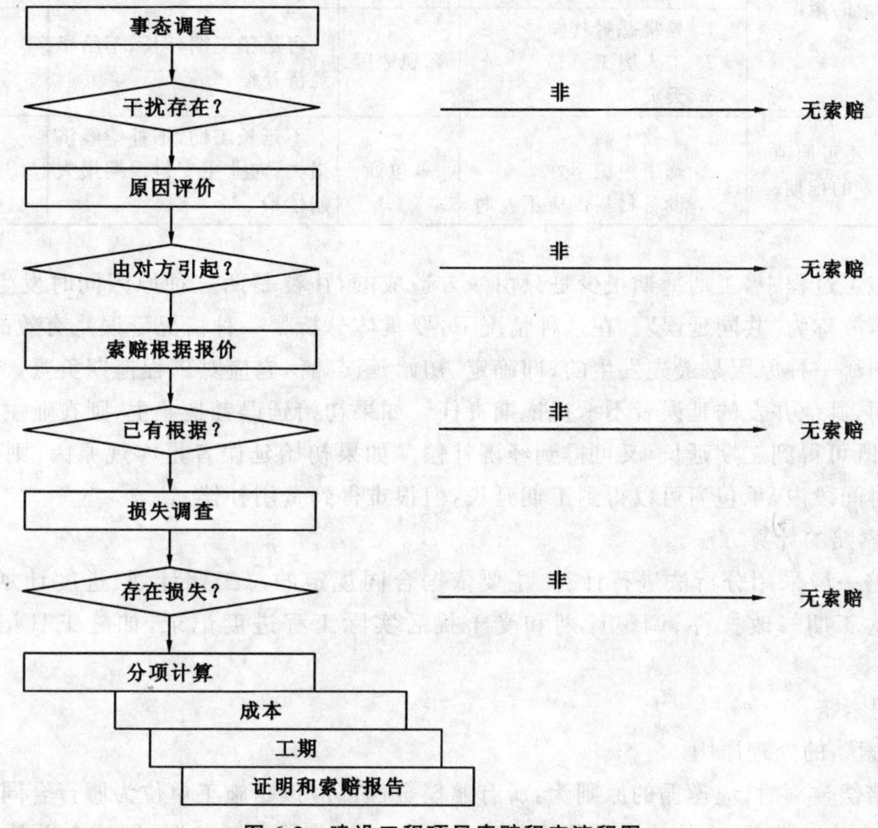

图 6-2 建设工程项目索赔程序流程图

6.6.10 索赔报告的编写

6.6.10.1 索赔报告的编制

(1) 工期索赔

在工程施工中，常常会发生一些未能预见的干扰事件使施工不能顺利进行，使预定的施工计划受到干扰，结果造成工期延长。工期延长对合同双方都会造成损失，如业主因工程不能及时交付使用和投入生产，不能按计划实现投资目的，失去盈利机会，并增加各种管现费的开支。承包商因工期延长增加支付现场工人工资、机械停置费用、工地管理费、其他附加费用支出等，最终还可能要支付合同规定的误期违约金。

① 工期索赔的处理原则。

工程拖期可以分为可原谅的拖期和不可原谅的拖期。可原谅的拖期是由于非承包商原因造成的工程拖期，不可原谅的拖期一般是指承包商原因造成的工程拖期。这两类工程拖期的处理原则及结果均不同，详见表 6-2。

表 6-2 **工期索赔处理原则**

索赔原因	是否可原谅	拖期原因	责任者	处理原则	索赔结果
工程进度索赔	可原谅的拖期	1. 修改设计 2. 施工条件变化 3. 业主原因拖期 4. 工程师原因拖期	业主/工程师	可给予工期延长，可补偿经济损失	工期＋经济补偿
		1. 异常恶劣气候 2. 工人罢工 3. 天灾	客观原因	可给予工期延长，不给予经济补偿	工期
	不可原谅的拖期	1. 工效不高 2. 施工组织不好 3. 设备材料供应不及时	承包商	不延长工期，不补偿经济损失，向业主支付误期损失赔偿费	索赔失败 无权索赔

在实际施工过程中，工期拖期很少是只由一方造成的，往往是两三种原因同时发生(或相互作用)而形成的，故称为"共同延误"。在这种情况下，要具体分析哪一种情况延误是有效的。首先，判断造成拖期的哪一种原因是最先发生的，即确定"初始延误"者，它应对工程拖期负责。在初始延误发生作用期间，其他并发的延误者不承担拖期责任。如果初始延误者是业主，则在业主造成的延误期内，承包商既可得到工期延长，又可得到经济补偿。如果初始延误者是客观原因，则在客观因素发生影响的时间段内，承包商可以得到工期延长，但很难得到费用补偿。

② 工期索赔的计算方法。

工期索赔一般采用分析法进行计算，主要依据合同规定的总工期计划、进度计划，以及双方共同认可的对工期修改文件、调整计划和受干扰后实际工程进度记录，如施工日记、工程进度表等。

(2) 费用索赔

① 费用索赔的处理原则。

在确定赔偿金额时，应遵循的原则为：所有赔偿金额都应该是施工单位为履行合同所必须支出的费用，按此金额赔偿后，应使施工单位恢复到未发生事件前的财务状况，即施工单位不致因索赔事件而遭受任何损失，但也不得因索赔事件而获得额外收益。

从上述原则可以看出，索赔金额是用于赔偿施工单位因索赔事件而受到的实际损失，而不考虑利润。所以索赔金额计算的基础是成本，即用索赔事件影响所发生的成本减去事件影响前所应有的成本，其差值即为赔偿金额。

② 费用索赔的计算方法。

a. 总费用法。总费用法的基本思路是把固定总价合同转化为成本加酬金合同，以承包商的额外成本为基点加上管理费和利润等附加费作为索赔值。

b. 分项法。分项法是按每个(或每类)干扰事件，以及这事件所影响的各个费用项目分别计算索赔值的方法。

(a) 直接费。

直接费包括人工费、材料费和设备费。

人工费，仅指生产工人的工资及相关费用。

$$人工费=人工工资单价\times 工作量\times 劳动效率$$

$$材料费=材料预算单价\times 工作量\times 每单位工程量材料消耗标准$$

进入直接费的设备费一般仅为该分项工程的专用设备产生的费用。

设备费=设备台班费×工作量×每单位工程量设备台班消耗量

(b) 现场管理费。

现场管理费总额=直接费×费率

费率一般为10%~15%。

(c) 总部管理费。

总部管理费总额=(直接费+现场管理费)×费率

费率一般取7%~10%。

(d) 其他。

保险费、利率、担保费等。

(3) 工程变更索赔

在索赔事件中,工程变更的比例很大,而且变更的形式较多。工程变更的费用索赔常常不仅仅涉及变更本身,而且还要考虑由于变更产生的影响引起的工期的顺延损失,由于变更所引起的停工、窝工、返工、低效率损失等。

① 工程量变更。工程量变更是最为常见的工程变更,工程量变更包括工程量增加、减少和工程分项的删除。工程量变更可能是由设计变更或工程师和业主有新的要求而引起的,也可能是由于业主在招标文件中提供的工作量表不准确造成的。

② 附加工程。附加工程是指增加合同工程量表中没有的工程分项。这种增加可能是由于设计遗漏、修改设计或工程量表中项目的遗漏等原因造成的。

6.6.10.2 索赔报告的内容

从报告的必要内容与文字结构方面而言,一个完整的索赔报告应包括以下4个部分。

(1) 总论部分

总论部分一般包括以下内容:① 序言;② 索赔事件概述;③ 具体索赔要求;④ 索赔报告编写及审核人员名单。

文中应概要地叙述索赔事件的发生日期与过程,施工单位为该索赔事件所付出的努力和附加开支,施工单位的具体索赔要求。

在总论部分最后,附上索赔报告编写组主要人员及审核人员的名单,注明有关人员的职称、职务及施工经验,以表示索赔报告的严肃性和权威性。总论部分的阐述要简明扼要,说明问题。

(2) 根据部分

根据部分主要说明自己具有的索赔权利,这是索赔能否成立的关键。根据部分的内容主要来自该工程项目的合同文件,并参照有关法律规定。该部分中施工单位应引用合同中的具体条款,说明自己理应获得的经济补偿或工期延长。

根据部分的篇幅可能很大,其具体内容随各个索赔事件的特点而不同。一般地说,根据部分应包括以下内容:① 索赔事件的发生情况;② 已递交索赔意向书的情况;③ 索赔事件的处理过程;④ 索赔要求的合同根据;⑤ 所附的证据资料。

在结构上,按照索赔事件的发生、发展、处理和最终解决的过程编写,并明确全文引用的有关的合同条款,使建设单位和监理工程师能历史地、逻辑地了解索赔事件的始末,并充分认识该项索赔的合理性和合法性。

(3) 计算部分

索赔计算的目的,是以具体的计算方法和计算过程,说明自己应得经济补偿的款项或延长时间。如果说根据部分的任务是解决索赔能否成立,则计算部分的任务是决定应得到多少索赔款项和延长多少工期,前者是定性的,后者是定量的。

在款项计算部分,施工单位必须阐明下列问题:① 索赔款的总额;② 各项索赔款的计算,如额外开支的人工费、材料费、管理费和损失利润;③ 指明各项开支的计算依据和证据资料,施工单位应注意合适的计价方法。至于采用哪一种计价法,首先应根据索赔事件的特点及自己掌握的证据资料等因素来确定;其次应注意每项开支的合理性,并指出相应证据资料的名称及编号。切忌采用笼统的计价方法和不实的开支款项。

(4) 证据部分

证据部分包括该索赔事件所涉及的一切证据资料,以及对这些证据的说明。证据是索赔报告的重要组成部分,没有翔实可靠的证据,索赔是不可能成功的。

在引用证据时,要注意证据的效力或可信度。为此,对重要的证据资料最好附以文字证明或确认文件。例如,对一个重要的电话内容,仅附上自己的记录是不够的,最好附上经过双方签字确认的电话记录,或附上发给对方要求确认该电话记录的函件,即使对方未给复函,亦可说明责任在对方,因为对方未复函确认或修改,按惯例应理解为他已默认。

【知识归纳】

(1) 建设工程招标形式包括公开招标和邀请招标两种。工程招标的一般程序为:招标信息的发布、资格预审、标前会议、评标。工程投标的工作重点是施工方案和工程报价的确定。

(2) 合同管理的主要工作内容有:确定合同结构、选择合同文本、确定合同计价方法和支付方法、合同履行过程的管理与控制以及合同索赔等。

(3) 建设工程合同的计价方式有单价合同、总价合同和成本加酬金合同。

(4) 建设工程合同实施管理的内容有合同分析、合同交底和合同实施的控制。

(5) 建设工程中经常采用的担保种类有:投标担保、履约担保、支付担保、预付款担保、工程保修担任等。

(6) 工程索赔的重点内容为:索赔的程序、索赔证据、索赔值的计算和索赔报告的编写。

【独立思考】

6-1 合同具有哪些法律上的特征?项目合同又具有哪些特点?

6-2 项目合同的签订程序是什么?每个阶段的特点是什么?

6-3 为什么说要约的邀请不具有法律上的约束力?而要约则对项目双方的当事人具有约束力?

6-4 项目合同的签订程序中两个基本的阶段是什么?以你的实际经验说明这两个阶段为什么是必需的?

6-5 一项有效的承诺应当具备哪些条件?

6-6 项目合同的履行有哪两种方式?每种方式各有什么特点?

6-7 在哪些情况下可以不追究项目当事人不履行合同的责任?

6-8 解决项目合同纠纷主要有哪几种方式?每种方式各有什么特点?

6-9 索赔有哪几种类型?包括哪些内容?

6-10 简述索赔的工作程序。

6-11 何谓反索赔？其工作内容是什么？

【参考文献】

[1] 藏秀平.建设工程项目管理.北京:中国建筑工业出版社,2011.
[2] 成虎.建筑工程合同管理与索赔.南京:东南大学出版社,2008.
[3] 刘伊生.建设工程项目管理理论与实务.北京:中国建筑工业出版社,2011.
[4] 王有志,张滇军,郝红漫,等.现代工程项目管理.北京:中国水利水电出版社,2009.
[5] 张国珍.工程项目管理.北京:中国水利水电出版社,2008.
[6] 梁世连.工程项目管理.北京:清华大学出版社,2011.
[7] 吕玉辉.建设工程项目管理.武汉:华中科技大学出版社,2010.

7

建设工程项目信息管理

课前导读

内容提要

本章主要内容包括建设工程项目信息与信息管理的有关概念；项目管理信息化建设的意义和内容；工程项目管理信息系统的概念、组成和设计开发。本章教学的重难点是基于网络的信息化平台的建设和开发。

能力要求

通过本章的学习，要求学生了解工程项目信息管理的相关概念，了解管理信息系统、项目管理信息系统、项目信息门户之间的区别和联系，重点掌握基于网络的信息化平台的建设和开发。

数字资源

5分钟看完本章

7.1 建设工程项目信息

7.1.1 建设工程项目中的物质流与信息流

在任何管理过程中，不管是宏观管理还是微观管理，都始终贯穿着两种性质不同的运动，一种是“物质流”，另一种是“信息流”，工程项目管理也是如此。

7.1.1.1 物质流

在工程项目建设过程中，物质流是指在给定的约束环境下（工期约束、资金约束、质量约束等），将人、材、机作为项目的资源进行输入，通过一系列的活动或工序，最终输出特定的项目产品。它是一种“输入→转换→输出”的运动过程，也是工程项目的建设和实施过程（如图 7-1 所示）。工程建设中的物质流和一般企业生产经营过程中的物质流有着很大的区别，前者是一次性的物质转换过程，而后者通常是循环式的重复生产过程。

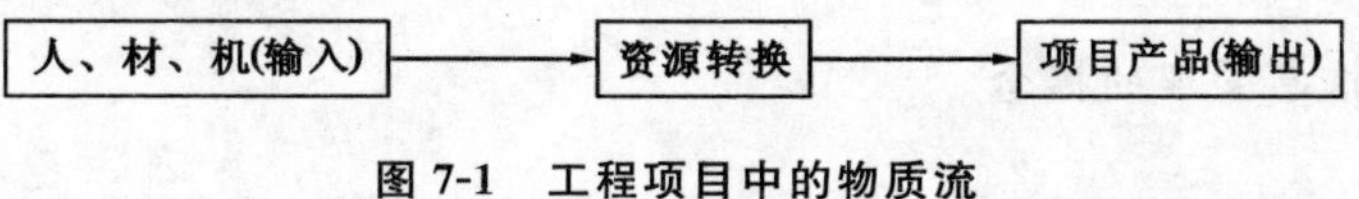

图 7-1 工程项目中的物质流

7.1.1.2 信息流

信息流则是指伴随着物质流产生的各种指令、计划、图纸、报表、资料、报告、情报和文件等的加工、处理、传递、接收和使用。它是一种“输入→转换→输出→反馈→再输入”的循环流动过程（如图 7-2 所示）。信息流的显著特点是反馈过程，这是物质流不具备的。

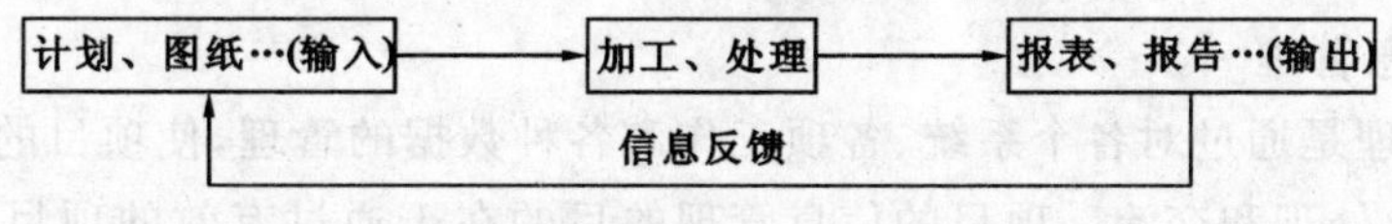

图 7-2 工程项目中的信息流

7.1.1.3 物质流与信息流的关系

① 信息流是伴随物质流产生的，也就是说没有物质流就没有信息流。物质流是管理活动过程中的主体流程，一切活动都必须从属于它的要求，而信息流是客体。

② 物质流是单向的，不能倒流，不能反馈，而信息流是双向的，有反馈作用。现代管理的反馈原理认为，面对不断变化的客观现实，管理是否有效，关键在于是否有灵敏、准确、有力的反馈。正是信息流中的反馈作用使得工程项目管理在实践中不断地总结与提升。

③ 物质流所处的系统环境是狭小的、固定的，它需要在给定的空间和时间范围内完成所有活动过程；而信息流所处的系统环境则是广阔的、开放的，因为信息流的主体，不仅是企业内部的各种信息（如技术文件、计划、各种资料和统计报表等），同时还需要获取大量的外部信息，与外界环境不断地进行交流。

④ 尽管信息流只是物质流的伴随物，但信息流既反映着物质流的运动状态，同时又指挥、调节并控制着物质流的运动过程。要使得物质流的运动符合客观规律，创造出最佳的项目产品和

经济效益，就必须对之加以科学的计划、组织、协调和控制。这个任务就由信息流来承担。

信息流的任务就是要充分利用企业的内部和外部信息资源，监视和控制着物质流动的全过程，对物质流中发生的偏差，采取必要的措施进行适当的调整，保证物质流的流动达到动态最优化，使之输出的产品与多变的市场环境相适应，满足市场和用户的需要。

⑤ 物质流与信息流是相互依存、相互作用的。信息流控制着物质流，而物质流又产生信息流。正是通过这种交互作用，自动地控制着工程项目的整个生产过程，有效地保证项目目标的实现。

了解工程项目管理中的物质流和信息流，并理解两者之间的关系，是工程项目管理者进行项目信息管理的前提。通过上面的叙述我们可以发现，信息管理不仅仅是将工程建设过程的信息流以文件、资料的形式进行归档管理，更重要的是，信息管理者要站在预测、决策、管理与控制的高度来看待和管理信息流。因为信息流的成效将直接影响着物质流的质量，也直接影响着工程项目管理的成败。

7.1.2　项目信息管理的概念与任务

7.1.2.1　项目信息管理的概念

(1) 信息

信息指的是用口头的方式、书面的方式或电子的方式传输（传达、传递）的知识、新闻，或可靠的、不可靠的情报。声音、文字、数字和图像等都是信息表达的形式。建设工程项目的实施需要人力资源和物质资源，应认识到信息也是项目实施的重要资源之一。

(2) 信息管理

信息管理指的是信息传输的合理组织和控制。

(3) 项目的信息管理

项目的信息管理是通过对各个系统、各项工作和各种数据的管理，使项目的信息能方便和有效地获取、存储、存档、处理和交流。项目的信息管理的目的在于通过有效的项目信息传输的组织和控制为项目建设的增值服务。

(4) 建设工程项目的信息

建设工程项目的信息包括在项目决策过程、实施过程（设计准备、设计、施工和物资采购过程等）和运行过程中产生的信息，以及其他与项目建设有关的信息，它包括：项目的组织类信息、管理类信息、经济类信息、技术类信息和法规类信息。

7.1.2.2　项目信息管理的任务

(1) 信息管理手册

业主方和项目参与各方都有各自的信息管理任务，为充分利用和发挥信息资源的价值，提高信息管理的效率以及实现有序的和科学的信息管理，各方都应编制各自的信息管理手册，以规范信息管理工作。信息管理手册描述和定义信息管理做什么、谁做、什么时候做和其工作成果是什么等，它的主要内容包括：

① 信息管理的任务（信息管理任务目录）。

② 信息管理的任务分工表和管理职能分工表。

③ 信息的分类。

④ 信息的编码体系和编码。

⑤ 信息输入、输出模型。

⑥ 各项信息管理工作的工作流程图。

⑦ 信息流程图。

⑧ 信息处理的工作平台及其使用规定。

⑨ 各种报表和报告的格式,以及报告周期。

⑩ 项目进展的月度报告、季度报告、年度报告和工程总报告的内容及其编制。

⑪ 工程档案管理制度。

⑫ 信息管理的保密制度等。

(2) 信息管理部门的工作任务

项目管理班子中各个工作部门的管理工作都与信息处理有关,而信息管理部门的主要工作任务是:

① 负责编制信息管理手册,在项目实施过程中进行信息管理手册的必要修改和补充,并检查和督促其执行。

② 负责协调和组织项目管理班子中各个工作部门的信息处理工作。

③ 负责信息处理工作平台的建立和运行维护。

④ 与其他工作部门协同组织搜集信息、处理信息和形成各种反映项目进展和项目目标控制的报表和报告。

⑤ 负责工程档案管理等。

在国际上,许多建设工程项目都专门设立信息管理部门(或称为信息中心),以确保信息管理工作的顺利进行。也有一些大型建设工程项目专门委托咨询公司从事项目信息动态跟踪和分析,以信息流指导物质流,从宏观上对项目的实施进行控制。

(3) 信息管理的工作流程

各项信息管理任务的工作流程如下:

① 信息管理手册编制和修订的工作流程。

② 为形成各类报表和报告,搜集信息、录入信息、审核信息、加工信息、信息传输和发布的工作流程。

③ 工程档案管理的工作流程等。

(4) 基于互联网的信息处理平台

由于建设工程项目大量数据处理的需要,在当今时代应重视利用信息技术的手段进行信息管理。其核心手段是基于互联网的信息处理平台。

7.1.3 项目信息的分类

工程项目建设过程中所涉及的大量信息,依据不同标准可划分如下。

7.1.3.1 按工程项目建设的目标划分

① 投资控制信息。投资控制信息是指与投资控制直接有关的信息。如各种估算指标、类似工程造价、物价指数、概算定额、预算定额、工程项目投资估算、设计概预算、合同价、施工阶段的支付

账单、原材料价格、机械设备台班费、人工费、运杂费等。

② 质量控制信息。如国家有关的质量政策及质量标准、项目建设标准、质量目标的分解结果、质量控制工作流程、质量控制的工作制度、质量控制的风险分析、质量抽样检查的数据等。

③ 进度控制信息。如施工定额、项目总进度计划、进度目标分解、进度控制的工作流程、进度控制的工作制度、进度控制的风险分析、某段时间的进度记录等。

④ 安全控制信息。如安全管理目标、安全控制的基本要求等。

⑤ 合同管理信息。如经济合同、工程建设施工承包合同、物资设备供应合同、工程咨询合同、施工索赔等。

7.1.3.2 按工程项目建设的来源划分

① 项目内部信息。项目内部信息取自建设本身。如工程概况、设计文件、施工方案、合同文件、合同管理制度、信息资料的编码系统、信息目录表、会议制度、项目的投资目标、项目的质量目标、项目的进度目标等。

② 项目外部信息。来自项目外部环境的信息称为外部信息。如国家有关的政策及法规、国内及国际市场上原材料及设备价格、物价指数、类似工程造价、类似工程进度、招标单位的实力、投标单位的信誉、对手单位情况等。

7.1.3.3 按信息的层次划分

① 战略层信息。战略层信息指有关项目建设过程中的战略决策所需的信息。如项目规模、项目投资总额、建设总工期、承建商的选定、合同价的确定等信息。

② 管理层信息。管理层信息是指提供给建设单位中层领导及部门负责人作短期决策用的信息。如项目年度计划、财务计划等。

③ 业务层信息。业务层信息指的是各业务部门的日常信息。如日进度、月支付额等。这类信息较具体，因而精度较高。

7.1.3.4 按工程项目生命周期划分

项目信息按工程项目生命周期可划分为项目前期决策阶段信息、项目设计阶段信息、项目准备阶段信息、项目施工阶段信息、项目运营阶段信息、项目后评价阶段信息等。

7.1.3.5 按信息的管理功能划分

工程项目信息按项目管理功能又可划分为组织类信息、管理类信息、经济类信息和技术类信息 4 大类。每类信息根据工程项目各阶段项目管理的工作内容还可以进一步细分，如图 7-3 所示。

以上是常用的几种分类形式。按照一定的标准将工程项目建设信息予以分类，对信息管理工作有着重要意义。因为不同的范畴，需要不同的信息，而把信息予以分类，有助于根据管理工作的不同要求，提供适当的信息。

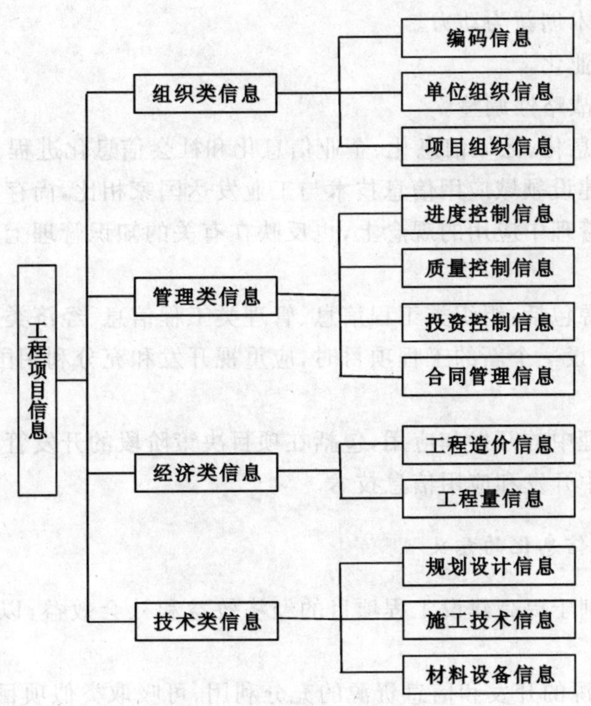

图 7-3 工程项目信息分类

7.2 建设工程项目管理信息化

实现项目管理信息化是工程项目管理的重要内容。随着项目,尤其是较大型的建设工程项目的启动、规划、实施等项目生命周期的展开,与项目有关的合同、图纸、报告、文件、照片、音像、模型等各种各类纸介质和非纸介质信息会层出不穷地产生,如项目的组织类信息、管理类信息、经济类信息、技术类信息和法规类信息等。

项目的信息管理是通过对各个系统、各项工作和各种数据的管理,使项目的信息能方便和有效地获取、存储、存档、处理和交流。很显然,信息处理始终贯穿着项目管理的全过程。如何高效、有序、规范地对项目全过程的信息资源进行管理,是现代项目管理的重要环节。随着互联网、多媒体数据库电子商务等以计算机和通信技术为核心的现代信息管理科技的迅猛发展,为项目(特别是大型建设工程项目)的信息化建设提供了全新的信息管理理念、技术支撑平台和全面解决方案。

7.2.1 项目管理信息化的意义

7.2.1.1 项目管理信息化的含义

信息化指的是信息资源的开发和利用,以及信息技术的开发和应用。项目管理信息化指的是项目管理信息资源的开发和利用,以及信息技术在项目管理中的开发和应用。项目管理信息化属于领域信息化的范畴,它和企业信息化也有联系。

我国实施项目管理信息化的总体思路是:

① 以信息技术应用为导向。

② 以信息资源开发和利用为中心。

③ 以制度创新和技术创新为动力。

④ 以信息化带动工业化。

⑤ 加快经济结构的战略性调整。

⑥ 全面推动领域信息化、区域信息化、企业信息化和社会信息化进程。

我国建筑业和基本建设领域应用信息技术与工业发达国家相比,尚存在较大的数字鸿沟,主要反映在信息技术在项目管理中应用的观念上,也反映在有关的知识管理上,还反映在有关技术的应用方面。

项目管理的信息资源包括:组织类工程信息、管理类工程信息、经济类工程信息、技术类工程信息、法规类信息等。在建设一个新的工程项目时,应重视开发和充分利用国内和国外同类或类似工程项目的有关信息资源。

信息技术在工程管理中的开发和应用,包括在项目决策阶段的开发管理、实施阶段的项目管理和使用阶段的设施管理中开发和应用信息技术。

7.2.1.2 项目管理信息化的意义

项目管理信息化有利于提高建设工程项目的经济效益和社会效益,以达到为项目建设增值的目的。

① 项目管理信息资源的开发和信息资源的充分利用,可吸取类似项目的正反两方面的经验和教训,许多有价值的组织信息、管理信息、经济信息、技术信息和法规信息将有助于项目决策期多种可能方案的选择,有利于项目实施期的项目目标控制,也有利于项目建成后的运行。

② 通过信息技术在项目管理中的开发和应用能实现:

a. 信息存储数字化和存储相对集中。

b. 信息处理和变换的程序化。

c. 信息传输的数字化和电子化。

d. 信息获取便捷。

e. 信息透明度提高。

f. 信息流扁平化。

信息技术在项目管理中的开发和应用的意义在于:

a.“信息存储数字化和存储相对集中”有利于项目信息的检索和查询,有利于数据和文件版本的统一,并有利于项目的文档管理。

b.“信息处理和变换的程序化”有利于提高数据处理的准确性,并可提高数据处理的效率。

c.“信息传输的数字化和电子化”可提高数据传输的抗干扰能力,使数据传输不受距离限制并可提高数据传输的保真度和保密性。

d.“信息获取便捷”、“信息透明度提高”以及“信息流扁平化”有利于项目各参与方之间的信息交流和协同工作。

7.2.2 项目管理信息化建设的内容

项目管理信息化建设的内容包括:IT 团队的组织管理、信息资源规划、信息化网络平台的建立、信息系统的实施等。

7.2.2.1 IT团队的组织管理

实现项目管理信息化,必须首先组建一个专业的IT团队,尤其对于较大型项目更有必要。通常IT团队组织机构的基本规划原则有如下几点:

① 在项目的概念阶段就必须设立专门的信息管理部门,即所谓的IT团队,可以叫做项目信息中心。当人员编制受限时,可将信息管理部门与档案管理部门等合并设立,但必须保证其中至少有3名专职的信息管理人员。

② 成立以项目总经理为中心的项目信息管理团队(或领导小组),统一规划部署项目信息化工作。设立项目信息总监或项目总信息师,享受与项目三总师(总工程师、总会计师、总经济师)同等待遇。项目信息总监或项目总信息师通常由项目总经理亲自兼任,项目息总监也可以由项目总工程师兼任。

③ 在项目的计划、财务、合同、物资、档案、质量、行政等职能部门设立部门一级的项目信息员。项目信息员受部门领导和总信息师双重领导,以便于形成上通下达的项目信息资源管理组织体系。

④ 制订项目信息管理岗位职责和信息采集、流转、处理、存储管理程序。

⑤ 应将项目信息管理系统的建设经费单独列支、详细预算、专款专用。IT信息团队的组建是实现项目管理信息化的最基本保证。但有了专门的信息组织机构后,还应该正确树立信息管理的目标、任务,对整个信息化建设进行系统的规划、论证,并有相应的管理制度作保障。拥有一支强大的IT队伍,信息化才有成功的希望。

7.2.2.2 信息资源规划

工程项目管理信息化建设的核心是信息资源规划。信息资源规划是指对整个工程周期所需要的信息,从采集、处理、传输到使用的全面规划。通过信息资源规划,可以梳理业务流程,厘清信息需求,建立企业信息标准和信息系统模型。用这些标准和模型来衡量现有的信息系统及各种应用,符合的就继承并加以整合,不符合的进行改造优化或重新开发,从而能积极稳步地推进工程项目管理的信息化建设。其最终目的是在统一的信息平台上建成集成化、网络化的信息系统,从而形成大型工程项目管理的神经网络。

信息资源规划通常按照下面的步骤进行:

① 根据工程的实际情况进行信息需求分析和数据流分析。这是信息管理的最基础的工作,包括整理、定义网上交流数据的格式和内容,对内外、上下数据流进行量化分析。通过对决策层、管理层和业务层信息需求的规范化描述,可为信息资源规划的开发打好基础。

② 建立信息资源管理基础标准。包括数据元素标准、信息分类编码标准、用户视图标准和数据库表标准等。这些标准的建立,将贯穿信息需求分析、数据建模和后续应用开发的全过程。信息资源管理基础标准的建立,是信息管理规范化、标准化的基础。

③ 在前两步的基础上建立信息系统框架(功能模型和数据模型)。建立全域和各职能域的信息系统框架是在大量的分析综合工作的基础上完成的,也是按系统工程的思想方法,由部门领导、管理人员和系统分析人员从整体上构思和把握的信息系统框架。建立信息系统框架的目的,是使工程的投资方、承建方、监管方、信息中心负责人和信息系统开发人员在工程建设的总体规划方面达成共识,并制订统一的发展目标和实施策略,从而有效推进工程项目管理的信息化建设。

在进行工程项目管理的信息资源规划时,要充分利用项目的内、外部资源来完成,特别可能用到外部资源和第三方咨询为信息资源规划带来更广阔的思路。

7.2.2.3 建立信息化网络平台

项目信息门户是基于互联网技术的重要网络平台，是当前在建设工程管理领域中信息化的重要标志。但是在工程界，对信息系统(Information System)、项目管理信息系统(Project Management Information System,PMIS)、一般的网页(Home Page)和项目信息门户(Project Information Portal,PIP)的内涵尚有不少误解。这里应指出，项目管理信息系统是基于数据处理设备的，为项目管理服务的信息系统，主要用于项目的目标控制。由于业主方和承包方项目管理的目标和利益不同，因此它们都必须有各自的项目管理信息系统。管理信息系统(Management Information System,MIS)是基于数据处理设备的信息系统，但主要用于企业的人、财、物、产、供、销的管理。项目管理信息系统与管理信息系统服务的对象和功能是不同的。项目信息门户既不同于项目管理信息系统，也不同于管理信息系统。

(1) 项目信息门户的概念

这里所讨论的项目信息门户指的是建设工程的项目信息门户，它可用于各类建设工程的管理。

门户是一个网站，或称为互联网门户站(Internet Portal Site)，它是进入万维网(World-Wide-Web)的入口。搜索引擎(Search Engine)属于门户，Yahoo 和 MSN 也是门户，任何人都可以访问它们，以获取所需要的信息，这些是一般意义上的门户。但是，有些是为了专门的技术领域、专门的用户群或专门的对象而建立的门户，称为垂直门户(Vertical Portal)。项目信息门户属于垂直门户，不同于上述一般意义的门户。

项目信息门户是项目各参与方信息交流、共同工作、共同使用和互动的管理工具。项目信息门户是在对项目全寿命过程中项目参与各方产生的信息和知识进行集中管理的基础上，为项目参与各方在互联网平台上提供一个获取个性化项目信息的单一入口，从而为项目参与各方提供一个高效率信息交流和共同工作的环境。

(2) 项目信息门户的类型和用户

① 类型。

项目信息门户按其运行模式分类，有如下两种类型。

PSWS 模式(Project Specific Web Site)是为一个项目的信息处理服务而专门建立的项目专用门户网站，即专用门户。

ASP 模式(Application Service Provide)是由 ASP 服务商提供的为众多单位和众多项目服务的公用网站，也可称为公用门户。ASP 服务商有庞大的服务器群，一个大的 ASP 服务商可为数以万计的客户群提供门户的信息处理服务。

如采用 PSWS 模式，项目的主持单位应购买商品门户的使用许可证，或自行开发门户，并需购置供门户运行的服务器及有关硬件设施和申请门户的网址。

如采用 ASP 模式，项目的主持单位和项目的各参与方成为 ASP 服务商的客户，它们不需要购买商品门户产品，也不需要购置供门户运行的服务器及有关硬件设施和申请门户的网址。国际上项目信息门户应用的主流是 ASP 模式。

项目信息门户可以为一个建设工程的各参与方的信息交流和共同工作服务，也可以为一个建设工程群体的管理服务。前者侧重于一个建设工程(Project)各参与方内部的共同工作，而后者则侧重于对一个建设工程群体(Program)的总体和宏观的管理。

② 用户。

如前所述，项目参与各方，包括政府主管部门和项目法人的上级部门、金融机构(银行和保险机构以及融资咨询机构等)、业主方、工程管理和工程技术咨询方、设计方、施工方、供货方、设施管理方(其中包括物业管理方),都是项目信息门户的用户。从严格的意义上说,以上各方使用项目信息门户的个人是项目信息门户的用户。每个用户有供门户登录用的用户名和密码。系统管理员将对每一个用户使用权限进行设置。

(3) 项目信息门户实施的条件

项目信息门户的实施是一个系统工程,既应重视其技术问题,更应重视其与实施有关的组织和管理问题。应认识到,项目信息门户不仅是一种技术工具和手段,它的实施将会引起建设工程实施在信息时代进程中的重大组织变革。组织变革包括政府对建设工程管理组织的变化、项目参与方的组织结构和管理职能分工的变化,以及项目各阶段工作流程的重组等。项目信息门户实施的条件包括:组织件、教育件、软件和硬件。

组织件起着支撑和确保项目信息门户正常运行的作用,因此,组织件的创建和在项目实施过程中动态地完善组织件是项目信息门户实施最重要的条件。

(4) 项目信息门户的应用

在项目决策期,可能会有许多政府有关部门和国内外单位参与项目决策期的工作,如投资咨询、科研、规划、设计和施工单位等。各参与单位和个人往往处于不同的工作地点,在工作过程中有大量信息交流、文档管理和共同工作的任务,项目信息门户的应用必将会为项目决策期的建设工程管理增值。

项目实施期包括设计准备阶段、设计阶段、施工阶段、动用前准备阶段和保修期,在整个项目实施期往往有比项目决策期更多的政府有关部门和国内外单位参与工作,工作过程中有更多的信息交流、文档管理和共同工作的任务,项目信息门户的应用为项目实施期的建设工程管理增值无可置疑。

项目运营期建设工程管理在国际上称为设施管理,它比我国现行的物业管理的工作范围深广得多。在整个设施管理中要利用大量项目实施期形成和积累的信息,设施管理过程中,设施管理单位需要和项目实施期的参与单位进行信息交流和共同工作,设施管理过程中也会形成大量工程文档。因此,项目信息门户不仅是项目决策期和实施期建设工程管理的有效手段和工具,也同样可为项目运营期的设施管理服务。

(5) 项目信息门户的核心功能

国际上有许多不同的项目信息门户产品(品牌),其功能不尽一致,但其主要的核心功能是类似的,即:

① 项目各参与方的信息交流(Project Communication)。

② 项目文档管理(Document Management)。

③ 项目各参与方的共同工作(Project Collaboration)。

(6) 项目信息门户的组织保证

不论采用何种运行模式,门户的主持者必须建立和动态地调整与完善有关项目信息门户运行必要的组织件,它包括:

① 编制远程工作环境下共同工作的工作制度和信息管理制度。

② 项目参与各方的分类和权限定义。

③ 项目用户组的建立。

④ 项目决策期、实施期和运营期的文档分类和编码。

⑤ 系统管理员的工作任务和职责。

⑥ 各用户方的组织结构、任务分工和管理职能分工。

⑦ 项目决策期、实施期和运营期建设工程管理的主要工作流程组织等。

(7) 项目信息门户的安全保证

数据安全有多个层次，如制度安全、技术安全、运算安全、存储安全、传输安全、产品和服务安全等。这些不同层次的安全问题主要涉及：

① 硬件安全，如硬件的质量、使用、管理和环境等。

② 软件安全，如操作系统安全、应用软件安全、病毒和后门等。

③ 网络安全，如黑客、保密和授权等。

④ 数据资料安全，如误操作(如误删除、不当格式化)、恶意操作和泄密等。

7.2.2.4 信息系统的实施

信息系统的具体实施成果主要体现在以下几个方面。

(1) 项目管理网上办公系统

项目管理网上办公系统的系统目标如下：

① 实现项目管理的无纸化办公。传统的项目信息管理是以纸为载体，这种方式层次多、效率低、费用高，极易因信息交流沟通失误造成损失。在美国，每年为了传递项目管理的文件和图纸而花在特快专递上的费用约为5亿美元，项目成本中的1%～2%都用于日常的印刷、复印和传真等。调查显示，建设项目参与任何一方在竣工时所掌握的有用记录文件都不到总量的65%。在信息高速膨胀的今天，项目管理必须充分利用信息技术来实现无纸化办公。

② 实现企业内部信息交流的方便快捷。有了网上办公系统，就可以实现企业内信息的共享和及时的上传下达，使信息流通方便快捷。同时，建立以企业本部为核心的网络与通信系统，为项目部提供全方位的信息服务。通过企业即时通讯工具，如MSN、E-mail等的应用，方便了企业内部员工之间的及时沟通。

③ 实现项目建设过程信息化管理。项目经理可以在一天中的任何时候，任何地点召开虚拟的工作会议；项目组成员可以在任何时候、任何地点与相关的工程师交换资料信息，审阅施工质量，会签图纸和文件；施工现场管理人员可以通过掌上电脑将施工质量检测信息直接上传到公司本部进行评定；在竣工验收阶段，各类竣工资料根据质量记录自动生成等。

④ 建立企业的网上对外窗口。建立企业的网上对外窗口，可以及时完成企业和工商、税务、社保、业主、监理、分包等之间的资料传输，既节约了成本，也提高了企业的对外运转效率。

(2) 项目管理电子商务系统

项目管理专业网站是项目管理电子商务系统的主要表现形式，它通过Internet及一系列相互链接的网页来存储和发布项目信息。它建立了项目信息数据库，使项目参与人能够及时、方便地获取项目信息。

基于Internet平台的项目管理电子商务系统可以实现项目管理的各个功能。如文件提交、招标邀请、进度计划、规范管理、会议管理、数据图片管理等。它也能跟踪项目团队成员的工作绩效，反馈项目所需的各种信息。所有项目成员可以通过Internet从远程获取特定的项目信息，从被动的接受信息方式转变到按需索取方式，提高了信息的利用效率。

项目管理电子商务系统除了对外发布信息，对内提供资料信息外，它的另一个职能就是对项目中的相关数据进行搜集、传递、存储、加工、检索等处理，为项目管理者及其他项目参与人提供有用的决策、控制信息。有许多建筑公司、设计单位、建筑主管部门根据自己的需要，已经建立了一些管理信息系统，来完成某些项目管理的某些功能。例如，监理管理信息系统、设计项目管理信息系统、建筑工程质量监督管理信息系统、安全管理信息系统等。这些管理信息系统往往就工程项目管理中的某一方面或某一类信息进行设计，满足某些使用者的需求。

(3) 管理信息系统(MIS)

信息化建设的第二个层次是管理信息系统的建立。管理信息系统是一个一体化系统或集成系统,它进行的信息管理从总体出发,全面考虑、保证各种职能部门共享数据,减少数据的冗余度,保证数据的兼容性和一致性。依靠管理系统实现信息的搜集、分析、应用、共享,只有集中统一化,才能成为企业的可用资源。管理信息系统不只是计算机的应用,关键是要有各类管理软件组成的子系统的支持。如以财务管理、经营计划、人力资源、客户关系管理等为核心的经营管理信息系统;以计划进度控制、估算与费用控制、采购管理和材料控制、质量控制、费用和进度综合监测、设计管理、采购管理、施工管理、合同管理、项目财务管理、项目电子文档管理系统、项目管理信息协同平台等为核心的综合项目管理系统。通过这些软件的应用实现整个企业层面和项目层面管理的规范化、标准化、系统化,提高企业在市场上的竞争力。

在现有的情况下如何有选择地实施 MIS 系统,是工程项目信息化建设的战略决策性问题。国内许多大型企业的大型或者特大型项目在这方面投入很大,但能够有效运行的并不多。比如,我国某大型建设项目投资近千万美元与国外某项目管理公司合作开发了一个基于网络平台的建设项目管理系统,系统的功能是先进的、完备的,但目前仅有约 20%的单个功能获得使用,并没有在整体上提高项目管理水平。

上述问题在我国许多企业和项目中之所以存在,一方面是因为管理体制、组织行为方面的障碍;另一方面则源于 MIS 软件的盲目选型以及软件本身的集成度不高。具体到大多数项目管理软件而言,目前最突出的问题就是软件系统集成度和推广应用深度不够。由此看来,如何根据具体的项目特征和企业现状,正确规划和选择实施 MIS 系统是工程项目管理信息化成败的关键所在。

7.3 工程项目管理信息系统

7.3.1 工程项目管理信息系统的概念

7.3.1.1 基本概念

工程项目管理信息系统(以下简称 PMIS)是综合利用计算机技术、网络通信技术、管理科学等,对工程项目内、外部信息进行搜集、加工、存储、传递和利用,辅助各级项目管理人员有效地对工程项目全过程进行控制、管理,实现项目总体目标的人机系统。

从上述的定义可以看出,PMIS 的主要工具是计算机,处理内容是项目信息,基本任务是辅助项目管理者进行有效的项目管理。

7.3.1.2 PMIS 的特点

① 集成性。在工程项目管理中要实现时间最短、成本最低、质量最优,需要采用集成的思想构造项目全寿命周期的信息系统。这就要求各信息子系统之间形成无缝链接,构成一个整体,实现信息的互通和共享;实现纵向集成,使信息系统在工程管理的决策层、管理层和操作员之间实现自上而下和自下而上的集成;实现业务流程的集成,从可行性研究、招投标到设计、施工等项目实施过程的集成。

② 分布性。信息流动在项目全寿命周期的各个阶段、各部门、各单位之间,体现于项目管理的各个方面。因此,时间分布和地域分布都是工程项目管理信息系统的重要特征。

③ 系统性。构成信息系统的目标就是接通“信息孤岛”。要达到各个管理过程的有机集成,对

信息系统的管理需要系统地规划、系统地设计,包括各单元系统的开发和运行都需要在一个统一的系统或平台上进行。

7.3.1.3 PMIS 的现状

国外在 PMIS 方面的研究和应用已有 30 多年的历史,从计划编制到施工管理以及在项目管理全过程中的投资、进度和质量控制都有完整的理论、方法和系列化的软件产品。我国每年在基本工程建设方面投资数千亿元,而大型工程项目管理的现代化和科学化水平却远不能适应建设发展的需要。开展 PMIS 的研究并开发出与我国国情相适应的系列化工程项目管理软件是当前大型工程建设项目管理之必需。

历经 20 多年的实践和探索,中国工程建设逐步建立了一整套既与国际接轨,又符合中国国情的工程建设管理体系。但另一方面,应用信息化技术对工程项目进行主动和有效管理的水平仍然很低,不能保障项目建设的规范推进和项目过程中资料的有效搜集与分析。PMIS 的建设与科学化管理与国外相比均有很大的差距。究其原因,可以从以下几方面分析:

① 管理模式。通过对信息系统建设成败的研究发现,管理模式是最主要的原因。项目的管理和运营需要设计、技术、施工、设备、物资、运营财务、市场等部门的密切配合,在原来部门管理模式下很难使信息顺畅流通。ISO 9000、过程重建、知识管理等新的管理理念,在企业中大面积的应用,打破了部门职能的界限,按照重新设计的工程流程,管理层次的扁平化改造,建立网络化的工作模式,为信息系统建设奠定了良好的基础。

② 人员素质。企业的经营理念应该是以人为本,员工的观念和素质直接影响着管理模式的采用。在信息系统使用中,如果不经过长期耐心的培训,员工的计算机应用水平就很难提高,对新的观念就不可能很好地接受,致使好的系统、好的软件不能发挥应有的效用。

③ 企业文化。成功的信息系统,经过几年的建设,往往变成了企业文化的重要组成部分。信息对于企业来讲,只是基础的原料,知识才是企业的竞争资本,有没有对知识的重视,构成了信息系统成败的重要因素。在企业中形成尊重知识、注重信息的文化氛围是 PMIS 建设的坚实基础。

④ 对信息系统的认识。由于信息技术是十分专业的领域,发展又非常迅猛,新的概念和技术层出不穷,企业的用户比较难于把握,往往是站在自己部门工作的角度,提出模糊的需求。然而,由于信息系统是一个整体,各部门之间必然有大量的信息需要交换和共享,因此,要根据业务的需求提出整体的框架,使用户达成共识。

7.3.2 工程项目管理信息系统的组成

工程项目管理信息系统通常由以下几个子系统组成:

① 合同管理信息系统。合同管理作为项目管理的起点,它控制并制约着计划管理、成本管理、质量管理等。它是项目建设的关键和保证企业利益的重要环节。合同管理信息系统主要功能包括:合同通用文档资料管理;全部经济合同台账及合同附件数据库的建立与维护;合同履行过程中的数据管理;合同终结、工程竣工价格结算信息的维护和管理;各类合同台账及附件资料的输出处理等。

② 工程财务管理信息系统。工程财务管理信息系统是以会计财务系统为核心,按工程项目进行核算,实现与合同管理、设备管理、材料管理的信息接口。其主要功能包括:建账、制单、记账、查询、出纳、数据交换、汇率管理等。

③ 投资控制管理信息系统。投资控制管理信息系统实现对项目的投资总量和规模总量的动态分析和把握,通过把建设项目细化成一系列预算,再把这些预算投资情况进行动态的、实时的、定

量的分析汇总,实现对项目投资的控制、核算。其主要功能包括:编制工程预算、编制现金需求计划、编制投资控制计划、系统查询报表等。

④ 质量控制管理信息系统。质量控制管理信息系统建立行业质量验评规范、规程和标准光盘数据库,建立与验评标准相应的验评表数据库,方便工程项目的验评,方便远程质量监控、行业质量标准升级和质量验评统计汇总。其主要功能包括:建立工程信息、质保体系、验评范围、质量记录、验收项目、竣工报告和查阅标准等。

⑤ 进度控制管理信息系统。进度控制是工程项目管理的重要内容之一,该系统充分利用计算机的绘图功能绘制和编辑双代号或单代号网络图,并对网络时间参数进行实时计算,自动显示关键线路。其主要功能包括:工期计划、绘制网络图、时间参数计算、工期调整与优化、自动生成横道图等。

⑥ 资源综合管理信息系统。资源综合管理信息系统以财产管理为核心,以市场为导向,对企业项目经营活动所需的人、财、物等资源进行管理控制;加强设备、材料供应全过程的科学化、规范化管理,节约资金、减少浪费、提高项目的综合经济利益,为工程质量和工程进度提供有效保证。其主要功能包括:库存管理、机具管理、计划管理、合同管理等。

⑦ 综合文档管理信息系统。综合文档管理信息系统主要用于管理项目从立项到建设、材料采购、工程进度、工程质量、竣工申请等与项目有关的全部文档信息,实现了建设项目文档电子化。按档案标准进行文档整理、组建、归档和检索,使管理高效有序。其主要功能包括:项目信息的录入、开工报告、设计变更、施工记录、质量评定、观察记录、事故处理、竣工验收、档案登记、文档检索等。

⑧ 风险、索赔管理信息系统。风险、索赔管理信息系统主要用于建立项目专用的风险、索赔管理模型和相关的数据库,用来搜集和分析风险,及时作出处理方案;对索赔事件快速得出索赔解决方案,增强使用者的谈判和决策能力。

⑨ 现场管理信息系统。现场管理信息系统主要用于项目上人员的工作安排、设备的使用安排、制订现场的各项规章制度、操作手册、岗位职责,进行就餐、考勤、娱乐等管理,对现场安全、出入等进行管理。

此外,还有其他系统如经营计划系统、材料采购系统等,在这些系统中大多已有成熟的软件,有的正在研究开发过程中。需要指出的是,这些子系统的简单组合并不代表项目管理信息系统的完成,我们在信息系统规划、设计和开发过程中,始终要保持一种系统工程的思想,有选择性地将若干子系统有机集成,形成与工程项目相适应的管理信息系统,并在实践中不断充实和改进。

7.3.3 工程项目管理信息系统的设计开发

设计开发项目管理信息系统的工作应包括以下 3 个方面:

(1) 系统分析

通过系统分析,可以确定项目管理信息系统的目标,掌握整个系统的内容。首先,要调查建立项目管理信息系统的可行性,即对项目系统的现状进行调查。其次,调查系统的信息量和信息流,确定各部门要保存的文件、输出的数据格式;分析用户的需求,确定纳入信息系统的数据流程图;最后,确定电子计算机硬件和软件的要求,然后选择最优方案。

(2) 系统设计

利用系统分析的结果进行系统设计,建立系统流程图,提出程序的详细技术资料,为程序设计做准备工作。系统设计分两个阶段进行:首先,进行概要设计,包括输入、输出文件格式的设计、代码设计,信息分类,子系统模块和文件设计,确定流程图,指出方案的优缺点,判断方案的可行性,并提出方案所需要的物质条件；然后进行详细设计，将前一阶段的成果具体化，包括输入、输出格式的详细设计，流程图的详细设计，程序说明书的编写等。

(3) 系统实施

① 程序设计。程序设计是根据系统设计的要求，选择相应的语言，进行文件组织、数据处理等工作，最后绘制程序框图，编写程序，并写出操作说明书。

② 程序调试。程序调试是对单个程序进行语法和逻辑检验，目的是消除程序的错误。系统调试则是对系统运行状况进行监测、维护，保证系统正常运行。

③ 项目管理。按照项目管理的方法，结合信息管理系统的特点，让信息系统为项目管理更好地服务，加强项目控制与项目组建的信息沟通。

④ 系统评价。评价系统目标的实现情况，系统的集成性、易用性、容错性以及扩展性等综合指标。

【知识归纳】

(1) 建设工程项目信息包括两种不同性质的流动，即“物质流”和“信息流”。

工程项目信息按项目管理功能可划分为：组织类信息、管理类信息、经济类信息和技术类信息四大类。

(2) 工程管理信息化是指工程管理信息资源的开发和利用，以及信息技术在工程管理中的开发和应用。项目信息门户是基于互联网技术的重要网络平台，是建设工程管理领域中信息化的重要标志。

(3) 工程项目管理信息系统是综合利用计算机技术、网络通信技术、管理科学等，对工程项目内、外部信息进行搜集、加工、存储、传递和利用，辅助各级项目管理人员有效地对工程项目全过程进行控制、管理，实现项目总体目标的人机系统。

【独立思考】

7-1　简述工程项目中物质流与信息流之间的关系。

7-2　工程项目信息按管理功能可分为哪几类？

7-3　如何进行工程项目信息化建设？

7-4　分析信息资源规划的意义和步骤。

7-5　谈谈项目信息门户的应用有哪些。

7-6　什么叫 PMIS？有什么特征？包括哪些内容？

7-7　分析我国 PMIS 应用的现状及存在的问题。

7-8　PMIS 开发的步骤是什么？

【参考文献】

[1]　丛培经. 工程项目管理. 北京：中国建筑工业出版社，2006.

[2]　杨兴荣. 工程项目管理. 合肥：合肥工业大学出版社，2007.

[3]　藏秀平. 建设工程项目管理. 北京：中国建筑工业出版社，2011.

[4]　成虎，陈群. 工程项目管理. 北京：中国建筑工业出版社，2009.